JN076781

アンヌ・テレサ・ドゥ・ケースマイケル
アラン・プラテル
ジゼル・ヴィエンヌ
イスラエル・ガルバン
勅使川原三郎
大野一雄
笠井 叡
室伏 鴻
東京ゲゲゲイ

Dance As An Adventure

# ダンスは冒険である

## 身体の現在形

Presence of the Bodies Now

石井達朗

Tatsuro Ishii

論創社

目次

カルロッタ・グリジ「ジゼル」

# 時代の共犯者としてのコンテンポラリーダンス

## 日中ダンスフォーラム

中国北京のなかでもとくに古き良き時代をとどめる胡同《フートン》。そのど真ん中ともいえる場所に位置して蓬蒿《ポンハオ》劇場がある。この劇場は進取の精神に溢れる新しい演劇をサポートする小劇場、いわゆるオルタナティヴシアターである。二〇一二年九月三日から八日までの六日間、ここで日中舞踊会議（ダンスフォーラム）が開催された。

折しも、日本でも中国でも尖閣列島のことが連日メディアで報ぜられ、両国のあいだの緊張感が加速度的に悪化していった時期である。そんなさなか、この小スペースに、日中の舞踊家・振付家・研究者がつどい、発表・討論・ワークショップ・公演などのびっしり詰まったプログラムを、日本語・中国語・英語を飛び交わしながら親密にこなす。その光景は、ここがまるでダンスという共通項を軸に、つながりを求める人々のサンクチュアリであるかのようであった。ダンスという社会的にも文化的にも、ともすると等閑視されがちな弱いメディアであるからこそ、その現場にいる人々は政治的な対立を超えて胸襟を開いた付き合いができる。小さな島の領有権を巡る大きな軋轢のなかで、ダンスは細くて丈夫な麻糸のように二つの国を結んでいた。小島を巡って揺れる険悪な空気も、小劇場に立ち昇る親和力も、双方ともに事実なのである。

中国側舞踊関係者の、日本の舞踏、コンテンポラリーダンスに対する関心は並々ならぬものがある。そこには日本が石井獏以来のモダンダンスの潮流のなかから、突然変異のような暗黒舞踏を生み、独自のコンテンポラリーダンスを育んでいることに対する敬意と好奇心が感じられる。日本ほどモダンとコンテンポラリーを区別する傾向がなく、伝統舞踊・雑技・武術など太古の昔から連綿と流れる豊かな身体文化を有する中国の現代舞踊には、「伝統」というものの美しさや強さがしっかりと根を下ろしている。それに比べると、伝統というものがほとんど見えてこないばかりか、むしろ最初から存在しないかのように展開する日本のコンテンポラリーダンスの背景や、今世紀に入ってからのありようを再考せざるを得ない。

## 九〇年代からゼロ年代へ

セゾン文化財団が設立されたのは一九八七年。当時、コンテンポラリーダンスという言葉こそあまり耳にすることがなかったが、まちがいなく萌芽の時期である。勅使川原三郎がKARASを結成しバニョレで賞をとり、舞踏の始祖・土方巽が他界した八〇年代半ばからダンスの潮流がゆっくりと変わりつつあった。それ以前にも、厚木凡人、嵩康子《かさみ》、黒沢美香、木佐貫邦子などの、動きを客体化し分節化しながらも全体的な流れをつくってゆく、それまでの現代舞踊とは異質の活動をする先駆的な舞踊家たちがいた。しかし、これらの自立したアーティストたちの仕事が舞踊界のブームになることはなかった。

「コンテンポラリーダンス」という言い方が日本のダンス界でよく聞かれるようになり、ジャンルを意識した活動が定着していったのは九〇年代初めである。例えば「ジェンダー」という用語が入ってくることにより、その概念がこれまでの歴史の読み直しや現在そして将来に向けた多様な社会文化的な活動を促したように、「コンテンポラリーダンス」というある領域をカテゴライズする表現が流布することが、ダンス状況の幅を広げ活性化することに一役買っていたともいえる。

一九八〇年代後半の日本は、土地や株式などへの過剰の投資が膨張する実態のない好景気の時代であり、これを「バブル」と呼んでいた。一九九一年、これが破綻する。いまだに語り継がれる「バブル崩壊」である。日本のコンテンポラリーダンスは、このバブル崩壊のあと、東京から日本のあちこちの都市に広がっていった。好景気に浮かれていた時代が終わり経済的な状況が冷え込んでいったときに、小さなスペースで自分の身ひとつで新たな表現を追い求めるダンサーたちが、文字通り躍り出てきたのである。

このころ、伊藤キム、大島早紀子、山崎広太、そして久々に日本の舞踊界に復帰した笠井叡《あきら》、先鋭的なパフォーマンス路線を歩むダムタイプ（Dumb Type）などがその中心的な牽引力となり、目覚しい活動を展開してゆく。まったく異なった活動をしていた彼らに共通しているものを敢えて求めれば、「何を表現するのか？」ということと、「どのようなテクニックで？」という根っ子の部分をリンクさせながら、時代に向き合っていたことだ。とくに伊藤キム、山崎広太、笠井叡など、もともと舞踏から出発した者たちが切り開く舞台は、舞踏の歴史のない欧米のダンス界には見られない独自性をもっていた。それは心身二元論や、表現と技術の二分化というボーダーを超えて、両者が自ずと不可分になる時空での創造作業であった。

大島早紀子（H・アール・カオス）の『春の祭典』（一九九九年）、勅使川原三郎の『Noject（ノイジェクト）』（一九九二年）、伊藤キムの『生きたまま死んでいるヒトは死んだまま生きているのか？』（一九九六年のバニョレで、勅使川原三郎につづき受賞）などは、いずれも九〇年代半ばの日本の舞台が生んだ傑出した作品群である。九〇年代のこの盛り上がりは、今世紀初頭になり伊藤キムの『Close the door, open your mouth』（二〇〇一年）、山崎広太の『Cholon（ショロン）』（同年、建築家・伊東豊雄が美術で参加）、大島早紀子（H・アール・カオス）の『カルミナ・ブラーナ』（二〇〇二年）など、スペクタクル性をもちながらも実験性に富む、それぞれの力作にゆきつく。オリジナリティがあり、かつスケール感のある秀作が前後して出てきたのは、制作サイドも含めての新しい世紀に対する期待の現われだろうか。

八〇年代終わりごろから小スペースで始まった祭り場的な盛り上がりは、今世紀に入ると、より社会文化的なレベルで受け止められつつあるような印象を受ける。まずダンスを含めた舞台全般を対象にする朝日舞台芸術賞が二〇〇一年に創設される（二〇〇八年の八回目をもって突然、頓挫）。同年、都市と地方を結ぶコンテンポラリーダンスの全国組織として画期的なＪＣＤＮ（Japan Contemporary Dance Network）が立ち上がる。二〇〇二年にスタートしたトヨタコレオグラフィーアワードは五年間継続（その後一年おきになり、一〇回目の二〇一六年に終了）。伊藤キムは二〇〇五年に、舞踏の嚆矢といわれる土方の歴史的な作品と同名の『禁色』を発表し、創作活動休止を宣言した。

以上のことからみると、今世紀初めの数年は、日本のコンテンポラリーダンスが以前よりも遥かに社会的に認知され、地盤をしっかりとしたものにしていったと言える。また、いわずもがなのことだが、一貫した見識を軸にアーティストたちを支えるセゾン文化財団やＪＣＤＮ、そしてdie pratze（ディプラッツ、二〇〇八年より日暮里に移動してd-倉庫）、セッションハウス、ＳＴスポット、テルプシコール、ダンスボックス（Dance Box）、アトリエ劇研（二〇一七年閉館）、シアターＥ９その他地方都市における小スペースの多彩なプログラムを継続した活動、また横浜ダンスコレクション、福岡ダンスフリンジフェスティバル、「ダンスが見たい！新人シリーズ」など息長く持続するコンペなどが、新しいダンスの誕生にいかに重要な役割を果たしてきたかが感じられる。このころに（あるいはその少し前に）創作活動をスタートさせ、現在につながる力を発揮しつづける舞踊家に、山田うん、北村明子、黒田育世、白井剛《つよし》、矢内原美邦などがいて、そのあとに関かおり、岩渕貞太、平原慎太郎、川村美紀子などがいる。

## 「既知」よりも「未知」を

ＪＣＤＮの最初の一〇年を長い第一ラウンドとすると、現在は次の一〇年という第二ラウンドに入ったところである。この第二ラウンドは、第一ラウンドとは攻め方も試合の内容も周りから求められるところも、かなり違うはずだ。ひと言でいえば、ネットワークの構築や交流の時代を通り過ぎて、質そのものが問われる。問題は、コンテンポラリーダンスの場合、何をもって、「質」というのかということだ。それはもとより「ウェルメイド」などではなく、常に既知よりも「未知」を志向し、それを時間と空間のなかにどのように刻印するのかという、オリジナルな発想と構成だろう。「未知」とはダンスや身体に関わる領域はもちろんだが、文化・社会・政治・歴史を含めたすべてである。

新しいダンスをつくるのにダンスだけでは埒があかない。身体とはもっとも身近にある「自然」の賜物であると同時に、たとえば「爪を切る」段階でそれはすでに「文化」であり「社会」である。そして、出生証明書を提出した直後から、身体は政治的なものであることから逃れられない。ダンスで作品をつくることとは、体のことだけではなく、その体が好むと好まざるとに関係なく、置かれている状況と環境すべてに関わることなのだ。

コンテンポラリーダンスは、表現の方法論においてはまったく自由である。コンテンポラリーダンスのように、男女差、世代差、年齢差、職業、経験、学歴、師弟などのヒエラルキーから離れて、自分の身ひとつで表現することは、それまでの日本の歴史のなかではほとんど存在しなかった。数百年のスパンで日本の芸能史を俯瞰しても、前衛性・実験性を標榜するアングラ演劇や暗黒舞踏を見渡しても、表現者はさまざまな日本社会特有のヒエラルキーに囚われたり、身を寄せたり、利用してきたりした背景がある。一見「自由」

という幻想のもとに、その内実は年功序列や家父長的なシステムにのっとった行動パターンを、体の隅々にまで染みこませていたことが多かったのではないか。

　そんなしがらみからできるだけ離れて、よく言われる「何でもあり」「いま、ここ」ふうの作品を目指すのはいいが、それだけでは表現にならない。何をどう発信するのか、なぜいま、ここでそれをつくるのか、そのための技術とは何なのか……という原点が問われる。二〇〇〇年代一桁の終わりごろになって、そんな問いかけが薄れてくる感じがしばらく続いていた。コンテンポラリーダンスの新鮮なエネルギーにかげりが見え始め、ある種のマンネリズムに流されてゆくのではないかという不安があった。しかし、ここ二、三年の間に生まれてきたいくつかの作品は、そんな危惧を吹き飛ばすのに充分である。以下はそのほんの数例だ。

　岩渕貞太・関かおり『Hetero』（横浜ダンスコレクションEX２０１２、フランス大使館賞）、関かおり『マアモント』（トヨタコレオグラフィーアワード２０１２、次代を担う振付家賞）、柴田恵美『DRESS』（ダンスが見たい！新人シリーズ、新人賞受賞者公演、二〇一〇年）、川村美紀子（『へびの心臓』、横浜ダンスコレクションコンペティション最優秀新人賞受賞者公演、二〇一二年）、捩子《ねじ》ぴじん『モチベーション代行』（F／Tアワード、二〇一一年）、木村愛子『温かい水を抱くⅢ』（ダンスが見たい！新人シリーズ、新人賞受賞者公演、二〇一一年）などは、たまたま何かしらの賞と関係しているが、受賞のいかんにかかわらず、いずれも「既知」に囚われずに挑戦する強度をもち、それを「作品」として定着させる戦略もある。また、以上のアーティストたちよりも活動歴の長い、山下残《ざん》、コンタクト・ゴンゾ、KENTARO!!などの、ここ数年来の活動も大いに注目できる。

　そのほか、二つのパフォーマンス集団のサウンド、言葉、照明、身体のアクションを複雑に重層化させた近作は、かつてないほど充実していた。『boat here, boat』（構成・演出：桑折現《こおりげん》［dots］）、グラインダーマンの『MUSTANG』シリーズである。ダンスでもなく演劇でもなく「パフォーマンス」という形をとらざるをえない必然性を感じさせる。内在するエネルギーをスパークさせるような硬質な方法論をこれからも追い求めて欲しい。

二〇一〇年代のいま、コンテンポラリーダンスは明らかに以前とは違うフェーズを歩んでいる。今日的なファッションや現象としてではなく、性別・世代・国家・人種に関係なく個人と個人をつなぐ表現として、「ローカルに」ということは言うまでもなく、よりグローバルにも対応する戦略が求められている。その戦略はできるだけ鮮明であるほうがいい。既成のダンス語法をどのように扱うのか、多様な身体技法をサンプリングしリミックスする方法をとるのか、「物語性」をどう考えるのか、そしてなにより作品をつくることにより何を発信したいのか。つくり手である舞踊家は言うにおよばず、制作者も観客も批評やメディアに携わる者も、助成財団や文化行政も、同時代の共犯者として同じ舞台に立っている。

# 身体の現前性

## コンテンポラリーな時空と祭祀

二一世紀に入ってから、世界のコンテンポラリーダンスシーンに、舞踊の歴史の流れを変えるような、大きな節目があったかと問われれば、それは「否」である。今世紀に入ってからの新しいダンスのさまざまな傾向は、当然のことながら二〇世紀の実験的な試みや、舞踊史の流れに対する反逆を引き継いでいる。それでも敢えてここ一〇数年のあいだに起こりつつある新たな現象として、記憶に残るものを挙げれば、それまで「アート」としては注目されてこなかった、アジアの民俗的な祭祀や儀礼の身体性である。それをコンテンポラリーな時空間にどのように活かすのか。わたしの強く印象に残る三作品のうち二つは、インドネシアの異なる地域からのもの、一つは台湾からの作品である。

インドネシア、スマトラのミナンカバウ社会から来日したナン・ジョンバン・ダンスカンパニーによる『Rantau Berbisik（異郷のささやき）』（二〇一〇年）。わたしは以前、ミナンカバウのいくつかの山村を訪ね、そこで行なわれているランダイという土着の伝統芸能をフィールドワークしたことがある。ミナンカバウは現在の地球上では非常に稀な母系社会として知られ、一部の文化人類学者が強い関心を寄せる地域である。このカンパニーは、ミナンカバウのこの民間芸能の身体技を多様に取り込みながら、伝統的な装いのなかに現代風の作品をつくっていた。衣装と音作りは民俗的ではあっても、もともとそこにあったかもしれない宗教的な含蓄に回収されない作品として構成している。

日本以外の多くのアジアの現代舞踊において、「伝統と現代の相克」というテーマが繰り返されている。これを問うさまざまな方法論が試みられる。ナン・ジョンバンは、よくあるように、伝統を巧みに現代作品のなかに引用したり活かしたりするというのではなく、伝統そのもののなかに現代に生きる要素を抽出し、舞台化するというやり方である。もともと異なった目的のために使用されていたモノやワザを集めて、手仕事として創造する——これこそレヴィ゠ストロースのいう「ブリコラージュ」だろう。遠方に眼をやらなくても、生活している足元に豊かな創造の淵源が広がっている。

一万三千以上の島からなるインドネシアは多民族国家で、多様な言語と文化伝統が存在する。『Rantau Berbisik』と同じインドネシアだが、まったく異なる北マルク州西ハルマヘラ島ジャイロロの伝統的な祭祀舞踊を現代的に構成した、『Cry Jailolo』という作品を二〇一五年に見た。数名の裸の男たちが、一定のビートを基に集団の隊列パターンを変形しながら動き続ける。シンプルで極めてフィジカルな動きを延々と持続するのだが、それが圧倒的な強度で空間を支配してゆく。これを構成した振付家エコ・スプリアントの「伝統」に対する眼差しと、一点たりとも緩みのないパワフルな仕事が強く印象に残った。

『Cry Jailolo』と同じ二〇一五年に台湾から初来日したのは、林麗珍（リン・リーチェン）率いる無垢舞踏劇場である。こちらはすでに世界各地で高い評価を得ている。『觀《かん》～すべてのものに捧げるおどり～』の、極限にまで様式化された超スローモーションの動きは日本生まれの舞踏を思わせるが、いわゆるコンテンポラリーダンスとも舞踏とも一線を画し、神話的・民話的なヴィジョンに溢れた独自の祭祀空間を実現している。

以上の三作品に共通しているのは、身体そのものの動態が前面に出ていて、具体的な意味を呼び起こすよりも、抽象的イメージにより依拠していることだ。伝統的な祭祀にありがちな物語性（＝神話的な想像力）

が極めて希薄になり、したがってあるキャラクターに変身するというフィクショナルな要素は後退し、代わりにパフォーマーの身体が「いま、ここ」にあるというプレゼンス、言葉を換えれば現前性（現在性）が突出するのである。そしてこの現前性は、多様な様相を見せる世界のコンテンポラリーダンスシーンのなかで、「踊り」で表現することにおいて陥りやすいナルシシズムやテクニック偏重を排し、虚飾のない素の身体を求める流れと軌を一にする。

次にそのことを視野に入れつつ、二〇世紀からいまへと連綿と流れるダンスの系譜を考えてみたい。

## 先駆者たち

二〇世紀舞踊の流れのなかで、現在のコンテンポラリーダンスのあり方につながるいくつかのエポックが存在する。それらの重要性についてはたびたび指摘され、現在に至るまで議論されつづけている。二〇世紀初頭、ニジンスキーを擁してディアギレフが率いていたバレエ・リュス、マリー・ヴィグマン、ハラルド・クロイツベルク、クルト・ヨースなどを擁し、戦前の現代舞踊をリードしていたドイツ表現（主義）舞踊（ausdruckstanz）、その後の戦後世代で新たな展開を見せ世界を席巻したピナ・バウシュ、一九六〇年代初頭アメリカ、ニューヨークのジャドスン教会で行なわれた実験的な公演活動に端を発するポストモダンダンス、これとほぼ同じ時代に日本で生まれ世界に広がっている（暗黒）舞踏、そしてフランスのジャン＝クロード・ガロッタ、ベルギーのヴィム・ヴァンデケイビュス、アンヌ＝テレサ・ドゥ・ケースマイケルなどに代表されるヌーヴェルダンスとも呼ばれる一連の新しいダンス界の動きなどである。

なかでも二一世紀の現在進行しつつある、「いま、ここ」にある身体の現前性へのこだわりに直接つながっているのは、ジャドスン教会の一連の実験的な活動である。ジェンダー的な観点から見れば、振り付けられて踊るのではなく、自らが身体の表現者として観客の前に立つ女性の表現者が急増してきたのも、この時代であり、それもいまのコンテンポラリーダンス界の状況につながる（付言すれば、六〇年代以降のアメリカのフェミニズムの流れに圧倒的な影響を与えたベティ・フリーダンの『Feminine Mystique』（邦訳『新しい女性の創造』）が出版されたのも、ジャドスンの盛んな活動時期と重なる一九六三年である）。

一口にジャドスングループと言っても、その活動にはかなりの多様性がある。例えば、ポストモダンダンスの流れのなかで論じられることが多いメレディス・モンクだが、彼女の演劇的な発想や、抽象的ではあっても情緒を揺さぶるような独特の音楽は、「ポストモダンダンス」ということで括られる方向からは明らかに異なる。作品によっては、その逆を向いているとも言えるのだ。

では、本稿のテーマとの関連で当時の重要な舞踊家は誰かといえば、以下の名前を挙げておきたい。イヴォンヌ・レイナー、トリシャ・ブラウン、デヴィッド・ゴードン、スティーヴ・パクストン、デボラ・ヘイ、ルシンダ・チャイルズなどである。

以下は、一九六五年にイヴォンヌ・レイナーが発表した有名なマニフェストである。

NO to spectacle no to virtuosity no to transformation and magic and make-believe no to the glamour and transcendency of the star image no to the heroic no to the anti-heroic no to trash imagery no to involvement of performer or spectator no to style no to camp no to seduction of spectator by the wiles of the performer no to eccentricity no to the moving or being moved

Yvonne Rainer, *Some retrospective notes on a dance for 10 people and 12 mattresses called Parts of Some Sexets,* performed at the Wadsworth Atheneum, Hartford, Connecticut, and Judson Memorial Church, New York, in March 1965

レイナーは以下のすべてに「ノー」を突きつけている——「スペクタクル、巨匠主義、変身・マジック・作りごと、スター主義の魅力と超越性、ヒーロー主義、アンチ・ヒーロー主義、くだらないイメージ、演者や観客を巻き込むこと、スタイルをつくること、キャンプ（同性愛の皮肉や遊戯の交じる過剰な美的感覚）、パフォーマーのたくらみに観客を惹きこむこと、エキセントリックを装うこと、感動したりさせられたりすること」。

いまからちょうど半世紀も前のマニフェストの多くの文言が、あまりに現在のコンテンポラリーダンスの方向性にそのまま重なるのには驚かされる。そしてこれらの言葉は、スタイルやフォルムやジャンルに囚われることのない、未来の新しいダンスのつくり手たちにも引き継がれるはずである。

ダンス公演では、音楽やサウンド、ノイズ系の電子音などをどう使うのか／使わないのかによって、作品イメージは根底から変わってしまうが、レイナーは音楽と舞踊との関係性に関しては、一切コメントしていない。おそらくそれは、一九五〇年代からのマース・カニングハムとジョン・ケージなどの活動の影響を受け、音楽と動きをそれぞれ自律して存在させ、あるいは音楽をほとんど使わないダンス作品をつくる……などということは、当時の舞踊家たちにとっては自明のことであった、というのが理由だろう。

いずれにしろ、レイナーの『Trio A』やトリシャ・ブラウンの『Accumulation』などポストモダンダンスの代表作として語り伝えられるものは、大方このマニフェストに符号する。このほか、デボラ・ヘイ、シモーヌ・フォルティ、それに六、七〇年代のポストモダンダンスの中心的な担い手の一人として独自の世界を築いたケイ・タケイもここに含まれる。日本の童歌（わらべうた）とポストモダンダンスの身体感覚を融合させたタケイの七〇年代の作品のいくつかは、民俗的・遊戯的な情感とポストモダンダンス特有の日常的でシンプルな動きが融合し、アメリカのポストモダンダンスが生み出したもっとも充実した作品のひとつと言える。

一九六〇年代初頭のジャドソン教会での一連の実験的な活動に端を発するポストモダンダンス。それと同じ時期に、太平洋を隔てた日本では、土方巽による暗黒舞踏がアンダーグラウンドシーンを形成しつつあった。日本におけるモダンダンスの流れに強引なやり方で異を唱えた土方の『禁色』（一九五九年）から出発した舞踏は、ポストモダンダンスの機能主義・主知主義的な傾向とはまったく違う流れであった。しかし、双方に通底する背景もある。それはある種のサイトスペシフィックな方法論であり、「踊る」ことよりも、身体と空間とが相互に侵犯することを意識した「行為＝アクション」を前景化するということである。この背景には、六〇、七〇年代に世界の都市で流行した反社会的・反芸術的な行為としての「ハプニング」がある。

ハプニングはサイトスペシフィックということを通り越して、場合によっては見ず知らずの人を巻き込む日常侵犯的な行為になることもある。ハプニングの原点は、一九五九年ニューヨークのルーベン画廊で行なわれたアラン・カプローによる『18 Happenings in 6 Parts』であると言われている。二〇世紀後半の身体表現の流れを大きく方向転換する土方の『禁色』とカプローの『18 Happenings』が、一九六〇年を待たずに始まっていたのである。

ハプニングとはまさに「身体の」、そして「行為の」現前性（現在性）そのものである。眼を転じて当時の学術的な背景を見ると、これらの現象と平行するように発展しつつあった新しい研究領域も、ハプニングやポストモダンダンスというジャンルと相関関係にある。動作学（キネジクス〔kinesics〕）のレイ・L・バードウィステル、文化人類学者E・T・ホールの文化・空間・身体に対する視野の広い研究成果、そして社会学者アーヴィング・ゴッフマンの社会行動・日常行動に対する分析的な研究などである。ゴッフマンの

『行為と演技』という書物には、以下のような簡潔な定義がある。

ある〈パフォーマンス〉とは、ある特定の機会にある特定の参加者がなんらかの仕方で他の参加者のだれかに影響を及ぼす挙動の一切、と定義しておこう。

E・ゴッフマン『行為と演技』石黒毅訳、誠信書房、一九八三年、一八頁

一方、暗黒舞踏は一九七二年、土方巽による東北回帰といわれる『四季のための二十七晩』が、強い様式性のなかに鮮やかな東北の原風景を舞台に刻印し、これは舞踏半世紀の歴史における金字塔になった。同年、麿赤兒を中心に大駱駝艦が旗揚げされた。そこに結集したのが室伏鴻（後に背火を結成）、大須賀勇（後に白虎社を結成）、天児牛大《あまがつうしお》（後に山海塾を結成）ほかである。オリジナルな方法論とスタイルを確立しつつ、後年、舞踏をButohとして国際的に大きく展開させてゆくフロンティアたちがここに集結していたのである。

土方巽自身は、一九七三年の『静かな家』、そして大駱駝艦の『陽物神譚』（一九七三年）に客演したのを最後に踊らなくなったが、彼の内部で舞踏をさらに深化させていった形跡がある。七四年から七六年には、芦川羊子を中心とした白桃房での演出・振付への専念、七七年の大野一雄『ラ・アルヘンチーナ頌』の演出、土方舞踏の原点を語る『病める舞姫』執筆への集中、長い沈黙のあとの八四年の田中泯への独舞の構成・演出、そして八五年の「衰弱体の採集」と題した講演という過程から、どのような変貌を見てとることができるだろうか。

それはひとつには、『四季のための二十七晩』にあったように、舞台にある種の様式化された情景を焼き付けるという作業から、より踊り手の身体の微細な表情そのものに寄り添うということであったように思え

る。その行き着いたところが「衰弱体」というものであり、これはある意味でスペクタクルや舞台の上での虚構、そして様式化……などに対して真っ向から「ノー」を宣言したイヴォンヌ・レイナーのマニフェストに通底する。というより、「衰弱体」とは、さらに身体の極北にまで自らを追いやるものである。

そのような方向性は、土方から大きなインパクトを受けながらも独自の表現領域を編み出してゆく笠井叡、室伏鴻、田中泯などのその後の活動のなかに水脈のように流れている。

## 「踊らない」という選択

ごく一般的なイメージとしての「踊る」という動態をなるべく使わずに、演技・変身・技術という舞台上のあり方から離れる。そこから、舞台に立っているその人ならではの表情と行為を浮かび上がらせる。それは虚構よりも事実性、ファンタジーよりも現在性、スペクタクルよりも簡素さ、そして何よりも、「いま、ここ」に生起している時空を分かち合うということだ。一期一会の感覚こそがよりどころにされる。前述したように、そこにはアメリカのポストモダンダンス、ドイツの表現舞踊、日本の暗黒舞踏、ハプニングに始まり現在に至る「行為」としてのパフォーマンスアート、そしてグローバル化した社会の多元文化的な身体観などが背景にある。この傾向はダンス界の主流になることはないが、一九八〇年代以降、世界中に広まっていったコンテンポラリーダンスの潮流において顕著な特色をなしている。

ただしアメリカからヨーロッパに新しいダンスの主導権が移ったこのころは、冷静で機能主義的なアメリカのポストモダンダンスの実験性を咀嚼しながらも、ヨーロッパでは逆にテクニック、ジェンダー表現、スペクタクル性を回復するような傾向が強くなっていったということが傾向としてあることも確かだ。踊るか踊らないかということではなく、個性としての身体技法を先鋭化してゆくということである。この場合、ある種のテクニックを磨き上げる必要がある。ジャン＝クロード・ガロッタ、アンヌ・テレサ・ドゥ・ケースマイケル、ヴィム・ヴァンデケイビュスなど。

また、ポストモダンダンスでは意図的に排除された演劇性、性やジェンダーの表現に正面から向き合い、これまでにない舞台を実現してヨーロッパの舞踊界を先導してきたピナ・バウシュ、アラン・プラテル、現代バレエに新境地を拓いたウィリアム・フォーサイス、アンジュラン・プレルジョカージュ、ナチョ・ドゥアトなどがいる。その他、ロイド・ニューソン、サシャ・ヴァルツ、ジョセフ・ナジ、「ピーピング・トム」などの独自の活動は、ジャンルやカテゴリーを超える鋭意な問題意識があり、つねに独立独歩、他者の追従を許さない。彼らの創作活動は、一作一作が「ダンスで表現するとはどういうことか」という意味を根底から問う創意に溢れている。

そんな八〇年代以降のダンス界の潮流で、一部の舞踊家たちが「踊る」ことよりも「踊らない」ことにより、ダンスそのものを客体化する作業を行なってきたことは注目に値する。九〇年代後半からこの傾向はヨーロッパや日本や韓国などアジアでも顕著になってきているように思える。一口に「踊らない」と言っても、その理由はさまざまである。ドイツのトーマス・レーメン、フランスのジェローム・ベルなどの作品には、コンセプチュアルな前提や戦略的な意図が見てとれる。また、全裸でゆっくりと歩行する川村浪子のパフォーマンスには、アナ・ハルプリンから影響を受けた、気負いのない自律性が感じられる。「ピーピング・トム」のメンバーとしての活動の他、二〇一三年のジェローム・ベル作品『Cour d'Honneur』などに出演したサミュエル・ルフーブルとビデオアーティスト、ラファエル・ラティーニによって二〇〇七年に設立されたグループ・アントルス（groupe ENTORSE）の来日公演（二〇一四年）を見ると、サウンドと映像を駆使しながら、踊りらしいことはほとんどすることなく、（しかし明らかに訓練された体から繰り出される）身体の多様な表情を見せていた。二一世紀になってこのような傾向は、すっかりコンテンポラリーダンス公演のなかで定着しているようだ。

ジェローム・ベルよりも直球勝負で、ダンス界に対する反逆の姿勢さえも戦略的な創造に転換して見せているのが、ボリス・シャルマッツである。二〇〇九年より、ボリスはレンヌ及びブルターニュの国立振付センターの芸術監督に任命される。彼は同センターをMusée de la danseと再命名していた。もとよりミュゼとは従来の意味での博物館ではなく、過去と現在が交錯する動的な空間としてのミュゼだろう。そして同時に彼が「musée」「danse」という言葉がもつ旧来の概念を変更しようという意図が感じられる。この概念を変更したあと、将来的にどのようなヴィジョンをどう展開ができるのかが問われている。

その問いに対する一つの応答として生まれたのが、二〇一五年五月一五日と一六日、ロンドンの現代美術館として国際的に知られるテートモダンにおいて行なわれた企画である。同美術館のキュレーター、キャサリン・ウッドとボリス・シャルマッツの共同企画により、美術館としてはかつてないダンス展が実現した。「If Tate Modern was Musée de la danse ?（テート・モダンが舞踊博物館だったら）」である。これは、公演、映像上映、写真展、自由参加のワークショップなどを含む。両日の午後、五時間にわたり公演された催しは、「20 Dancers for the XX Century（二〇世紀の二〇人のダンサー）」と題され、シモーヌ・フォルティ、イヴォンヌ・レイナー、ジェローム・ベル、アラン・プラテル、アンヌ・テレサ・ドゥ・ケースマイケル、アルヴィン・エイリーなどの作品からの抜粋が踊られた。レイナーの作品はポストモダンダンスの歴史的な『Trio A』、ベルの作品は、日本でも公演された『Shirtology（シャートロジー）』である。ここには室伏鴻も二〇名のダンサーの一人として招かれていた。二一世紀のダンスに引き継がれる前世紀のフロンティアたちを見つめるボリスの眼差しがある。

本稿で述べたダンス界のフロンティアたちが創造してきたものは、時代や世代や地域を超えていまに息づいている。その多様な方向性をわれわれはいろいろな形で分かち合っている。いま現在、ダンスで「作品」をつくるということは、どういうことなのだろうか。各人の答えは異なるだろうが、それは「踊る」ことと「踊らない」ことの境が極めて希薄になった領界に向き合わざるを得なくなることは確かだ。

「踊る」ということは、盆踊りから西洋のダンス・クラシックまで含めて、その難易度には差がある。共通しているのは日常的な所作とは異なった次元の動きを要求されるということである。ひと口に「踊る」と言っても、素人が一時間で振りを覚えてどうやら真似ごと程度に踊れるものから、一〇年二〇年あるいはそれ以上の厳しい訓練を要するものまで多岐にわたる。「わざ」「技術」「テクニック」などと呼ばれるものが、終始つきまとうのだ。それは身体的であるばかりでなく、しばしば精神の領域にまで及んでくる。であるからこそ、コンテンポラリーダンサーとして作品をつくる者は、ダンサーとしての自分を育んできた技術にどっぷり浸かっているのでなく、ある種の批判的な距離をもつことを求められる。その結果、（ウィリアム・フォーサイスやエドゥアール・ロックのように）さらに高度のテクニカルな領野を開拓する例外的なアーティストもいるが、より「踊らない」ことを模索する者も少なくない。その場合、安易に「踊らない」のではなく、身体の現前性（現在性）を成り立たせる時空への周到な配慮があってしかるべきであり、同時に身体を取り囲む社会・政治・歴史への意識化された眼差しを維持していたい。

# ダンスと夢

## 天使たちの爪先

「ダンスと夢」ということで考えてみると、単純な構図が浮かんでくる。まず、一九世紀前半のロマンティックバレエ、そして後半のクラシックバレエの時代は、ほとんどが夢を目指し夢に終わったといえる。とすると、二〇世紀初頭からのダンスの革新の歴史というのは、いかにして夢から覚め、生の身体性を取り戻すのか、あるいは戦争と殺戮の世紀である二〇世紀の悪夢をどのように身体というメディアに還元できるのか……という流れとして位置づけられる。はからずも永遠に夢のなかにひたっていようとする意思と、夢から覚めようとする意思の拮抗するところこそ、一九世紀以来、現在に至るダンスの歴史の側面なのではないのか。

では、二〇世紀になってからのダンスには夢らしい夢がなかったのかというと、そうではない。今日まで上演され続けるバレエの古典の名作の数々は、昔と変わらぬ夢を追い続けている。また二〇世紀後半から今世紀にかけての舞台芸術においては、ジェンダーやセクシュアリティにまつわる表現領域で、かつてなかったような新しい夢が次々と生み出されつつある。

二〇世紀に入ってからのダンスの流れは多種多様で、一元化されることを拒む。そこでまず夢の真っ只中にあった一九世紀にどっぷり漬かり、その夢の内実を吟味しながら、それに拮抗するように現れた新しいダンスを併せて展望してみたい。

バレエは多様なテクニックの森である。幼少のころからの膨大な時間と体力を費やしての稽古は、美としてイメージされるものに奉仕するものである。バレエのさまざまなテクニックのなかでも最もバレエ的で、バレエの美を象徴するとされるものがポワント（爪先立ち）である。ポワントにも足指と床の接地の度合いにより何種類かがあるが、ごく一般的にポワントとは足指の突端で床に屹立し、足首そして足全体に到るラインを淀みなく弧を描く曲線として見せる立ち方である。素足ではいくら訓練したところで物理的に（人体生理学的に）無理なことであり、これを可能にするために爪先の部分を固めた特殊なトウシューズが用いられる。トウシューズには人間工学的な見地から、そして何よりもバレリーナにとって命である足を守るために、過去百数十年のあいださまざまな工夫がなされてきたし、現在も改良され続けている。バレリーナもポワントによる過酷な動きから自分の足を保護するために、トウシューズに詰め物をしたり、足指にガーゼなどを巻いたり、ソールをカットしたり、個々の足指にあったフィット感を求めて加工することは、世界中どこでも行なわれている（シューズに生肉を入れるという話まである）。

人間が狩猟採取の生活から農耕牧畜を始め、定住により社会文化を築くようになって以来の悠久の歴史のなかで、これまで星の数ほどの踊りが踊られてきたはずである。とはいえ、たかが二メートル足らずの四肢をもった、ヒトという身体が編み出すもの――まったく異なった文化圏の舞踊の足使い、手の動き、飛び跳ね方、回転の仕方、腰の位置等々に類似性を見いだすというのは稀なことではない。しかしポワントのように、西洋のある時代が、このような極端なまでに人工的なテクニックを「美」として確立し、それが二百年近くにわたり持続し、これからも踏襲されるであろうというような歴史は例がない。そこには「美」としてイメージするものに対する飽くなき夢が託されている。

その夢は、今から見ればジェンダーの力学に裏打ちされたものであることは明白である。それは女性を、世俗にまみれていない、かよわく儚い存在、この世のものでない天使のような存在として捉えて、バレエの舞台こそ、その夢が花開いた世界とすることである。ポワントという特殊なテクニックは、男たちが女に託した夢と幻想のなかで、その夢と幻想を共有した／されられた女たちにより、文字通り体を張って実体化した結果といえるだろう。床との接地箇所がほとんどアクロバット的といってもよいほど限定されたポワントは、地上よりも天上のものであってほしいとされる、当時の女性という性を象徴していた。

ポワントが頻繁に使われるようになる以前は、バレリーナの体をロープで背後から宙吊りにしてそのロープを観客に見えないようにする仕掛けが工夫されていた。その仕掛けにより彼女がジャンプしたときに、一瞬身体がフワッと浮いて、自ずとつま先がポワントのようになるのである。一七九〇年以来オペラ座で働いていたシャルル・ディドロは、一七九四年のリヨン公演のときに、その名も「空飛ぶ機械」という、そんな仕掛けを思いついたといわれる。

一般的には、西洋の舞踊の歴史においてポワントが初めて使われたのは、一八三二年とされる。このときロマンティックバレエの嚆矢とされる『ラ・シルフィード』のタイトルロールを、マリー・タリオーニがポワントを巧みに使いながら踊ったのである。振付は、父であるフィリッポ・タリオーニ。今でこそ当たり前のテクニックだが、当時の観客にとっては、まるで空中ブランコの回転技を生まれて初めて見るくらいの驚きであったにちがいない。このポワントがバレエの歴史においてエポックメイキングであったのは、技術面ばかりのことではない。ポワントという特殊な技術が、作品の内容と分かちがたく結びついていたのだ。

シルフィードとは空気の精のこと、つまり妖精である。ジェームズという男は婚約者エフィとのめでたい婚礼の日だというのに、目の前に現れた美しいシルフィードに心を奪われ、彼女を追って森にさ迷いこむ。

妖精たちの森のなかでシルフィードと戯れるが、なにしろ相手は妖精なので彼女をしっかりと胸に抱くことができない。妖精シルフィードには、背中に蝶々のような羽根がついているのだが、その羽根が落ちて、彼女はジェームズの腕のなかで死に絶える。

婚約者がいて、しかも自分の婚礼の日であるのに、美しい妖精を追って森にふらふらと行ってしまうという、なんとも締りのない男の身勝手である。男は夢と現実のあいだで揺れ動く。現実に結ばれる女性をしばし忘れて、手に入りがたい夢の女性を追い求めるのだ。バレリーナの背中に付けられた羽根と、ポワントという非日常的な装飾と技巧はそれを象徴している。シルフィードを踊るバレリーナは天使のように柔らかく優雅に上半身を動かしながら、下半身はポワントで床を小刻みに動くという高度なテクニックを要求される。

ジェームズの夢と現実のあわいを揺れて定まらぬ心は、当時の男性観客が共有していたものともいえるだろう。男性客の眼差しによって品定めされたバレリーナたちは、パトロンとなった男性と愛人関係を結ぶという風潮があったからである。金持ちの貴族の男性客はバレエを鑑賞するという背後に、そのようなもうひとつの「夢と現実」をもっていた。ジェームズが抱こうとしてもするりと逃げてしまうシルフィードには、バレリーナに注がれる男性客の夢と欲望が反映されている。

## 現実界と霊界

現実離れした夢の世界。ただしジェンダー論からいえば、これは（女たちでなく）男たちが見る夢の世界である。自分の身勝手が原因で非日常の妖精（女）たちの世界にさ迷いこむのはいつも男なのだ。もうひとつのロマンティックバレエの傑作、というよりバレエの代名詞といってもいい『ジゼル』（一八四一年）では、さらにこの視線が透徹している。アルブレヒト伯爵が、バチルド姫という婚約者がありながら村の純粋な娘ジゼルに恋をする。しかしアルブレヒトに婚約者がいることを知ったジゼルは悲しみのあまり錯乱状態になり、急死する。この現実的な第一幕に対して、つづく第二幕はジゼルの墓がある夜の森であり、妖精ウィリたちの世界である。この闇夜の超自然界にやってくるのが、ジゼルに会いたい、許しを請いたいと願うアルブレヒトである。第一幕の現実界に対して第二幕の霊界——この対比ばかりでなく、『ジゼル』にはありとあらゆる二元論が全編にあふれている。貴族と村人という身分の差、許婚《いいなずけ》のいる男の身勝手な恋に対して女の一途な至福感と絶望感、愛と裏切り、地上界と天上界など。そしてこんなシンプルな物語が私たちの心をとらえるのは、これらの二極が急接近こそしても、決して交わることがないからだ。無常感——それでも愛に向かってひた走る魂をそこに見るのである。

第二幕は、『ラ・シルフィード』の森の場面を遥かにしのいで、ある種の不気味さを伴う夢幻的なシーンである。というのはこちらの妖精は、男たちに裏切られ死後の世界で男に復讐すべく夜の森に君臨する魑魅《ちみ》魍魎《もうりょう》のウィリたちなのである。

当然のことながら、技術的にはウィリたちを踊る踊り手たちには細やかで軽やか、しかも優雅な足さばきが要求される。それ以上に『ジゼル』の最高の見せ場は、第二幕のアルブレヒトとジゼルのパ・ド・ドゥ(デュオ)である。なにしろ二人はそれぞれ現実界と霊界にいて、結ばれることのない運命にある。二人のダンサーはここで文字通り心技一体となるような、並外れた表現力を発揮することを期待される。この世の者である男とこの世の者でない女が、究極の愛を踊る——バレエの舞台であるからこそ愛が壮絶なる美として昇華されるものの、映画であればB級ホラーにもなりかねない。夜の帳《とばり》に深くつつまれているあいだの一刻の夢。夜が明ければ夢は儚く終わる。白々と夜が明けてくるとジゼルも精霊ウィリたちもいずこかに消えてしまう。呆然自失のアルブレヒトだけがひとり取り残される。まさに、夢か現《うつつ》か幻《まぼろし》かである。

## 夢を支える身体の技術

ロマンティックバレエによって育まれた夢と幻想が、よりスケール感のある整合された古典的な様式美によって完成するのが、チャイコフスキー作曲のいわゆる三大バレエ作品、『眠れる森の美女』（一八九〇年）、『くるみ割り人形』（一八九二年）、『白鳥の湖』（全幕公演は一八九五年）である（カッコ内はいずれも初演）。どの作品も夢と幻想に包まれた、ありえない「お話」であるけれど、そのなかで現実味を帯びているといえるのは『白鳥の湖』である。もちろん、王女が梟《ふくろう》の魔神により白鳥に姿を変えられていたり、その白鳥が昼間だけ人間に戻れたり……などのストーリーは御伽噺そのものだが、王子がすばらしい出会いに胸をときめかせて堅く愛を誓いながら、目の前に出現した蠱惑的な別の女性の誘惑にいともすんなりとのってしまうというのは、古今東西ありそうな話である。

湖のほとりで一羽の白鳥が美しい女性オデットに変身するのを目撃した王子は、彼女に一目惚れして愛を誓うのだが、次の宮廷の舞踏会の場面では、悪魔の娘オディールの誘いにコロッと乗ってしまう。完成された様式美の背後に描かれる、どこにでも見られる浮気心。悲しみをおさえて抑制された演技が要求される純潔のオデットと、性の化身であるかのように奔放に誘惑するオディールは好対照である。オディールの性格を強調するかのような技術的な見せ場が、彼女が王子を誘惑することに成功し勝ち誇ったように踊る三二回転のグラン・フェッテ・アン・トゥールナン。これは片足を軸にして、他方の足を床につけることなく振り子のように回して連続回転を見せる超絶技巧である。ダンス・クラシックは、御伽噺そのものといってもいい夢の世界を、途方もなく現実的で肉体的な修練の賜物が支えているのである。

オデット／オディールは、ひとりの女性のなかに存在する両極の表象でもあるともいえる。それを証明するかのように、オデット（白鳥）とオディール（黒鳥）はふつう一人のバレリーナによって踊られる。対極にある二面を踊りきるには究極の技術と表現力が要求され、観客もまた、これを踊るために選ばれた頂点にいる踊り手の知性・感性・技量のすべてを鑑賞するのである。

『眠れる森の美女』、『くるみ割り人形』ではそれぞれ「眠り」と「夢」が濃厚になる。『くるみ割り人形』では、クリスマスの晩のパーティがお開きになった後、少女が体験する世界がこの作品の主要な部分である。ネズミたちとおもちゃの兵隊の戦争、王子とともに訪問する美しい雪の国、そこで見る雪の精や雪の女王の踊り、ふたたび王子と一緒にお菓子の国を訪問し、中国、アラビア、ロシア、などお菓子の人形たちの踊りを堪能する。そして金平糖の精と王子とのグラン・パ・ド・ドゥ（クライマックスで踊られる主役二人の踊り）がある。くるみ割り人形を抱きしめたまま眠っていた少女が眼を覚まし、すべてが夢であったことがわかる。他愛のないお話だが、チャイコフスキーが亡くなる前の年に作曲されたこの曲の完成度は高く、欧米でも日本でも師走になるとさまざまな演出・振付・美術などに趣向をこらしてあちこちで上演される。バレエ好きの子どもたちにとっては、初夢よりも一足早く体験するこの夢の世界のほうが楽しみなのだ。

## 夢の廃墟でもうひとつの夢を

一九世紀のロマンティックバレエ、クラシックバレエの夢のような、というよりも夢そのものの世界のほんの一部を一瞥した。では、二〇世紀に入り舞踊の歴史はどう展開したのか。二〇世紀舞踊の流れは、それ以前の数世紀ぶんに相当するほどの大きな変化を遂げたのではないかと思われる。マーサ・グラハムのモダンダンス、ドイツの表現（主義）舞踊、日本では土方巽という稀有な人物により誕生し世界の舞踊界に強力な影響を与え続けている「舞踏」（butoh は今や国際語になっている）、一九六〇年代初頭ニューヨークに生まれたダンスの前衛ポストモダンダンス……。そして一九八〇年ごろを境にして舞踊の主導権は、アメリカのポストモダンダンスからフランスやベルギーのヌーヴェルダンス、ドイツの新表現主義舞踊ともいえるピナ・バウシュやスザンヌ・リンケなどに移行してゆく。舞踊そのものの在り方とそれを支える技術を根底から問うような、欧米および日本の大胆で革新的な流れがある一方で、一九世紀に生まれた古典バレエの流れは衰退し枯渇するどころか、ますます身体技法を洗練させ、なおかつ、照明・音響・映像・装置などに関するテクノロジーの急速な進化によって、かつてなかったような高度な舞台を見せるようになる。古典バレエは衰微することなく、太陽のような輝きを増しているのだ。

　しかし二〇世紀舞踊のもっとも重大な変容は、たんに舞台機構の進化と時代の嗜好に合わせて変わってきたということでない。舞踊というメディアで表現するということの内実が変わったということである。たとえば、二〇世紀になって急激に増大した女性の振付家の数は、女性がかつてのように男性からの眼差しを受けるだけの「鑑賞される対象」としての女性ではなく、「表現者」としての主体性を獲得したことである。優れた女性振付家が振り付けた作品を男性舞踊家が踊り、それを女性観客が鑑賞するというのは一九世紀とは逆転した現象だが、現在ではそれもすっかり定着した。同時に、男性舞踊家もたんにバレリーナのサポートをするのでなく、積極的に観客からの眼差しを受ける存在として、自身のエロスを発揮し始めたのである。表現する女性と鑑賞される男性が、つぎつぎに新たな扉を開いてゆくのだ。

　ポワントをするのは女性であるという基本的なところは変わらないが、ポワントそのものの質も変貌した。より鋭角的に、よりダイナミックになった。とくに物語性や情緒によりかかった一九世紀のバレエの様式美を全面的に引き継ぎながらも、幾何学的な抽象美をバレエにもたらしたバランシン作品では、ポワントはもはや天使的なものではなく、即物的で独自の機能美を見せてくる。ここまで来ると残されたのは、男性がポワントをやるかどうかだけである。

男のダンサーたちがチュチュを着て「白鳥」を踊り、笑いをとる舞踊団もあり、彼らは当然のことながらポワントで踊る。この種の舞踊団が、欧米よりも日本の一部の中高年層の女性たちに圧倒的な人気を誇っているというのも不思議な現象である。この種の舞踊団のポワントは「女装」の延長線上にある。このような「女装」でない、男性ダンサーによるポワント、つまり、豹のように動く男性が剃刀の刃のようなポワントワークを見せるときに、一九世紀前半のジェンダー観から生まれたポワントに本質的な変化が訪れるだろうと思うのだ。そんなものは一生見られないだろうと高を括っていたら、二一世紀に入り、そんなわたしの夢想を実現する作品に出会った。宙を飛ぶ超絶的なテクニックで知られるカナダのエドゥアール・ロック振付ラ・ラ・ラ・ヒューマン・ステップス舞踊団による『アメリア』である。スーツを着た男性ダンサーがトウシューズを履き、床に錐を突き立てるようなポワントで回転していた。

ポワントという西洋の舞踊史が産み落とした特殊な技術だけ見ても明らかなことだが、二〇世紀に入ってから現在に至る舞踊の歴史は、いかにして夢から覚めて夢の廃墟に立つのかという試行錯誤の歴史であるともいえる。これは夢の表象として身体があるということではない。身体が、政治・社会・歴史のさまざまな事象と呼応しながら、今ここにある身体そのものでしかないということを自覚するということである。ダンスというメディアはどのようにしたらこの自覚を己の身体に刻印できるのか。例を挙げれば枚挙に暇がないが……。ここでは先に述べたいくつかの作品との対応で、夢を失った身体、あるいは「夢の廃墟で見る悪夢」というもうひとつの夢の身体を見てみたい。

古典バレエ作品がそれぞれの時代に合わせて多少の変更が加えられることはよくあるが、基本的にはもともとあった古典のファンタジックな美しさを尊重していて、そこから大きく逸脱することはあまりない。しかし原作の物語的な展開をなぞりながらも大胆な読み直しや脚色が行なわれ、それが新たな歴史をつくってゆくこともある。その代表的作のひとつがスウェーデンの異才マッツ・エック振付、クルベリー・バレエ団による『ジゼル』（一九八二年初演）である。このエック版では第一幕の終わりでジゼルは死なずに気が狂うだけであり、第二幕は亡霊たちが住む森のかわりに精神病院になっていて、舞台美術にもジゼルの破壊された精神を象徴するかのように分裂症的な絵が使われる。抽象化された指とか鼻とか乳房とかが、バラバラになり宙に浮かぶ。

あの名作『ロミオとジュリエット』もケネス・マクミランやルドルフ・ヌレエフによる古典に則った版があるが、何と言っても大胆な読み替えとしてはレナード・バースタインの音楽とジェローム・ロビンズ演出の歴史に残るミュージカル『ウエストサイド物語』がある。しかしプロコフィエフの音楽をそのまま使い、古典が内包する壮絶な愛と死の世界を踏襲しながら、今現在の物語として優れた転換を行なったのは、アンジュラン・プレルジョカージュ振付の『ロミオとジュリエット』（一九九〇年初演）である。劇画家として特異な才能をもつエンキ・ビラルが美術を担当し、リヨン・オペラ座バレエ団が踊った。ビラルの舞台装置は工場か産業社会の終末論的な廃墟を思わせる暗いものであり、そこで展開される物語には、権力と階級闘争が前面に出てくる。ロビンズにしてもプレルジョカージュにしても、現代のバレエにおいては一九世紀の夢をそのまま見続けるよりも、今という時代のリアリティをいかにして舞台に還元するかということに腐心し、その実現のために全力を傾注したのだ。

それに対してここ二、三〇年のバレエ界の、恐らくもっともセンセーショナルな新バージョンは、マシュー・ボーン振付ＡＭＰ（アドベンチャーズ・イン・モーション・ピクチャーズ）による『白鳥の湖』と『愛と幻想のシルフィード』であろう。前者では王子はマザコンで同性愛的傾向が強く、白鳥は獰猛で野生的な白鳥であり全員男性により演じられる。最後に王子は、自らの夢であり、憧れの猛々しい白鳥「ザ・スワン」と共に死んでゆく。死はもうひとつの夢の始まりである。『愛と幻想のシルフィード』はロマンティックバレエの代表作『ラ・シルフィード』を下敷きにしているが、主人公は麻薬中毒の若者であり、内容は中毒者の悪夢といってよい。ボーンは現代人のテイストに合わせた諧謔と風刺とユーモアを舞台に横溢させるが、見方を変えれば新しい夢の紡ぎ手であるともいえる。同じ九〇年代に作られた、マッツ・エック振付けの『眠りの森の美女』においても、ヒロインであるオーロラはヘロイン中毒の少女である。麻薬による幻想が今の時代に見る夢なのである。

　現代は技術とか速度とか容量とか、絶え間ない高度情報の価値観の創出に追われている。身体はそんな時代と和合するのか、訣別して孤立することを選ぶのか。いずれにしろ「斬新なアイデア」と「ユニークな物語」だけに寄りかかっていては、らちが明かない。舞踊家は、良い夢も悪い夢も見続けながら、他のジャンルではできない、舞踊というメディアのみが伝えるうる領野にどこまで迫れるかということだ。

# 「インクルーシヴダンス」をめぐって

## 周縁から

ダンスや演劇などの目新しい表現に、その領域の人たちはいつも多大な関心を払う。数十人の極小のスペースから大劇場に至る無数の舞台、キャパの大小、観客動員、前衛性、先鋭性、商業主義、エンタメ性、助成金、チケット収入、さまざまな種類のパブリシティ、そして演出家や振付家、俳優やダンサーたち……などについての思惑と戦略が飛び交う。果てることのない大きな流れ。創る方も観る方も、そんな流れのなかを知らず知らずのうちに泳がされている。

歴史を遡ってゆけば、演劇もダンスも境目がなく、言葉と身体所作とは分ちがたく結びついた祭祀的・神話的な時空にいきつくはずだ（古代インドのサンスクリット演劇の面影を今にとどめる南インドのクーリヤッタムでは、言葉、音楽、ダンス、マイムのすべてが様式化のなかで溶け合っている）。それなら今という時代に、既成のジャンルをこえた身体表現が、社会に対してふだんとは異なる働きかけをするには、どのようにしたら可能なのだろうか。

そんな関心をもつようになったのには、いくつかのきっかけがある。マース・カニンガムと並んで、アメリカのポストモダンダンスの精神的な支柱でもあるアナ・ハルプリンが、ダンス界の前衛のひとりとされていながら、当時絶望的な病とされたエイズキャリアの男性たちと積極的にワークショップを繰り返し、公演にまでこぎつける映像を見たこともそのひとつ。また、刑務所に一定期間滞在し、服役囚たちと演劇作品をつくるのを専門にしている劇団とその演出家にニューヨークで出会ったときにも、忘れがたい衝撃を受けた。いずれも「客の入りが悪くて赤が出た」などというぼやきなどとは無縁の世界。「人対人」という原点で相手に向き合い、積み木を一つひとつ積み上げるように舞台をつくってゆかなければならない。それとは別に、街に出向き多様な立場の人たちを挑発し、議論を惹起するゲリラ・ストリートシアターの存在にも興味があった。「演劇」という形態をとりながら、まったく異なるコンセプトで活動する人たちがいた。

ニューヨークで、この領域のことを間近に体験できる思わぬ機会が巡ってきた。パフォーマンス研究で博士号を取得した親友のスティーヴン・スノウが、数年ぶりに会ってみたら大学の先生にならずにプロのドラマセラピストとして活躍していた。彼が働いている現場は、ブロンクス・サイキアトリックセンターという、精神医療を専門にする巨大な州立病院のなかの、退院の見込みがない患者を収容する病棟であった。スティーヴンのお蔭でこの病院で日常的に行なわれているダンスセラピー、ドラマセラピー、音楽セラピーなどの専門家に会うことができ、彼らのミーティングに出席し、患者たちと行なうワークショップにも何度か参加させてもらった。

ここで出会った二人の元ピアニスト——ひとりはセラピスト、もうひとりは患者——が忘れられない。音楽セラピストのインターンとして働く韓国人の若い女性は、コンサートピアニストを目指して韓国で幼少期から特訓を受けてきたが耐えられなくなり、現在はプロのセラピストを目指しているとのことだった。「今は楽しく幸せ」とタンバリンをもって嬉々として話す彼女を見ていると、アートセラピーはセラピスト自身にとっても何らかの効能があるのではないかという気持ちになった。他方、患者のアメリカ人男性は、名門ジュリアードのピアノ専攻というエリートコースにいたが、その抑圧が強過ぎて、ある日発作的に飛び降り自殺をはかり、以来入院しているとのことだった。表情に繊細な優しさが漂っていたが、顔色は生きる目的を喪失したように暗かった。病名は聞きそびれた。

現在はどうか知らないが、わたしがこの病棟に通ったころは、出入りするたびにしっかりと鍵がロックされた。患者たちは一種の軟禁状態で、外部からの面会や見舞いも極端に少ない。病棟の廊下を歩いているとき、ある患者が摑みかかってきて「Are you a doctor or a patient?」と繰り返して聞かれたこともある。答えに窮して曖昧に「Friend、friend!」とだけ繰り返した。患者は納得してくれた。

ここでいろいろなアートセラピーに参加していつも思ったことがある。これがどのように「療法」として効能があるのかどうかはわからないけれど、少なくとも、これらのワークショップの時間そのものが彼らにとって貴重なものだということだ。薬漬けで自由を奪われ、見舞客も滅多にこない状況で、音楽やダンスや演劇を試みること自体が、人間らしさをとり戻す唯一の時間なのである。うまい／へた、などという「しゃば」の尺度などいっさい関係がない。

ヘンリー・ダーガーなど、社会の周縁で人知れず作品を残した「アウトサイダー・アート」を論じるD・マクラガンは、以下のように述べる。

　　言うまでもなくアート・セラピーは、単に想像の世界に足を踏み入れなさいとか、芸術を通じて創造的になりなさいというだけのものではない。自らの苦痛を直視し、少なくとも想像の中でだけでも自分自身の不道理な側面と和解するよう促すものだ。このことはアウトサイダー・アートにも当てはまる。

マクラガンは、狂気は多くの芸術作品のなかに見られると述べたうえで、次のように続ける。

創造的狂気をこのように認識するなら、「健常者」である芸術家と「精神病」の芸術家を隔てる壁は突き崩される。あるいは少なくとも彼らの作品と精神障害の間にきちんとした病理学的整合性があるという考えに疑問が生ずる。そうなればもはや彼らとわれわれの間に明確な境界線はなくなってしまう。あるのはただそれが何らかの施設（病院、ホーム、ユニットなど）で作られたかどうかという違いだけだ。

D・マクラガン『アウトサイダー・アート 芸術のはじまる場所』松田和也訳、青土社、二〇一一年、一七〇〜一七一頁

D・マクラガンは主に美術を念頭に論じているが、先に述べたアナ・ハルプリンは身体表現の領域で、「セラピー」よりもっと包括的な試みを続けてきた。九〇年代前半、アナが山梨で行なった数日間のワークショップに参加したことがある。その最後にあったのが、Circle the Earthというリチュアルの一部でEarth Runと呼ばれるものだ。全員が四つのグループに別れ、ある一定のルールのもとに円陣を走り続ける。走るときには、誰のために走るのかを宣言するのもルールのひとつ。右回り、左回り、歩いてもいいし、疲れたら止まって円陣から出てもいい。観客が参加してもよい。もちろん病気や障害をもっていても参加できる。アナの創造したリチュアルは至って自由である。このときアナにインタビューする機会があった。そのころの彼女の考え方が如実に表れているので以下に引用したい。

石井　神話と祭祀に付け加えて、あなたの作品には、儀礼的要素、ゲーム的要素、遊戯的要素、そしてかなりの即興、偶然性の要素も色濃くあります。人はあなたのことを「舞踊家」の範疇に入れていますが、あなたの作品やワークショップは「舞踊」の範疇に収まるものではありません。

ハルプリン　わたしの仕事は舞踊でも演劇でもありません。わたしにとっては舞踊も演劇も同じものでまったく区別しません。人がそれを「舞踊」と呼んでも、演劇的な要素や日常的な行為を含んでいます。

（中略）

石井　あなたはアメリカのいわゆるポストモダンダンスの潮流のなかでも例外的な存在です。自然と人間の関わりを大切にし、舞踊経験のない者を使い、時には病んだ人々を対象にして、形に囚われずに作品をつくってゆくあなたの活動を見ていると、もはや何が「芸術」であって何がそうではないのか、そんなことが必要なく思えてきます。

ハルプリン　わたしは多種多様な「芸術家」と呼ばれている人たちが、あまりに自己中心的に耽溺するようにそれぞれの表現をするのを見て、うんざりすることがあります。わたしはそのような個人の表現を超えて、人が何かを外側に表現しようとすることに精を出すよりも、自分を癒し、他人を癒し、自然を癒す舞踊を志向しているのです。

だからといってわたしは、精神を病んでいる人たちを治療する療法士ではありません。舞踊家であるなしに関わらず、人が本来もっているクリエイティブなものを育みながら、心の奥深く届く作品を作りたいのです。

わたしはひとつのことを深く信じています。それはたとえ舞踊に関しては全く経験のない人でも、プロの舞踊家が想像もつかないような素晴らしい動きをすることがあるということです。その素晴らしさは芸術を作ろうという意図を超えたところにあるのです

石井達朗『アウラを放つ闇―身体行為のスピリット・ジャーニー』ＰＡＲＣＯ出版、一九九三年、一六五～一七〇頁

## 九〇年代に

一九九〇年代は、アナ・ハルプリンが考えていたさまざまなことが、インクルーシヴな方向性をもちつつ国内の舞踊や演劇にも浸透していった。同性愛、エイズ、カミングアウト、性産業、社会的なマイノリティなどのテーマをマルチメディアの方法論と抱き合わせた先鋭的なパフォーマンス作品『S／N』が、京都のダムタイプから生まれた。ちょうど同じころに誕生した勅使川原三郎の『Noject（ノイジェクト）』と並び、戦後の日本の傑出した二作品が、九〇年代前半に生み落とされたことになる。社会・政治のレベルでは九七年、同性愛者のグループが府中青年の家の使用を申し込んだ際に、東京都がこれを拒否し、これに対して起こした裁判において原告側が全面勝訴した。遅まきながら性的マイノリティの権利を認めた画期的な判決である。九七年といえば、一九八六年に施行された男女雇用機会均等法が、よりしっかりしたものに全面改訂された年でもある。

六〇年代に評論家のスーザン・ソンタグが『パルチザン・レビュー』という雑誌に発表した「キャンプについてのノート」は、その後、同性愛者の文化の美的感覚について広く議論を巻き起こすきっかけになったが、九〇年代に入るとそれはクィア理論に収斂され、それまでのジェンダー論やフェミニズムの蓄積をふまえてより論理的に、同時により広範囲に異性愛社会の周縁の文化を捉えてゆくことになる。これが学術的な領域に留まらず、映画（LGBTがテーマの映画祭など）、演劇、ダンス、その他のアンダーグラウンドカルチャー全般に浸透していったのは、日本では九〇年代がたけなわだったように思える。ゲイ、レズビアン、あるいは両者を含めたミクストで、クラブイベントなどが頻繁に行なわれた。ドラァグクイーンがこのようなイベントに出没するようになり、世間の性的なマイノリティに対する意識は、それまでに比べれば多少は広がったように思える。

皮肉な見方をすれば、九〇年代初頭、どっぷり浸かってきたバブル景気が崩壊して初めてこの国では、ジェンダーやセクシュアリティの既成の枠組みを超えた「個」の在り方が意識され始めたのだ。伝統的なテクニック、師弟関係、性差、世代差などを等閑視して、コンテンポラリーダンスが徐々に社会文化的に認知されていったのもこのころである。

そんな流れがあるなか、伊地知裕子が主宰するミューズ・カンパニーがいわゆる「ダンスセラピー」とは異なる方向性で、障害者とそうでない者が創造的に参加するワークショップを一九九〇年という早い時期から企画・実現し始めていた。このころはまだこの領域に対しての意識は薄く、伊地知さんはほとんど独立独歩で制作をつづけ現在に至る。

ミューズ・カンパニーは、インクルーシヴなダンス環境をつくるのに信頼できる指導者であるヴォルフガング・シュタンゲをイギリスから何度も招聘し、わたしもシンポジウムやワークショップに参加したり、見学したりした。前述のアナ・ハルプリンへのインタビューも、ミューズ・カンパニーが企画したワークショップの過程で実現したものだが、同カンパニーの企画でもうひとつ印象に残るのは、日本ろう者劇団の代表を務める米内山明宏と対談をしたことである。後にも先にも手話通訳の人を介してこれほど時間をかけて対談したことはない。多様なジャンルの身体言語の可能性について話しあったが、議論の内容もさることながら、強力なインパクトを受けたのは手話そのものである。わたしが日常的な速さで話す日本語は、同時に活発に動く手話通訳の身体に置き換えられ、米内山氏が手話で語ることは日本語に淀みなく翻訳される。米内山氏の顔の表情と両手の活発な動き、いわば上半身すべての動きが、早口の人がしゃべるような言葉に置き換えられる。このとき、手話というものに対して、そしてろう者の文化に対しての自分のそれまでの認識不足を痛感させられた。

そのあと、『ろう文化』という本に収められた論文集を読み、ますます認識を新たにした。聴者であるわたしの音声中心主義的な意識の形成、音声中心社会の外縁で生きているろう者の文化。そのことについて『ろう文化』のなかでディルクセン・バウマンの以下の言葉が眼をひいた。

「発話は本質的な人間の特性である」とか「白人は、本質的に、他のどの人種よりも知的である」といった本質論に基づいて、アイデンティティを定めるような態度を乗り越えなくてはいけないのである。そのような態度をとるのではなく、アイデンティティとは、社会、政治、言語的影響を受けた複雑な諸関係の中で、形成され続けると考えなくてはならない。

ディルクセン・バウフマン「視覚、空間、肉体の詩学へ向けて 手話と文学理論」梶理和子訳、現代思想編集部編『ろう文化』青土社、二〇〇〇年、三二九頁。

ピナ・バウシュの作品『カーネーション―NELKEN』（一九八二年）に、こんな場面がある。短パン一枚で裸のダンサーがアコーディオンを抱えたまま、ガーシュウィンの『The Man I Love』を手話で伝えると、その手話をしながらラインダンスをするダンサーたちが登場する。忘れがたいシーンだ。顔と手が表情豊かに動くコミュニケーションツールとしての手話の可能性は、ピナの舞台でも表現の枠を拡げている。音声言語を代用し補完するものとしての手話でなく、それ自体自立した言語活動としての手話を考えることから、ろう者と聴者双方による協同のクリエーションの可能性の一端を見せてくれて、心に残る。

## すべては小さなことから始まる

今世紀に入った二〇〇一年、イギリスのインクルーシヴダンスを代表するひとりアダム・ベンジャミンが伊藤キムと共演するなど、新たな展開があった。ベンジャミンは、一九九一年にイギリスに設立されたカンドゥーコ・ダンスカンパニーの創設者のひとりでもあり芸術監督でもあった人だ。ここ何年かのあいだにこの流れにのるように、日本のコンテンポラリーダンスで活躍するさまざまな舞踊家たちが活動に参加し始めている。近藤良平、鈴木ユキオ、岩淵多喜子、スズキ拓朗、ディディエ・テロン、アダム・ベンジャミンなどが演出・振付に参加し、これまでのコンテンポラリーダンスには見られない成果を見せつつある。現在この分野の活躍が注目されているイギリスのクレア・カニンガムの初来日もある。

振付家が変われば、何を目指すのかという立脚点が自ずとちがってくる。その結果が一筋縄では捉えがたい多様性を導き出してこそ、さまざまな振付家に関わってもらう意義がある。ひと口に「障害」と言っても千差万別であり、それをどのように作品づくりに反映させるのかによって異なる作品が生まれる。金滿里が主宰し三〇年以上にわたり活動を続ける劇団態変は、身体の障害を晒すようにして展開する。その現前化こそが「いま、ここにある身体」の訴求力を発揮するのだ。そしてわれわれは、障害／健常の二分化を問われる。

そのほか、日本とイギリスそれぞれの、在り方のちがう二つのカンパニーに惹かれるものがある。アオキ裕キが主宰し、路上生活者および元路上生活経験者たちとパフォーマンスを行なうダンスグループ「新人Hソケリッサ！」、そしてイギリスで先鋭的でセンセーショナルな活動を続けるDV8フィジカル・シアターである。

新人Hソケリッサ！の舞台では、ダンサーとして鍛えられたアオキの身体と、恐らくダンス経験などまったくなかったであろう元・路上生活者たちのぎこちない身体とのギャップがあるが、不思議に気にならない。スキット（寸劇）風の動きを挿入してゆくことが構成に役立っているようだ。どことなくオフビートでユーモアもある。創作過程に伴うさまざまな困難は容易に想像できる。これがどこまで「アート」なのかどうか、などと考えるのはあまり意味がないだろう。カンパニーとしての彼らの在り方には独特のものがあり、アオキ氏の挑戦には眼を見張るばかりである。

DV8フィジカル・シアターの『The Cost of Living』（二〇〇三年）は、今世紀に入ってからのインクルーシヴダンス作品のもっともよく知られた話題作と言ってもよい。数々の受賞歴もある。舞台作品に基づき三四分の映像版がつくられたせいで、広く欧米で知られることになった。夏の終わりの海辺の街を背景に、両足のない主人公の体験が映し出される。とくにバレエスタジオに入り込み、バレリーナと踊るデュオは圧巻だ。彼の身体能力に驚かされているうちに、観客は彼の視点ですべてを体験していることになる。

DV8は同性愛者など性的マイノリティをテーマにして、能天気な社会に挑戦状を叩き付けるような鮮烈なイメージを醸す作風で知られる。唯一の来日作品『エンター・アキレス（Enter Achilles）』（一九九五年）は、イギリスのパブで男たちが酔っぱらい戯れ喧嘩し、そこに蔓延するファロセントリック（男根中心的）なマチズモ、ミソジニー（女嫌い）、性的マイノリティへの差別などをフィジカルに描いていた。

DV8や、同じくイギリスのForced Entertainmentなどのグループは、「インクルーシヴ」ということに多様な観点からの問いかけを行い、その問いが自ずと既成のダンスや演劇の枠組みを無効にしているのだ。

今世紀になり、地球上のあちこちで戦火は収まることなく、無差別なテロが横行し、世界は明らかにインクルーシヴどころかエクスクルーシブ（排他主義）の方向に進んでいる。まったく先が見えない未来。ラデイカルな思想家であり、アクティヴィストとして知られるイタリアのベラルディ（ビフォ）は、次のように述べる。

未来が脅威になるのは、集合的想像力が、荒廃をもたらし貧困と暴力とを増大させる傾向に替わるオルタナティヴな可能性を見いだすことができないときだ。これがまさしく現在の状況である。資本主義がテクノ経済的な自動作用システムと化した現在、もう政治の手には負えないのだから。意思の麻痺（すなわち政治の不可能性）こそ、今日の抑鬱蔓延の歴史的文脈である。

フランコ・ベラルディ（ビフォ）『プレカリアートの詩（うた）』櫻田和也訳、河出書房新社、二〇〇九年、一九九頁

最悪の戦争の世紀である前世紀を経験した今になっても、この星に生きる人たちは共存のための最低限のパラダイムさえも構築できていない。そんな現在、インクルーシヴな社会など夢見ることができない。しかし、インクルーシヴなダンスやパフォーマンスやイベントは確実に実現されている。たとえそれが数十人の人の輪であっても、少なからぬ希望はもっていたい。歴史を見ると、すべてが小さな事柄から始まっているからだ。

# ダンス、アクション、ポリティクス

マギー・マラン、ヤスミン・ゴデール、矢内原美邦、川口隆夫、ファビアン・プリオヴィル

## マギー・マラン

ダンスとポリティクスの接点を考えるのは難しい。ポリティクスはその守備範囲を「言葉」によって堅牢に固めているからだ。対して、ダンスには言葉がない。ダンスは、ポリティクスからいちばん遠いところにあるのだろうか……。人はこの世に生まれ出た瞬間から、性別・国籍・社会・文化という差異を身にまとった、政治的な存在である。なかには生まれながらにして社会的に差別される立場にいたり、国籍がなかったり、多重国籍であったり、難民であったり、二分化された性別に不適合であったり……などの者もいる。身体とは、好むと好まざるとに関わらず、ポリティクスそのものである。身近なところでは、爪を切る、髪を切る、入れ墨を入れる、そして化粧や衣装や香水に至るまで、身体に行なうさまざまな人工的な行為そのものが、多様な差異を生み出している。それらは社会文化的な環境に根ざしたものだ。だからこそ、身体は創造的にポリティクスを穿つ表象たりうる。

マギー・マランは八〇年代初頭のデビュー以来、一貫してそのことを感じさせてくれる稀有な舞踊家である。久々の来日作品『サルヴズ』（二〇一〇年秋にリヨン・ビエンナーレ初演、来日は二〇一三年）は、そんなマランの活動にエポックを記す快作である。作品は、新しい世紀を迎えても未だに「共存」という最低限のパラダイムさえ構築しえずに争いを繰り返し、貧富の差を拡大し、環境を汚染し、混迷を深める地球上のす

べての人たちに向けられている。

地下室か倉庫のような殺伐とした舞台に四台のオープンリールのテープレコーダーが置かれている。真っ暗闇の空間にほんの数秒間だけ薄明かりがともるという光景が、繰り返され、観客はその一瞬一瞬を、タブローを眺めるように目を凝らして見ることになる。逃げるように疾走する人々、空襲下で慌てて物を運び出す人々（住人なのか盗賊なのか）、しゃがんで割れた壺を手にする女。ヒトラーやカストロの演説が、不安をかき立てる低いノイズ音のなかに消えてゆく。悪夢のようでもあり、カリカチュアのようにも見える。

どこかで経験した歴史のなかの一コマ一コマが、ユーモアを交えて浮かび上がる。ラストの晩餐会のシーンは、次第に狂乱の乱痴気騒ぎと化してゆき、頭上にキリスト像をぶら下げたヘリが旋回する（明らかに、フェデリコ・フェリーニの名画『甘い生活』の冒頭からの引用だ）。

舞台に詰め込まれた歴史と文化の表象は、混沌として複雑で重層的で、フォローするのが精一杯である。緻密に構築された時間と空間の加速度的な推移に圧倒される。マランはここに一方的な主張を詰め込むのではない。舞台のアクションはいかようにも広がりうる多様性に満ち、観る者の思考の回路を刺激する。芸術家であることが、そのまま社会・政治活動家であることと同義であるとして生きたのは、美術家ヨーゼフ・ボイスである。彼は一九八二年、国際的な現代美術展が開催されたドイツのカッセルに、七〇〇〇本の樫の木を植えるプロジェクトを開始した。その前年『メイ・ビー』という歴史的な作品を発表したマランの活動は、ボイスの樫の木のように時代を見つめ、社会を見つめ、成長を続けている（ボイスは一九八六年没）。

『サルヴズ』の一〇年前、二〇〇三年のマランの来日作品に『拍手は食べられない』があった。舞台背後に天井から色とりどりの帯がカーテンとしてぶら下がっている。マランは、これがラテンアメリカの国で部屋や家の入り口にあるカーテンであると言う。作品では独裁者の暴力、抑圧する者とされる者、権力と弱者などが、すべて「表象」として描かれている。全篇に不安をかきたてるノイズ音が流れ、機関銃の掃射の音が聞こえ、人が倒れるとカーテンの向う側に引きずり込むという、救いようのない光景が繰り返される。カーテンの向う側から出入りする男女四人ずつのダンサーたちは、名前をもつ個人ではなく、悲惨な情景の一部と化している。いかなる「物語」も「結末」もなく、煮えきらない空気を引きずったまま舞台は終わる。マランの作品に特有の、この根源的な不快感とはなんなのだろうか。

それは、われわれが舞台のうえの世界とつながっているというメッセージを、舞台のアクションが誘発し続けることからきている。『拍手は食べられない』という特異なタイトルをもつ舞台に、ダンスシーンはない。行為が表象をにじませるときのイメージの強靭さだけが残った。

## ポリティカルダンス――『ストロベリークリームと火薬』

マギー・マランのようにアーティスティックな表象としてではなく、まっすぐポリティクスそのものを志向する舞踊家たちがいる。一九七〇年代から八〇年代、「ポリティカルダンス」という、あまり聞きなれないカテゴリーの公演がニューヨークやワシントンDCで行なわれていた。数こそ多くはなかったが、『ヴィレッジ・ヴォイス』紙など同時代の芸術の動向を敏感に嗅ぎ取って伝える新聞が「ポリティカルダンス特集」を組むほどであったから、アメリカではいくつかの都市でそれなりの盛り上がりを見せていたと考えられる。

一九六〇年代初頭、ニューヨークのジャドスン教会で踊るイヴォンヌ・レイナー、トリシャ・ブラウン、デヴィッド・ゴードンなどの一連のダンサーたちの作品がポストモダンダンスと呼ばれ、それまでの二〇世紀のモダンダンスの流れとは異なる、舞踊史を大きく転換するような実験的な行為を展開していった。六〇年代後半から七〇年代前半になると、日本やヨーロッパの舞踊家たちの多くがニューヨークに熱い眼差しをそそぐようになる。六〇年代後半に舞踊評論家の市川雅や舞踊家のケイ・タケイもニューヨークに滞在し、ポストモダンダンスの洗礼を受けている（タケイは七〇年代には「ポストモダンダンスのもっとも注目すべきアーティスト」という評価を受けたこともある）。

しかし、言葉のない「ダンス」が、いかに身体の先鋭性や実験性に磨きをかけて作品を発表しても、ベトナム戦争の泥沼に深くはまってゆくアメリカという病める巨象に対して、直接的な発言ができないもどかしさがあった。六〇年代半ばから七〇年代半ばは、アメリカにとって政治的に激動の時代である。六三年のケネディ大統領暗殺、六四年に米軍機が北ベトナムを爆撃、六五年には全面的な北爆となり、ベトナム増兵が決定される。急進派の黒人運動の指導者マルコムXが暗殺されたのも、公民権デモとワシントンの反戦デモという二つの大掛かりなデモが行なわれたのも六五年である。六七年にはデトロイトの黒人暴動で死者四一人を出し、翌六八年にはキング牧師とロバート・ケネディが暗殺される。同年の秋ごろには大学紛争は全米に広がる。舞踊家は自分の仲間が徴兵されて戦場へ送られてゆくのを、手をこまねいて眺めていたわけではないが、こと「舞踊作品」をつくるということに関しては、ポストモダンダンスの先鋭たちはますますパーソナルな実験に潜行していったのである。

ダンスは大袈裟な社会的な身振りよりも、より個人の意識のあり方・個人と個人の繋がり方に深く降りてゆく。その点、「個人的なことは政治的である」とする合言葉や、身の回りの日常からの変革を目指すアメリカ型のフェミニズムの台頭や、同性愛者や黒人などのマイノリティの運動に、ポストモダンダンスはより通底していたといえる。皮肉にも、ベトナム戦争終結後しばらく経ってから、「ポリティカルダンス」は盛り上がりを見せた。ダンスが先鋭的になればなるほど、眼の前の政治に対して発言できないというフラストレーションがあったのかもしれないし、（ベトナム戦争の反省から）自分を取り巻く社会に対して、ダンスをとおしてもっと明確なメッセージを発信しようという意図をもつ舞踊家がでてきたせいかもしれない。

しかし、わたしが見た数少ないポリティカルダンスの公演では、ダンスの質の高さという観点からすると残念ながら見るべきものがほとんどなかった。ドイツの表現（主義）舞踊の傑作で、戦争の愚かしさと浅ましさを風刺の色濃い作風で描くクルト・ヨース振付けの『緑のテーブル』（一九三二年）などの作品に比べると、アメリカのポリティカルダンスはコンセプトだけが先行して方法論（技術と構成）があいまいになってしまったきらいがある。コンセプトが、既成の方法論をご破算にせざるをえないほどに作品づくりを追い込んでこそ、ダンスはポリティカルになりうるはずである。その点、やはり同じ七〇年代から八〇年代に大きな盛り上がりをみせたフェミニズム演劇が、既成の演劇の方法論を変容しつつ数多く誕生し、演劇史上例のない現象となったのとは対照的である。もちろん演劇には言葉を自由につかうという強みがあったこともあるが……。

このことは、「舞踊はコミュニケーションの最たるものである言葉を使わないので、政治的な発言をしえない」という俗説とは関係がない。冒頭に述べたように、身体はこの世に生を受けたときから、すでに政治的である。舞踊は言葉による具体的な発言こそしないが、言語以前の衝動や言語を超えた意思をからだで表現する。そのことを感じさせる舞踊公演があった。二〇〇六年三月、東京・にしすがも創造舎で行なわれたヤスミン・ゴデール振付『ストロベリークリームと火薬』という作品である。

イスラエルからやってきたこの作品の背景に、イスラエルとパレスチナとの紛争があることは明白である。憎しみと報復の理不尽な連鎖。中央に小さな草地、下手に検問所を暗示する遮断機がある殺伐とした舞台で、ゴデールを含めた男女七名のダンサーは、踊るということをほとんどせず、代わりに激しく動いて畳み掛けるように、演劇的な情景をフリーズさせる。銃口を相手の口に突っ込む男、機関銃で威嚇する男、死体を引きずる者たち、女をレイプする男、死体にすがりつく女の傍らを楽しげに通り過ぎる三人の女。戦慄と絶望、狂気と錯乱、傲慢と無関心の情景を鮮明に刻印し、その状況に対して観客が傍観者でいることを許さない。言葉による政治的なプロパガンダではなく、ダンスであるからこそ訴えられるものとは？　その可能性を、無骨ではあるけれど一寸先は闇のなかを、体を張って模索した作品であった。

## 矢内原美邦『see/saw』『リアルリアリティ』

「ポリティカル」などという単一の形容詞に押し込めることはできないが、作品の方向性を意識化しつつ重要な仕事をしているのは矢内原美邦である。矢内原が率いるニブロールは、表象と具象を行き来し、高橋啓祐の訴求力のある映像を駆使しつつ、鬱積した感情を拠りどころのない「身体の風景」に還元する。矢内原美邦は『前向き！タイモン』（二〇一〇年）で岸田戯曲賞を受賞するなど、このところ劇作でも特異な才能を発揮していたが、彼女がダンスから少しでも離れていると、日本のコンテンポラリーダンスに大きな隙間ができてしまうように感じるのはわたしだけだろうか。

ニブロールが長年にわたり、いろいろな意味で日本のコンテンポラリーダンスを代表する集団でありえたのには、二つの理由があるように思える。まず、なんといってもこのグループの中心で活動する矢内原の無二の創造力と芯の強さ。既成のダンス語法には寄りかからず、相手を小突くような独自の動きを開発し、あわせて都市感覚飛び交うポップなつくりの背後に、独特の空虚感をただよわせる。もうひとつは作品の創作方法。作品をつくってゆく過程において、矢内原だけが全体を牽引してゆくのではなく、個性をもったアーティストたちの共同作業の力をしっかりと開示しようとする。「カワイイ」などの言葉が、現在の日本のアートや若者文化についてよく言われるが、そんな風潮をよそにニブロールはぶれることなく思考し表現し、独自の路線を歩んできた。方向性が稀薄なコラボレーションが少なくないなかで、この集団には見習うべきものがあるはずだ。

『see/saw』（二〇一二年）は本格的なダンス作品である。その舞台から今という時代と社会に向けて、怒りと悲しみが炸裂する矢内原ならではの情景が見えてくる。根底に3・11があるのは明らかだが、作品は具体性を排し、イメージの強度に訴える。生と死、記憶と現実、今見ていること（see）と過去に見たこと（saw）。まさに「シーソー」のように揺れ動くコインの両面——そんな二つの世界を分割するかのように、白と黒を対比させたカミイケタクヤの美術が秀逸だ。舞台中央に置かれた、包帯でぐるぐる巻きにされた白いシーソーは、本作を象徴すると同時に、ここに生起するすべてのことの傍観者でもあるのだろう。

冒頭、舞台奥で静かに動く小山衣美の中性的な存在感が魅力的だ。すぐに三名の少女が加わり、白地に朱の入った衣装で楽しげに戯れる。しかしそのすべてはやがて訪れるカタストロフの前兆である。暗転になり風船がバチバチと破裂するあたりから、舞台は白から黒へ。すさまじい勢いで動く集団の衣装は黒尽くめになる。背景に映し出される住宅地や海は、かつてそこにあった光景なのか。中盤、全員の絶叫シーンがえんえんとつづく。叫び以外の表現をすっかり忘却してしまったかのように。

ニブロールを中核で支えてきた高橋啓祐の映像は、実写・アニメ・抽象を巧みに使い分け、作品に鮮やかな色づけをする。また、スカンクのサウンドは、観る者の心をえぐるように作品を引っ張ってゆく。矢内原、高橋、スカンク、カミイケが共にひとつの方向性を共有しながら、それぞれの領域で創造力を全開しているのが快い。

家族の者、周りの者が亡くなり、見慣れた光景が崩壊し、すべてが眼の前から瓦礫のように崩れ落ちてゆくとき、人は何ができるのだろうか。そして舞踊家はどこを見つめ、何を表現するのか。一部の舞台人が取り上げているテーマではあるが、ニブロール結成以来一五年の蓄積を、安易な同情や感傷をしりぞけながら矢内原が渾身の力で投げかけた。欧米やアジアの他の国々とは異なる展開をしてきた日本のコンテンポラリーダンス。そこから生まれた傑出した作品である。

このあと二〇一五年になると、矢内原は不安な時代の今に、もろ肌を晒すように鋭利な新作『リアルリアリティ』を発表する。この作品においても、映像の高橋啓祐、サウンドのスカンク、美術のカミイケタクヤと矢内原とのチームワークが、これまでにも増して密度が高い。輪をかけるように稲村朋子の衣装が舞台で映えていて、それぞれ孤立しているようなダンサーの不安定な存在感を浮かび上がらせる。ヤン・ベッカーの照明もいい。作品の雰囲気は救いのないほどに暗くペシミスティックである。

大きさのちがう七枚の可動式のパネルが背後に置かれ、ここに急流のように映像が流れる。冒頭は「本当は何も知りません」などの言葉がナレーションで脅迫的に繰り返され、首を吊る光景が投影され、ネット上の文字化け映像が土石流のように舞台全体を襲う。一気に、観客を暗鬱な気分に巻き込む出だしである。これに対して後半は、白い棺、動物の剝製、柱時計、靴、多量の衣類……などを使った演劇的な情景が展開。過去と現在、生と死、取り戻せない時間などを連想させる。しかし誰もノスタルジックな気分に慰められるわけではない。

舞台背後に物が高く積み上げられていて、天辺に書斎がある。そこから矢内原が乱暴に次々に辺りの物を落としてゆく。これでもかこれでもかと執拗に持続する不快な落下音。これは確かに「リアル」ではあるが、作品全体の流れからすると浮いてしまっている。しかし、オペラ調の歌唱が鳴り響き、万華鏡のような色鮮やかな映像が飛び交い、ダンサーが痙攣し、最後にすべてを弔うように鈴の音とともに静かに終息してゆくエンディングは秀逸。ある種の諦観が立ちのぼる。

## 男同士の欲望が向かうところ――『TOUCH OF THE OTHER――他者の手』

フェミニスト批評のケイト・ミレットが一九七〇年に書いた『性の政治学（Sexual Politics）』は、男性作家たちによって描かれた女性蔑視を鋭くあばき、家族制度の解体を提唱する歴史的な書物となった。彼女が本のタイトルに敢えて「ポリティクス」という用語をつかったように、性にまつわる多様な社会文化的な慣習や制度、そしてそれに対する人びとの反応は、ポリティクスそのものである。演劇であれダンスであれ、日本ではセックス、ジェンダー、セクシュアリティにまつわる事柄を、ポリティクスとして扱う舞台は極めて稀であった。それどころか六〇年代以降、前衛を標榜するアングラ世代やその後の小劇団においてさえ、世間で先鋭性を評価されつつも、組織の内部には家父長的な雰囲気がくすぶることが少なくなかった。

パフォーマンス集団ダムタイプ（Dumb Type）の『S／N』（一九九四年）は、同時代に生まれた勅使川原三郎振付『Noject（ノイジェクト）』と並び、九〇年代の日本が産み落とした最高傑作と言える。『S／N』はエイズ、同性愛のテーマに切り込んだ数少ない作品である。ダムタイプで活動していた川口隆夫は、ゲイであることをカミングアウトして独自の活動を続ける舞踊家である。

川口は、二〇〇〇年に五名の出演者が全員ゲイである『世界の中心』という作品をつくっているが、必ずしもセクシュアリティ関連の作品ばかりではない。現在ではむしろ、日本発のコンテンポラリーダンス作品として世界の各都市で賞賛された『大野一雄について』のような作品でよく知られている。それ以外でも例えば、一二〇センチ四方のテーブルの上で、プロレスの目出し帽をかぶって激しくのたうち回る『D.D.D.』は、山川冬樹の鮮烈なサウンドも相まって日本でも韓国でもおおいに受けた。そのそのほか蛍光灯の放電音を増幅してノイズを操作する伊東篤宏らと共演した『ディケノヴェス』（二〇〇五年に世界の数都市で公演）、藤本隆行・白井剛・真鍋大度などとつくった『true/本当のこと』（二〇〇七年）、『TABLEMIND』（二〇一一年）などの一連の作品は、ダンスというよりほとんどパフォーマンス作品といってよく、いずれも今世紀に入ってからのメディア・アートシーンの意欲作である。実験的な精神と遊び心を合わせもっているのが川口の本領である。

そんな彼の本領が、ゲイカルチャーの領域で全面的に発揮されたのが『TOUCH OF THE OTHER――他者の手』（二〇一六年）である。これは一九六〇年代にアメリカのある社会学者が行なった公衆トイレにおけるゲイの男たちの、その場限りの性行為についての記録を、パフォーマンスとして再現するという大胆な作品だ。二〇一六年といえば、ゲイやレズビアンやトランスジェンダーなど性的マイノリティを指すＬＧＢＴという用語が、新聞の文化欄でふつうに使われるほどに社会的な（ときに政治的な）認知を受けるようになっている。確かにＰＣ（ポリティカル・コレクトネス）の観点から言えば、状況は少しは好転していると言うべきか。しかし、セクシュアリティの多様なあり方を、ＬＧＢＴなどという収まりの良い言葉でくくれるわけがないし、議論すべき事柄はいくらでもある。同性婚など、政治や行政が扱わなくてはならない課題はあるものの、舞台は同性愛に対して何ができるのか。『TOUCH OF THE OTHER』は、一部のゲイのコミュニティからでさえネガティブに捉えられかねない問題作である。

前半はアメリカのある時代の公衆トイレにおいて、男性同士が刹那的な性の快楽をまさぐる様子が、当時の記録に基づいて演じられる。川口隆夫のナレーションにより、トイレ内の小便用・大便用などの配置が説明され、その時どこに男（たち）がいたかというのは、観客の有志が参加するということになっている。意外にも女性観客からも挙手があり、男女双方の観客が舞台に出てきて、トイレ内の男たちの行為を辿ってゆくことになる。しばしば観客席から笑いが起きるほど明るい雰囲気である。これがもし、ゲイコミュニティが定着しているニューヨークやサンフランシスコで上演されると、観客には多くの男たちが押し寄せ、まったく違った雰囲気になるになるだろう。後半は前半とはうって変わり、状況を説明するような具体性を排して、パフォーマンス作品という様相を呈する。川口と男女のダンサーたちが透明なカーテンの中で踊り、同性愛を巡る歴史的なフレーズが次々に英語と日本語で、それぞれの年代とともに投影される。「クィア」「エイズ」「ゲイ」「同性愛」「レズビアン」「フェミニズム」など。ダムタイプの『S／N』での一場面を思い出した。

音楽・サウンドを担当した恩田晃のノイズ音が効果をあげ、今泉浩一の映像もこのマルチメディアのパフォーマンスに貢献していた。前半はリアリスティックに事実を辿り、後半をよりポリティクスのレベルに収斂していったのが良かった。フェミニストの側からは、本作があまりにファロセントリック（男根／男性中心的）と言う声が上がるかもしれない。これがファロスの物語であることは確かなのだが、より広い意味での性的少数者に広げようという意識は後半のパフォーマンスのなかで感じられた。セクシュアリティの領域をパフォーマンス作品として扱う場合、コンセプトで体良くまとまった方法よりもこのようなゆるい構造のほうが適している。セクシュアリティそのものが固定的というより、流動性を秘めているからだ。『TOUCH OF THE OTHER』は川口が放った会心の一撃であった（本作では女性についての言及はまったくなかったが、例えばレズビアンの側からセクシュアリティ、ジェンダーに正面から向き合った表現として、パフォーマンス・アーティスト、イトー・ターリの一連の充実した舞台がある）。

『TOUCH OF THE OTHER』と同様、もともと事実に基づいているのだが、行為を辿らずにアーティスティックなソロ作品として磨き上げた舞台がある。事実とは、二〇〇八年、東京の秋葉原で起きた無差別殺傷事件である。七名が死亡し一〇名が負傷した、歴史に残る通り魔事件だ。これに想を得て傑出した舞台をつくったフランス人舞踊家がファビアン・プリオヴィルである。惨たらしく、形容しがたいほどに理不尽な事件の精神風土でもあり物質的風土でもあるものを、『Jailbreak Mind』という極めて個人的なパフォーマンス作品に仕上げた。

## コンピュータゲームが心の闇を暴発させる――『Jailbreak Mind』

もとラ・ラ・ラ・ヒューマンステップス、そしてピナ・バウシュのヴッパタール舞踊団で活躍していたファビアン・プリオヴィルは、二〇〇八年、日本の女子高校生たちの生活の光と影を鮮明に浮かび上がらせた、秀抜な舞台『紙ひこうき』をつくった実績がある。『Jailbreak Mind』は、デュッセルドルフとブタペストの劇場によって共同制作されたソロ作品で、ヨーロッパではすでに高い評価を得ていたが二〇一一年に横浜公演が実現した。ファビアンの身体能力と世相を反映させる洞察力が、隅々にまでゆきわたる快作だ。

先に述べたように、秋葉原無差別殺傷事件が本作をつくるきっかけになった。容疑者は事件前にケータイの掲示板に千回もの書き込みをしていたといわれる。そのこととの関連からと思われるが、舞台背景のスクリーンに大きく映し出されるのはコンピュータゲームの映像。仮想現実の世界だ。ヘリコプターからいずこかの都市（ニューヨークのように見える）のなかに落下していく男のアニメ映像に成り代わり、ファビアンが登場する。大股に移動しながら、上半身が宙を抱え込むように両腕・両肩を柔軟に美しく動かす。中盤から後半にかけて、火炎をあげる建物、火だるまになる男、銃射撃により体を吹き飛ばされる男……等々のすさまじい映像が流れる。沈黙してそれを眺めていたファビアンが、そのあと顔全体を白いシャツでおおったままテーブルの上の人体フィギアを静かに弄ぶ。やりきれないほどに屈折した不気味な光景。いつしかこれが電車のなかで無心にゲームに熱中する者たちの、日本のどこにでもある光景と重なってくる。

最後にファビアンの遊び相手がフィギュアでなく、一体の犬のロボットになる。仮想空間のなかでの殺人ゲームに比べれば、たとえロボットではあっても遥かにこちらのほうがほほえましい。彼がロボット犬をあやす姿は、公園や家庭内でペットを愛好する人たちの間で見られるしぐさである。

ゲーム、ケータイ、ロボットなど、バーチャルな世界を浮遊しているあいだに、いつしかリアルな領域が侵食されている。これは日常的に起こりつつあることだ。バーチャルとリアルは錯綜する。感情や思考さえバーチャル化して、遊戯のアイテムになってゆく光景は滑稽だが、ときに無感情な暴力を生む。ファビアンが演劇的な舞台としてはなく、映像と身体を絡ませ、ダンス作品としてこれをつくった意義は大きい。

## 「芸術」というカテゴリーの喪失

マギー・マラン、ヤスミン・ゴデール、矢内原美邦、川口隆夫、ファビアン・プリオヴィルなどの作品を見てきた。彼／彼女らが時代や社会と向き合うテーマはさまざまだが、体をどう使うのかという方法論で共通している領域がある。一部でよく使われた用語でいえば「ノンダンス」である。ただしこの言葉にはジャーナリスティックな響きの曖昧さが付きまとうので、かわりに「行為（action）」と呼びたい。すべての舞踊の淵源には舞踊以前の、舞踊と判別しがたい何かしらの身体行為があった。そのようにして見ると（とくにポストモダンダンス以降の）新しいダンスの創造活動で「行為」が意識的に用いられるようになったのは、先鋭的などということではなく「振り戻し」に過ぎないとも言える。そこで最後に表現としての「行為」そのものに焦点を当てたい。

二〇世紀以降のアートの歴史を俯瞰してみると、もっとも大胆にジャンルやレパートリー、そして「芸術」などというカテゴリーを無効にしたかたちで展開してきたのは、ハプニング、パフォーマンス、あるいは単にアクション（行為）としか呼びようがない一連の展開である。その嚆矢はイタリア未来派やダダイズムなどに求められるが、「作品」として残ることを拒み、ひたすら行為の純粋性だけに光を当てようとしたのがアラン・カプローである。カプローが活発に活動を展開し始めた六〇年代半ばの、次のような言葉に彼のコンセプトの根幹が見える。

芸術と生活の境界線はできるだけ流動的で、眼に見えないほうがいい
ハプニングは一回だけすべし
最終的には、観客は完全に排除されるべきである

A. Kaprow, *Assemlages, Environments, Happenings*, Abrams, 1966

「観客はいらない」というのは、俳優でもなく、ダンサーでもなく、観客でもなく、「行為者」であること、「参加者」であることに重きを置いてのことである。「観客」と呼ばれる多数者によって見られたほうがいいという舞台芸術の常套から離れて、カプローは人々が参加し行為することを、ハプニングのベーシックなこととして考える。ここでは上手い・下手、プロ・アマなどの区別は意味をなさない。例えば一九六八年の『Overtime』という作品は、おおよそこんな感じである。

日没。懐中電灯を使いながら雪を積み上げ、森に二〇〇フィート（約六〇メートル）の真っ直ぐなフェンスをつくる。粉チョークで線が引かれ、赤い灯がともされ「No.1」という印を付ける。フェンスは

二〇〇フィート移動される。線が引かれ、灯がともされ「No.2」の印。フェンスは再び二〇〇フィート移動され、同じことが繰り返される（食物の支給がある）。このようにして二〇〇フィートずつ、一マイル（約一六〇〇メートル）にわたり、同様のことが繰り返される。夜じゅう、灯がついたままのラインができる。フェンスが取り除かれ、灯が消され、ラインと番号だけが残る。日の出。

これは日没から日の出までの、文字通りの「労働」であり、それ以外の何物でもない。参加者がそこに何らかの意義を見出すのか見出さないのかは、それぞれの個人に委ねられている。ただここに「森」という言葉があるところを見ると、生態学的な環境と身体、時間の経過と労働ということに対しての意識を啓発しようという意思もあったのではないかと推測できる。

芸術と非芸術の境界を無効にしながら、ジャンルやレパートリーを無意味なものにしてゆく一回限りの行為。これは、日常的な状況の中で自分の身体を非日常的な状況に追い込んでゆくという持続的な行為にエスカレートしてゆく。一九七一年、クリス・バーデンが彫刻科の修士課程修了のために課題作として行なったのは、『Five Day Locker Piece』というタイトルがついている。これは丸五日間のあいだ六〇センチ四方、奥行き九〇センチのロッカーに引きこもるというものである。この作品以上にクリス・バーデンの活動でよく知られていて、もっともよく言及されるのは同じ年に行なわれた『Shoot』（一九七一年）である。五メートル離れたところにいるアシスタントに、二二口径ライフルでバーデンの左の二の腕を撃たせるというパフォーマンスである。実際の射撃の模様は映像に記録されている。弾丸が上腕を貫通して血が出ている、バーデンは『Shoot』だけがクローズアップされ、センセーショナルに取り上げられているが、生と死の境目のぎりぎりのところで、まさに一歩間違うと死に至るかもしれないような「行為」を七〇年代にはいくつか行なっている。八〇年代以降、このような過激な行為は影をひそめていったが、晩年はマニアックで複雑な形態のインスタレーションを数多く発表している（二〇一五年没、六九歳）。

クリス・バーデンの他に、「パフォーマンスアート」あるいは「アートアクション」とでも呼ぶべき領域で注目すべき活動をしていたのは、マリーナ・アブラモヴィッチ、謝徳慶《シェダーチン》、日本では浜田剛爾《ごうじ》などがいる。バーデンの過激な一回性の行為とは対照的に、アートと日常の境界を地に水が浸みこんでゆくように、一年という長い時間をかけて行なっていた謝徳慶はとりわけ興味深い存在だ。

ずっと謝徳慶のことを忘れかけていたが、最近になって彼のことが気になり、ふと調べてみた。謝についての大部のカタログが出版されていることを知り、早速ロンドンから取り寄せた。『OUT OF NOW: The Lifeworks of Tehching Hsieh』というタイトル。写真が圧倒的に多く四〇〇頁近くあるせいで、相当な重さである。謝徳慶についてのこんな立派な本が二〇〇九年に出たのだ（わたしが手に入れたペイパーバック版は二〇一五年出版）。時が経ち、時代が変わった。尋常ではない彼の「行為」を回顧する余裕が、今世紀になってやっとできたということなのだろうか。あるいはベトナム戦争が終結し、享楽的な資本主義バブルの八〇年代に背を向け、ストイックに一年がかりの「行為」を繰り返し遂行し続けた謝を見直そうということか。

謝徳慶といえばもっともよく知られているのが、『ONE YEAR PERFORMANCE 1980-1981』である。一年にわたり、タイムレコーダーできっちり一時間ごとにタイムカードに時間を記録し続ける。カードの記録ばかりでなく、一時間ごとの写真も撮っていたとは、このカタログを見るまで知らなかった。ここにはその一年ぶんのすべての時間と顔写真が記録として掲載されている（タイムレコーダーに時間を記録している写真が、カタログのカバー写真として使われている）。丸坊主の頭で始まり、一年間、散髪しなかったようだ。長い人類の歴史で、髪が伸びてゆくのをきっちり一時間ごとに一年間にわたり記録したのは彼だけだろう。一年の間、彼は五九分以上続けて寝たことがないということになる。それにしても、なんという自己脅迫的な行為だろう。写真をよく見ると最初の二週間のあいだに一〇回ほど「MECHANICAL PROBLEM」と書かれた空白があるのは、タイムレコーダーと写真を連動して記録する機械に問題があったものと思われる。それ以外にも年間をとおして何回かの、書き込みのない空白がある。これを見て不思議な安堵感があった。これはマイナスになるどころか逆にこの行為のリアルさを強めている。風邪でも引いたのか、寝過ごしたのか、トイレに駆け込んだのか、あるいはタイムレコーダーにほんのちょっと遅れただけなのかもしれない。一年間でタイムレコーダーをパンチする回数は八七六〇回なのだが、パンチしそこなったのが一三三回あり、そのうち寝過ごしたのが九四回とあった。

このタイプレコーダーのパフォーマンスが一九八一年四月一一日午後六時に最後のパンチングをして終了。五カ月休んだ後、同年九月二六日から一年間、新しい挑戦『ONE YEAR PERFORMANCE 1981-1982』を開始する。これは一年間のあいだニューヨーク市のマンハッタンで完全な野宿生活する、というものだ。「完全な」というのは、建物、地下鉄、トンネル、船、テントなどに一切入らないということである。ニューヨークは夏の暑さも冬の寒さも極端である。とくに冬は建物のなかでも暖房がないと過ごせないほど気温が下がる。謝が常に携帯していたマンハッタンの地図には三六五日、どこで何時に起きて、どの道を移動し、どこで食事し、どこで焚き火をし、何時にどこで寝たか……などが、その日の最高気温と最低気温と共に記録されている。

続いて謝徳慶は別の種類の挑戦をする。『ART/LIFE ONE YEAR PERFORMANCE 1983-1984』というタイトルがある。謝とリンダ・モンターノというパフォーマンス・アーティストの女性は、互いのウエストをロープでしっかりと結ぶ。二人の間は二メートル半。二人は一年間、食事、トイレ、シャワー、外出、買い物、友人との雑談、食事、睡眠に至るすべてを共にする。セックスどころか、相手の体にいっさい触らないというのがルールである（離れて置かれたシングルベッドにロープを付けたまま横になっている二人の写真がある）。一日一枚の日常を記録した三六五枚のカラー写真（抜けている日もある）、毎日交わした一日数時間の会話を記録したカセットテープも三六五本ある。以前と同じく、このパフォーマンスを、二人は髪を刈り上げ、頭を坊主頭にして始め、一年そのままにしておくので、写真に見える髪ののび具合が時間の経過を物語っている。

その後、謝徳慶は一年間アートにはまったく関わらないというパフォーマンスをやったあと、最後の総仕上げをするかのように一三年間に及ぶプロジェクトに入る。一九八六年一二月三一日から一九九九年一二月三一日まで。この一三年間アートをつくりはするが、公的な展示はしない、というものだ。

謝徳慶は「アーティスト」なのか、彼のやったことは「アート」なのかという疑問をもつ者もいるかもしれない。謝が一九八〇年代に一貫してやってきたことは、そもそもそういう疑問が無効になる位相における活動である。謝以前にも謝以降にも、彼のように、一年間におよぶ生活そのものを「作品」として提示した者はいない。謝と同じくニューヨークに居住していた河原温は、全面的に「時間」へのこだわりを軸にした作家であり、その点、謝に近いものがある。しかし河原の場合は制作姿勢が明瞭にコンセプチュアルであり、彼の「日付絵画」、「I GOT UP」などの絵葉書、「I AM STILL ALIVE」という電報、一〇〇万年分の年号を全一〇巻のファイルにタイプした大作『一〇〇万年』（ドイツのカッセルで現物を見て圧倒された）など、「作家が作品を残す」というプロセスを貫いている点、河原温は最後まで「美術作家」であった。謝のフォーカスは行為そのものに置かれている。現在「作品」のように扱われている写真などは、行為の痕跡に過ぎない。謝のやったことは造形美術でなく、時間と四つに組んだアクションでありパフォーマンスであった。

謝は一年間の自分の生活そのものにルールとタスクを与え、そこで抽出される「生」そのものを提示したのである。その一年間の彼のありようをアートと捉えようが捉えまいが、彼にとってはどうでもいいことだろう。

現在を見ると、さまざまな規範と自己抑制、安易なメインストリームへの便乗、ファッション優先、市場価値という判断基準、手っ取り早くネット社会の波に乗ることが優先している。創造活動を安全無害な大きな物語の方向に回収しようとする多様な力は、以前にも増して働いている。八〇年代の謝徳慶の「行為」から、時間も精神もますます遠ざかっているのだ。つくるのではなく、生活した謝徳慶。彼の、art と time と life への静かな挑戦を、今という時代であるからこそ思い返してみたいのだ。

# 踊るコスプレ

## ジェンダーイメージ

まだ性転換手術が合法化されていないニューヨーク市で、バレエのチュチュを身にまとい股間を血に染めた男性が、病院に飛び込んできた。手には切り落とした男根を握りしめていた。男性はやむにやまれぬ性別違和（ジェンダー・ディスフォーリア）に自ら決着をつけるべく、生死をかけた過激な行動に出たのである。彼は、現在言うところのトランスセクシュアルということになるだろうが、それにしてもなぜチュチュなのか。そのへんの詳細は不明である。想像できるのは、このとき彼の頭のなかには、女性であることを表象するものとして、スカートやブラジャーなどよりも、白いチュチュしかなかったのかもしれない。そこには、ロマンティックバレエからクラシックバレエに至る一九世紀の流れのなかで、チュチュとトウシューズこそがフェミニンな美を表象するものとして意識されてきた、歴史的な流れがある。その根底には男の側からのフェティッシュな夢想と欲望が投影されている。女性もそれを「美」として内在化し、バレエに憧れる少女たちをたくさん生み出してきた。

二〇世紀初頭から現在に至る新しいダンスの流れは、そのような偏ったジェンダーイメージから自由になろうとする歴史でもあるともいえる。そしてイサドラ・ダンカン、マーサ・グラハム、トリシャ・ブラウン、イヴォンヌ・レイナー、マリー・ヴィグマン、ピナ・バウシュ、アンヌ・テレサ・ドゥ・ケースマイケルを始めとして夥しい数の女性舞踊家たちがいる。踊り手としてばかりでなく「つくり手」としての女たちの出現である。同時にそのような「美」を体現するニジンスキー、ルドルフ・ヌレエフ、ジョルジュ・ドン、ファルフ・ルジマトフ、ウラジーミル・マラーホフ、マニュエル・ルグリなど、数えきれないほどの個性と実力をそなえた魅力的な男性ダンサーたちが生まれた。観賞する女たちと観賞される男たちがそこにいる。

トランスジェンダーやトランスセクシュアルという存在が医学の面で認められてない時代に、血染めのチュチュで病院に飛びこんだ男性がどんな治療を受けたのかは、わからない。血なまぐさい「事件」ではあるけれど、これもコスプレには違いない。他方、チュチュを着てポワント（爪先立ち）で踊るバレリーナを究極の女性美と考え、意図的にコスプレをスペクタクルに転換してきた男たちがいる。一九七四年に生まれたトロカデロ・デ・モンテカルロバレエ団である。メンバーは全員男性。当然のことながら『白鳥の湖』などを演れば、客席から笑いが引きも切らない。しかし、しっかりとしたテクニックといい、物語をたどる真面目な内容といい、この名作バレエをきちんと研究し、かなりの稽古を積み重ねてきたのだろう。笑いだけに寄りかからない、体を張ったコスプレなのである。慣れないポワントワークを大人になってから訓練し、笑顔で見せるチュチュ姿の「男性バレリーナ」は、人知れぬ苦労があったはずだ。

## 身体のコスプレ

先鋭的な舞踊団、カナダのラララ・ヒューマンステップスに『アメリア』（二〇〇二年）という傑作があった。男性も女性も同じ黒いスーツをまとい、切り込むような超高速で踊るさまは、舞台にありがちな類型的なジェンダーイメージを小気味よく霧散させる。あるシーンでは男性がトウシューズを履きポワントで踊る。床に錐をもむような鋭いポワントだ。こうなるとこれは男性による女性模倣などというものをとおりこしている。バレリーナの天使的なポワントとはまったく別種のものである。衣装や化粧でなく、「身体のコスプレ」がジェンダーを撹乱した瞬間である。

では現代のダンスシーンで歴史に残るコスプレは？と考えてみる。思い浮かぶのはイギリスバレエ界のアンファン・テリーブルであり、反逆児であるマイケル・クラークである。名門ロイヤルバレエスクールで将来を嘱望されるエリートダンサーだったが、伝統バレエを飛び出し、ヌードや女装やゲイテイストなどのコスプレ満載の舞台をつくる。二〇一二年、二〇年ぶりに来日した彼のカンパニーを観に高知まででかけた。遠路はるばるマイケル・クラークが久々に来日するのに、関西や関東での公演がなかったのがとても残念だ。海外のユニークなアーティストの招聘は、もっといくつかの都市が連携してほしいものである。今回は地方の一美術館が単独でそれをやり遂げた。高知県立美術館の思い切りのいい英断にエールを送りたい。

終演後、高知市内の居酒屋での打ち上げに同席させてもらい、マイケル・クラークと話した。かつて東京のPARCO劇場の舞台で見た美青年は、いまは体がふっくらして「おじさん」になっていたが、彼の片耳にピアスしてぶらさがる安全ピンに妙に感動した。パンクの象徴である。まだパンク魂健在なのだ。セックス・ピストルズに代表されるパンクと「ハイアート」の牙城クラシックバレエとがこんなに接近するなんて、誰も想像だにしなかったろう。彼はバレエ界の貴公子であることをとっくの昔に捨てていたのだ。そして今、耳の安全ピンである。これは史上最小のコスプレといえるだろうか。

久々のマイケル・クラーク作品で印象に残るのは、デヴィッド・ボウイの『ヒーローズ』で踊るシーン。もともとクラークはボウイの曲を好んで使ってきた。ボウイ自身も一九七二年から七三年のツアーで、歴史に残るコスプレをやってのけ、舞台での変幻を繰り返した。そんな背景のなかで、グラムロックの金字塔『ジギー・スターダスト』が生まれた。異星から降り立った架空のロックスター、バイセクシュアルのジギー・スターダストとは、言うまでもなくボウイ自身を反映している。存在しないバーチャルなキャラをコスプレするというのは、古くはゾンビ、最近ではバーチャルアイドルの初音ミクに通底するものがある。ボウイはこの作品でグラムロックの頂点に立ちながら、きっぱりとジギーを封印してしまった。それ以降のボウイの新たな展開は周知のとおりである。コスプレーヤーは昔も今も変わり身が速いのだ。

## 大野一雄について

最後に、最近の日本のコンテンポラリーダンス界の話題作『大野一雄について』（二〇一三年）について。これはまぎれもなくコスプレである。しかも「超」がつく。大野一雄は二〇一〇年に一〇三歳で亡くなった伝説の舞踏家である。コンテンポラリーダンスで活躍するベテランの舞踊家川口隆夫が、大野の初期の代表作である三作品を、ビデオ映像を見ながらスケッチし、一挙手一投足まで完全コピーして踊った。舞踏はいまや驚くほどグローバル化し、そこに大野に対する関心の高さが輪をかけ、本作は絶賛され続けている。すでに世界の三〇以上の都市で公演され、いまなおあちこちの海外の都市を渡り歩いている。

舞台上の衣紋掛けには、大野が身につけたコスチュームを忠実に再現したものがぶら下がり、川口は観客が注視するなか、着替えつつ踊る。老境の大野が女装して踊った姿を、川口がコスプレして踊る。いわば「コスプレのコスプレ」である。見事なほどにうまく真似ているが、これはやっぱり大野一雄ではない。圧倒的なまでの川口のパフォーマンスなのだ。うまく真似れば真似るほど異化効果が生じ、観客は大野一雄を演じる川口隆夫の芸を、息をこらして見ている。醸し出されるなんともいえない味。虚実皮膜とはこのことを言うのだろう。川口は舞踏出身ではなく、というよりもともと舞踏とはまったく異なる前衛パフォーマンス集団ダムタイプで活動し、それ以外のところでもゲイであることをカミングアウトして個性的な舞台を展開する、日本では数少ないパフォーマーである。

それにしても川口の心血を注いだ「贋作」は、真情が溢れている。コスプレもここまで創造性がうずいていると、遊びをとおりこして「アート」という装いをまとうことになる。

# アジア的時空／コンテンポラリーな身体

## 様式化の極致

南インド・ケーララ州から、古代サンスクリット演劇の面影をとどめるといわれる舞踊劇クーリヤッタムが久々に来日した。インドの国外においては、クーリヤッタムよりも同じケーララ州の舞踊劇カターカリのほうがよく知られている。カターカリは俗に「インドの歌舞伎」と言われるほど、国際的に親しまれている。とくに腰巻一枚で、表現者としての身体技法を徹底して鍛え上げるカターカリの独特の訓練法は、グロトフスキなどの西洋の演劇人にも影響を与えた。グロトフスキは「持たざる演劇」を標榜し、舞台の虚飾を排し、俳優の身体に依拠した演劇を志向して二〇世紀後半の先鋭的な演劇人たちに波紋を投じた演出家である。実際には、カターカリは、クーリヤッタムやクリシュナッタムという先行の芸能を母体にして一六世紀末ごろから形成されたものである。カターカリのほうがずっと新しいのだ。

クーリヤッタムは長い間、カターカリの陰に隠れていたばかりでなく二〇世紀の半ばには存亡の危機に瀕していた。それまでクーリヤッタムは、サンスクリット演劇上演法のひとつのスタイルとして、二〇〇〇年以上の悠久の歴史の荒波をくぐりぬけ生き抜いてきた。

これは世界の演劇でも例を見ない。言葉を使わずマイム言語だけを使い、男性によって公演されるカターカリと違い、クーリヤッタムは、複雑なマイムやジェスチャーばかりでなく言葉を用い、女性も登場する（サンスクリット演劇の代表作にカーリダーサ作『シャクンタラー姫』がある）。クーリヤッタムの来日公演は、東京、横浜のほか、山梨県の北杜市の白州町で「ダンス白州２００５」の一環として実現した。

とりわけ白州の奥深い山里での公演が忘れがたい印象を残したのは、自然環境の素晴らしさもさることながら、これが舞踊家田中泯《みん》の主催するフェスティバルであったということがある。ふだんは農作業に精を出しながら、労働することと表現することとの乖離を黙々と異化しながら、いかなる形に収まることも拒む田中泯の踊りに対して、クーリヤッタムは徹頭徹尾「様式化の極致」ともいえる様相を呈する。巧緻に構築された型こそがすべての、世界にも例のない、文字通りの「舞踊劇」なのである。

ミラーヴという青銅の壺型太鼓が二器、弱音から強音まで怒涛が押し寄せるがごときの連打をされるなか、演者の眉毛や頬の筋肉が微動し、眼球が左右に動き、両手がムドラーと呼ばれる独自の手話言語で内容を物語る。動きのすべてが型に則ったものである。

古代インドの『ナーティヤ・シャーストラ』は舞踊・演劇に関して、その起源から化粧法・演技法・劇場建築に至るまでを説く膨大な理論書であるが、そこにまさに様式化の極致、いや、それを通り越して実現不可能ではないかと思われる叙述がある。その網羅分類たるや、インド的というのか、偏執狂的というのか。手の型六七種、眼の（動きの）型七〇種も挙げていて、それぞれの型に名称が付けられている。カターカリやクーリヤッタムの演者は、毎日一、二時間を眼球の動きの稽古のためだけに費やすと聞く。またクータンパラムと呼ばれるクーリヤッタムが公演される専用の劇場建築も興味がつきない。ヒンドゥー寺院の境内にそびえ立つこの劇場もまた、身体表現に劣らず精緻に設計されていて、伝統様式を維持してきた。身体も身体を包む空間も、同じようにしっかりと構造化されているのだ。

これを可能にしてきた背景に、インド社会に根強く染み込んでいる身分制度カーストがある。社会的にも制度的にも極端に限定された劇場空間で、特定のカーストにより演じられ、観客もまた特定の階層を対象にしてきたのだ。このようなさまざまな面での閉鎖性が可能にした、奇跡のようなトータルな舞台芸術がクーリヤッタムなのである。

日本の能が身体の余分な表情をそぎおとしてゆき、ミニマムに至る様式化を行なったとすると、クーリヤッタムは表情の可能性をマキシマムに追求したといえる。双方が「様式化」という強いコードで結ばれながら、能はミニマルな表情が大きな想像力を惹起するマイナスの美学である。他方、クーリヤッタムは微細な型の、過剰なまでの集積がそのまま大きなうねりを呼び起こすプラスの美学と呼べる。

能やクーリヤッタムほどではないにしても、アジア伝統の身体表現は概して様式化に向かう強い志向を内包しており、それぞれが完成されたミクロコスモスを形作る。様式美を誇るインド舞踊のバラタナティヤムやカタック、京劇に代表される中国の伝統歌舞劇、バリ島のレゴン（女性舞踊）・バリス（男性舞踊）、ジャワの宮廷舞踊などのインドネシア伝統舞踊、そして歌舞伎や日本舞踊など。

## パトスの領域

ではアジアの伝統では、すべての身体表現が「型」というべきものに収斂されてゆく傾向があるのかというと、それは誤りである。それは一つの方向に向かう表現のベクトルであり、その反対に向かう強力なベクトルもまた存在する。それは様式や型に生成されてゆくことを拒み、つねに臨機応変の闊達な即興により時空を満たしてゆく独自のパワーを有する。

例えば、クーリヤッタムを今に伝える南インドには、テイヤムやブータと呼ばれるシャーマニズム儀礼が現在もつづいている。これらの儀礼において演者は祈禱を捧げるほか、おおよその段取りに従って踊るが、かなり即興性が強いものであり、演者自身が激しいトランスに見舞われることも珍しくない。

南インドと並んで、おそらく呪術的な儀礼がもっとも盛んなバリ島においても、上腕から指先にかけて痙攣するようなあのバリ独自の型がある一方で、型に嵌らない動きが途方もない身体の強度を発揮する。これはうまいとかヘタとかいう尺度をとおりこした、あるいはそれ以前の素の身体がもつエネルギーである。こういうものに出会うたびに不思議な感覚に襲われる。洗練からはほど遠く時には粗野でさえもある身体の在り方が、フォーサイスやピナやキリアンなどの先鋭的な作品に出会ったときのような衝撃をもたらす磁場に変貌するからだ。

「装う」とか「演技する」とか「踊る」とかの意図が限りなく消滅して、不確定の要素が満ちてくる領域、それを以前わたしは「パトスの領域」と呼んだことがある。それは、演者の意思や意図が先行するのではなく、受動的でありながら五感を開くような形で自分を差し出すことである。演者は虚構としての人格転換を行なわない。「演じる」のはなく「成る」こと。例えば、前述のテイヤムはカーヴという聖域である森のなかで行なわれ、それを演じるのはアウトカーストの者たち（不可触民とされる者たち）である。テイヤムの時空では、浄と不浄、聖と俗、男性性と女性性があいまいになり、豊饒性が顕現する。演者はときには数メートルもある巨大な頭飾りと奇怪ともいえる化粧や衣装に身を包み、ほとんど踊りとはいえないステップを踏む。

インドネシアのバリ島のサンギャン・ドゥダリは、芸能の宝庫バリ島においても最も神聖とされる。初潮を見る前の二人の少女が村人たちの唱和する祭文により、トランス状態のなか徹夜で踊る。少女たちは踊りの稽古をほとんどしたことがない、とされている。バリ島に何度も通ったがこの聖なる祭祀に出会う機会はなかった。そしてやっと東部のある森のなかにある小さな村で、これに出会う好機がめぐってきた。ただし、聞いていたのとは違い、やり方は現実的であった。少女たちはトランスになることもなく、数人の少女が休みを取りながら二人ずつ交代で踊る。ガムランの演奏はなく、いくつかのグループに分かれた村人たちが交互にコーラスする。夜九時ごろに始まり、白々と夜があけるまで続いた。

村人たちが唱和する祭文の意味を知りたくて、二日後、村を再度訪れた。祭文は地元に咲くさまざまな花の名を連ねるように謳っていたことを知った。花の名前とこのうえなく単純な踊りの繰り返し。このようにして村人たちは、五穀豊穣・無病息災などの願掛けをしていたのである。

巫俗と芸能化した伝統舞踊とが大きく分化することなく、トータルなエネルギーを維持しているのは韓国である。この国のいろいろな地域でムーダン（いわゆる「巫女」）によるさまざまなクッ（巫儀）を見てきた。とくに東海岸の別神（ピョルシン）クッ、全羅南道の死霊（シッキム）クッは強く印象に残っている。祭文を唱え、歌って踊って託宣までするムーダンの身体性にはいつも驚かされるが、それ以上に韓国のこのような祭り場の時空には独自のものを感じる。清も濁も併せ呑むような独特のエネルギーである。そしてそのエネルギーは「型」ではなく「即興」の身体性からきている。モダンダンスやコンテンポラリーダンス、ストリートダンスなどにおいて韓国のダンサーたちの抜きん出た身体能力にはいつも驚かされるが、悠久の歴史のなかで培ってきた即興で踊る伝統に根っ子があるように思えてしかたがない。

日本の伝統的な祭り場では聖と俗を明確に区別しながら、秩序化された洗練を志向するような傾向を感じるが、韓国には秩序や洗練を無効にするような屈託のない大らかさがある。カメラをぶら下げてクッの場に突然現れた外国人であるわたしを、彼らは寛大に迎え入れてくれるばかりか、手作りの食事に招いてくれることもよくある。逆の立場であったら、日本人はここまで寛大にできるだろうかとよく思ったものだ。

## コンテンポラリーダンスという現象

以上、いくつかの印象に残る地域を、駆け足で見てきた。急速に近代化・高度情報化、そしてグローバル化が進行してきたなかで、アジアには豊かな伝統の水脈が脈々と流れている。そんな伝統にかぶさるようにいわゆる「現代舞踊」（モダンダンスやコンテンポラリーダンス）はあるが、国や地域によりかなりの落差がある。韓国、香港、台湾、シンガポール、フィリピン、インドネシアなどでは現代舞踊は相当に盛んで、すでに日本との交流もさまざまな形で行なわれている。

日本もこれらのアジアの地域に劣らず、民俗的な祭祀や歌舞伎・能・文楽・日本舞踊に代表される伝統芸能の濃厚な歴史と蓄積がある。そこにバレエやモダンダンス、そして「舞踏」という独自の流れが加わり、恐らく世界にも類のない多様な身体文化が、横の繋がりがないままに存在しているというのが今の状況だろう。その他、フラメンコ、ストリートダンス、コンテンポラリーダンスなどと呼ばれるジャンルも加わり、さらに多極化している。

広くアジアにおいて積み重ねられてきた身体表現という通時的脈絡で見たときに、コンテンポラリーダンスにはいくつかの独自性が見られる。それは、日本という風土にしみついた師匠と弟子の閉鎖的システムから自由である。また伝統芸能の世界に根深い男性中心主義の影響も受けてない（女性の制作者や女性舞踊家の活躍は周知のとおりであるし、作品の評価にジェンダーバイアスはかかりにくい）。要するに、何百年かのスパンで日本の芸能史を考えてみると、性差、世代差、師弟関係、プロ／アマ…などのヒエラルキーを超えて展開する活動はかなり希少なのである。

コンテンポラリーダンスにおいて、もう一つ重要なのはテクニックである。コンテンポラリーダンスは、既成のテクニックに疑問を呈することも自由だし、それを使おうが使うまいがデフォルメしようが、「表現」と銘打って何をしようが、すべて表現者に委ねられている。極端な話、舞台で何もしなくても良い。ただしダンスが時間と空間に関わるものである以上、身体がそこにある時空の整合性はつねに問われる。同時に観客も常日頃、漠然と感じている単なる「上手い／下手」の尺度を超えた感性と知性が要求される。

パソコンやケータイがもはや、心と体の延長であるかのような今の時代に、既存のやり方に囚われることなく身体で表現しようという者が躍り出てくるような自由な表現環境が必要である。しかし、日本のコンテンポラリーダンスのオリジナルな現象に注目しつつも、その独自性に安易に依存すべきではない。「独自のコンテンポラリーダンス」は、根深い伝統と組んず解れつのアジアの地域はもちろんのこと、それ以外にも、ドイツ、ベルギー、フランス、カナダ、イスラエルで盛んなことをわれわれは知っている。また、スペイン、アフリカ、ブラジル、アイスランド、フィンランド、ノルウェー、そして東欧の国々……などでも興隆している。無限の他者に広がってゆくような「独自性」こそが期待されているのだ。

だからこそ、大袈裟な国際交流とは違ったかたちの、痒いところに手の届く草の根レベルの交流が、コンテンポラリーな舞台をとおして持続しているのを見たい。コンテンポラリーな身体とは、人種・言語・国籍などの観念が薄くなり、伝統や規範のしがらみから解放された地平で、身ひとつで表現することの自由としてそこにあるはずである。

# よみがえるサーカス

## 円環構造

サーカスのテントに入ると、まず椀状の客席が階段のように広がっているのに眼を奪われる。その椀の底にあたるのが、円形のリングだ。リングもテント空間も、はじまりも終わりもない円環構造である。円環の曲線を射るように、ほぼ直線で走るのが、さまざまなロープである。ハガネ、麻、化学繊維などでできたロープは、一本一本がそれぞれの意志と目的を与えられ、縦横に走る。幾重にも編んだ太いハガネや化繊のロープが自分の席のすぐそばにあったりすると、「サーカスに来た」という実感がわいてくる。

テントの生地や色、麻やハガネのロープの感触、隣の客と体がくっつく座り心地の悪い長椅子、埃っぽい床、芸人の盛りあがった筋肉質の肩……。サーカスの空間とは、そこに入ったときからすでにフェティッシユである。このフェティッシユな楽園をさらに完全なものにするのが、動物たちである。最近は動物の数が極端に減り、動物のまったくいないサーカスも少なくないが、もともとサーカスのテントの内側にも外側にも動物臭はつきものだ。サーカス芸を構成する主な三要素は人間のアクロバット、道化芸、それに動物芸なのである。

南インドで、ある大きなサーカス団の公演を見たときには、テントの二〇〇メートルぐらいに近づいたところから、風に運ばれた動物臭が立ち込めていた。遠くに見えるテントと動物臭。サーカス気分を盛り上げる前座として、これ以上のものはない。近くに寄ってみると、テントの周りにはさまざまな動物たちの移動用の檻があった。抗菌無臭、衛生無害をよしとして、香りつきの造花やトイレの脱臭剤などを盛んに量産している日本の文化は、このようなフェティッシュな楽園からますます遠ざかるばかりだ。

きらびやかな衣装をまとった芸人たちと馬糞の臭い。空中では、ブランコ乗りが宙を舞ったかと思うと、地上では道化師が哄笑しながらリングを転げる。崇高であり野卑であり、動物的であり人間的であり、フェティッシュでありメカニックであり、芸術的であり卑猥であり。サーカスとは二元的な様相をのみこんだ巨大なエンターテインメント空間なのである。とは言え、以上はすべてサーカスの原点ともいうべきイメージで、現在はこういうサーカスは風前の灯と言っていいだろう。

サーカスはいつ始まったのか。曲芸とか軽業というなら、紀元前の古代エジプトあるいは古代中国にすでに存在していた形跡がある。ちょっとした曲芸などは、遥か昔からシャーマニズムや遊戯とともにあったろう。ただし、円形のリングをとり囲むようにしてバラエティに富んだ芸を見るというやり方が成立したのは、イギリスのフィリップ・アストレイが、馬をぐるぐる回らせて芸を見せる一七七〇年（他説によると一七六八年）とされる。これをもって近代サーカスの誕生とするのがふつうだ。近代サーカスのもうひとつの特徴は集団移動である。これもアストレイ以来の伝統である。アストレイは彼が率いるサーカス団を、しばしばパリに連れていって公演している（アストレイも彼の息子も、パリで客死し、パリに葬られている）。

アストレイはリングの直径を四二フィート（一二・八メートル）とし、これが多かれ少なかれその後の世界のサーカス団に引き継がれる。移動するサーカス団にとって、リングの大きさが一定していたほうが、馬にとっても馬と一緒に芸をする人間にとってもやりやすい。馬の背で芸をする芸人にとって、このくらいの長さがちょうどいいとアストレイは考えたようだ。走って回る馬の背にリングの内側に体を心持ち傾けて立つと、遠心力で芸人の足がピタッと馬にくっついて、芸をやりやすくなる。また、この直径は、真ん中に調教師が立って走る馬にムチを振るときのムチの長さからきたという説もある。

いずれにせよ、円形の直径の長さに違いがあるにしろ、リングを客席がとり囲むという芸人と観客が相互浸透しあう一体感こそ、本来のサーカスの姿である。リングの向こう側に見える観客たちと一緒に時空を共有する楽しみは、円環構造であってこそである。

## 動物芸について

わたしがサーカス芸のなかで最も好きなのは、曲馬と空中ブランコである。一般的に言って、空中ブランコは現在のサーカスのなかでも「トリ」（最後に演じられる一番の呼び物）の芸であって、ほとんどのサーカス団で見られる。しかし曲馬は少なくなった。曲馬こそサーカスの原点であるのだけれど。一頭、二頭、あるいは数頭の馬がサーカスのリングを疾駆する姿は、それだけで美しくファンタスティックである。そんな難しい芸をやってくれなくてもいい。リングを馬が走っている光景そのものに夢がある。わたしはかつて映画一〇〇年の歴史がサーカスをどう扱ってきたかということをテーマに一冊の本を書くために、ニューヨークや首都ワシントンの美術館・図書館の映画資料室で、可能なかぎり古いサイレント期の映画を集中的に見せてもらったことがある（これは『サーカスのフィルモロジー』新宿書房、という本にまとめた）。時代を遡るほどサーカスは曲馬が中心的な演目であったので、必ずといっていいほど、昔の映画には曲馬シーンが出てくる。

二〇世紀後半になるとサーカス映画のなかでの人気演目は、曲馬から空中芸に変容する。空中芸といっても、綱渡り、一本綱（綱にぶら下がって芸を見せる）他、さまざまに開発された器具を使った芸があるが、とりわけ、映画においても実際のサーカスにおいても、空中ブランコは一番の人気である。現在の大きなサーカス団のプログラムでも空中ブランコが最後にくることが多い。サイレント期のサーカス映画によくある馬車で移動する光景も、遠い昔のものとなってしまった。大型の貨物トラックを何台も連ねて大移動し、トレーラーハウスなどに寝泊りするのがいま流のやり方である。

曲馬は数こそ減っても、ヨーロッパの伝統的なサーカス団ではまだまだ昔ながらの芸を見ることができる。しかし、一般的な傾向としては、曲馬がサーカス芸から消えていったばかりでなく、動物芸そのものがサーカス団からはなくなりつつある。これにはいろいろな理由がある。まず、経費と労力の問題。動物園という場所に居を定めて種々の動物の面倒をみるだけでも並大抵のことではないのに、ましてや動物たちをサーカス団とともに移動させるのは、途方もない作業になる。膨大なえさ代、屎尿処理、檻の掃除、病気の世話、それらをすべてクリアしたうえで、芸の調教を怠りなく続けねばならないのだ。檻を移動用のトラックに出し入れし、動物を安全に移動させるだけでも大変な労力を要する。

それだけの手間ひまかけるのが割にあわなくなったのは、何でも清潔無臭をよしとする今の風潮が動物の臭いをいやがるということがある。自宅のペットに対してはそこそこ寛大であり、動物園という囲われた領域ではその臭いをそれなりに受容していながら、動物の集団が移動して自分たちの居住地に逗留するということになると、その鳴き声や動物臭は、人間集団への「異物」の侵入として嫌われる。

「国際サーカス」というサーカス団が一九九〇年代に存在していて、その団長であった川崎敬一氏に、戦後の日本サーカス独特の暗く暴力的な状況も含めて忌憚なく語ってもらい、聞き書きで本にしたことがある（『サーカスを一本指で支えた男』文遊社）。そのときに動物たちを引き連れて移動していたころは、住宅地域にテントを張り逗留すると、近隣の住民からいつも苦情がきて困ったという話を聞いた。

南インドのある街でサーカスを見たときには、日本でも欧米で見たことがないカバのサーカスを見た。巨大なカバがリングに連れて来られて、何をするのかと思ったら、大口を開けたままリングを一周して、そのまま去っていった。わたしは一瞬呆気にとられたが、この究極のシンプルさとユーモアはずっと心に残る。テントの脇には動物の檻がいくつもあったが、明らかにカバ用と思われるひときわ大きい檻があった。カバなら常に水や泥を必要とするはずである。カバが口を開けてリングを一周するだけのために、サーカス団が払っているであろう途方もない労力を想像すると、妙な感動を覚えた。

動物芸が特に欧米のサーカスからなくなっていったもうひとつの重大な理由、それは「動物愛護」運動の社会的な盛りあがりである。欧米、とくにイギリスでのこの意識の高まりはわれわれの想像を遥かにこえて激しい。強力な動物愛護団体がいくつか存在していて、生半可ではない運動を展開する。動物芸を伝統的に行なってきたサーカス団や、場合によっては動物を大切にしている動物園までもが、攻撃の矢面に立つのである。動物園は、人がつくった疑似「自然環境」に動物たちが置かれているとはいえ、大事にケアされていることが多いのだが、サーカスとなると公衆の面前で動物をムチ打つ光景そのものがまさに「動物虐待」として映るのだ。そしてサーカス団の日常のなかで、動物が扱われている状況そのものが過酷であるということになる。確かに内外の多くのサーカス団には、動物虐待と非難されてもやむを得ないようなことが少なからずあった。先程の川崎氏からは、猛獣が焼きゴテをあてがわれて調教されていたなどの、惨たらしい事実も聞いた。

イギリスでは、動物を連れたサーカス団がやってきたときに、ある動物愛護団体がテントの入り口にバリケードを築き、体を張って公演を妨害し、サーカス団とのあいだで裁判沙汰になるなど深刻な事態も起きている。わたしは、スコットランドを旅行しているとき、ある街で立ち寄った店で、いろいろな中古ビデオテープを売っていた棚をひっくり返していたら、変ったビデオを発見して買って帰ったことがある。それは、サーカスでいかに動物が虐待されているかを告発する短編の記録映画だった。アフリカのサバンナなどで自然状態でゆったりと暮らしている動物と、サーカスの過酷な状況で生きている動物が対比して描かれている。サーカスの動物はついに精神に異常をきたしてしまう。静かなナレーションが過激な言葉でサーカスを非難する。わたしのような人一倍のサーカス好きが見ても、思わずサーカスが嫌いになるかもしれないほどうまくつくられていた。

インドの英字新聞でも、インドからサーカスが消えつつあり、その要因のひとつは動物愛護の意識の高まりである、という記事を読んだことがある。イギリスに永いあいだ植民地化され、いまだにイギリスの影響が強いせいもあるのだろうか。付言すれば、「動物愛護」という言葉は、動物たちにとってフェアな表現とはいえない。これはあくまで人間中心的な言い方である。人権を human right というのだから、animal right つまり「動物権」というべきだろう。

サーカスであろうとなかろうと動物虐待はあってはならないが、虐待がなく、できるかぎり自然状態に近い環境でケアしようとする努力があるかぎり、動物園や動物芸は人間の文化所産のなかで重要なものだと思う。人は近代化の過程のなかで、「動物的なもの」をひたすら排除してきた。体臭を消去する代わりに、巧緻にデザインされた小さなビンに入った香水が、二〇世紀のファッションビジネスとして消費文化を形づくってきたのは周知の通りである。そんな時代、動物園やサーカスは人が動物との接点を見出し、「ヒューマンである」という偏った人間中心主義の社会・文化の傲慢さを自覚する契機にもなる。そうは言っても、見物客の眼につねにさらされ続ける動物たちの心理的なストレスも充分に考慮に入れる必要がある。

## バルタバスと室伏鴻《むろぶしこう》

動物芸の衰退、あるいは廃止の昨今、曲馬を今までにないスペクタクルとして見せる集団がフランスに誕生した。バルタバスという男が率いるジンガロである。バルタバスという特異な人物。その経歴は不明である。彼は自分の出自を語らない。彼が監督した劇映画『ジェリコー・マゼッパ伝説』（一九九三年）では、馬にとりつかれた画家ジェリコーを描いているが、それは彼自身でもあるのだろう。人間がその長い歴史において動物を食し、家畜化し、（馬、ラクダ、象など）交通手段として使い、見世物として芸を仕込み、ペット化してきたという事実がある。しかし、ジンガロがきわめて新鮮であるのは、人と動物との関係を「主／従」「調教するもの／調教されるもの」という二項的ヒエラルキーをできるだけ最小限にしながら、両者の密な結び付きによってしか生じえない親和力を、パフォーマンスの形態としたことである。馬と人間が寝起きをともにして生活することから初めて可能になる芸である。これは旧来の動物芸でも曲馬でもなく、「騎馬オペラ」と呼ばれる。そこから、かつて存在しなかったよう人馬一体の夢幻的なスペクタクルが実現したのだ。

ジンガロの来日公演は、たくさんの馬の長時間移動（馬は非常にセンシティヴな動物である）と検疫の問題など、途方もない困難を免れない。それでもチベット仏教僧の集団による読経を全篇につかう『Loungta—ルンタ』とロマ（ジプシー）の音楽と生活をテーマにした『バトゥータ』は、それぞれ二〇〇五年と二〇〇九年に来日を果たしている。

人と馬とのあいだに通う深い愛情とコミュニケーションということであれば、世界のどこの地域でも見られるはずだが、それをスペクタクルとして、しかも芸術性の高いショーとして老若男女の多様な観客に供することは並大抵のことではない。バルタバスはさまざまな民族音楽、衣装、民族舞踊などをトータルに取りいれて、曲芸だけでもない、動物芸だけでもない、それらが全編を貫通する自律したパフォーマンスを実現したのである。フィリップ・アストレイが円形に馬を走らせてから、二〇〇年以上が経ってからのことである。

動物と人との関係性のあり方について、記号学者シービオクは、彼が著した動物に関する記号論の研究のなかでつぎのように述べている。

> 飼いならしたり訓練したりといったプロセスが成功するかどうかは、人間が動物のコードの当面の問題に関与する要素をマスターしたかどうかにかかっている。人間とともに繁栄していくためには、それぞれの動物は人間の言語的・非言語的行動の双方または一方をはっきりと認識することができなければならない。
>
> トマス・シービオク『動物の記号論』池上嘉彦訳、勁草書房、一九八九年、五二頁

引用に付け加えれば、人間もまた動物の言語的（つまり音声的）・非言語的行動をできるだけ認識する必要がある。動物芸の面白さ——今までそれは主として動物がどんな芸をするか、あるいは馬の背に立つ曲馬芸人のように動物とともに人間がどんな芸をするのか、ということだった。バルタバスは、人間と動物のあいだに確立された双方向の言語・非言語のメッセージの確かさを確認する作業を、芸人・観客のそれぞれの喜びとして昇華したといえる。予定調和と不調和のあわいに人と動物という二種類の生物が下降し、両者の脈動が一致したり、しなかったりの時空が生ずる。演技だけでもない、訓練だけでもない、人と動物とのあい

だの触覚・嗅覚の習慣的な蓄積が必要である。

バルタバスに限らず、人間のなかの動物臭をいかに取り戻すかは、現代のパフォーマンスのひとつの課題である。それが予想しなかったようなかたちで実現したのが、『le centure et l'animal（ケンタウロスとアニマル）』である。これは、バルタバスと舞踏家室伏鴻とのデュオ公演である。二人の他に舞台に登場するのは一頭の馬だけなのだが、実際には四頭の馬が使われている。ジンガロは優れた民族音楽家や舞踊家たちとじっくりと時間をかけて稽古し、熟成された作品づくりをしてきたが、デュオそのものを作品にするのは初めてである。バルタバスは八〇年代以来、日本の舞踏には強い関心をもっていたが、舞踏家との共演は本人以外の誰も予想しなかったはずだ。むろん舞踏家であれば誰でもいいというものではなく、バルタバスは室伏のような独立独歩の舞踏家との出会いを長い間待っていたにちがいない。

天と地をつなぐように美しく屹立した身体が基本にある西洋の舞踊美学。それに対して舞踏は、身体がたわみ、ゆがみ、ねじれ、くずれ、闇を志向するように下降する。訓練を経た体が織り成す健全な造形美ではなく、むしろ踊ろうとしても踊れない身体性にこそ、舞踏は表現の本質を見る。現在、欧米・中米・南米などで、日本での想像を遥かに超えて自称他称の「舞踏家」が出現しているが、表面的なスタイルの模倣に終始しているものが少なくない。そんななかで、室伏は舞踏の始祖である土方巽の思考を彼自身のなかで育み、文字通り「いま、ここ」にある身体の現前性に向き合う稀有な舞踏家であった（二〇一五年にメキシコで他界）。

スペイン・バルセロナで開催される舞踊・演劇・音楽の総合的なフェスティバルとして知られるＧＲＥＣ（フェスティバル・グレック）の一環として、二〇一一年七月、本作が公演されているときに出かけた。場所は緑豊かなモンジュイックの丘の麓にあるリウレ劇場という美しい劇場である。舞台床は、前方の部分だけに白い砂が敷かれているが、それ以外の八割ぐらいは馬場として使われるため黒っぽい特殊な砂で覆われている。先に述べた馬四頭とともに何トンもの馬場の砂も移動するわけだ。すべて繊細で神経質な馬たちのためである。

冒頭、気がつくと体全体をシルバーに塗った室伏が、舞台下手前のアップライトピアノの上にうずくまっている——まるでオブジェと化した生き物のように。転げ落ちるようにピアノから降りてくるのだが、室伏のパフォーマンス空間は前方の白い領域だけである。そのあとバルタバスが闇につつまれた舞台奥から馬に乗って登場するのだが、こちらは頭から体全体をマントでおおっていて、両手を広げると暗がりを動く巨大なコウモリのように異様である。バルタバスと馬のパフォーマンス空間はあくまで馬場のみであり、室伏の領域に入ってくることはない。二人の空間は終始、明瞭に区別され、互いを侵すことはない。

ロートレアモンの『マルドロールの歌』を地元のカタルーニャ語に翻訳したものが断片的に流れる。このナレーションには最初はかなり違和感があったが、次第にビジュアルなイメージと一体化して気にならなくなる。フランスでの公演は当然のことながら原語のフランス語が流れたわけだが、「死体」「内臓」「血」「寄生虫」などの汚穢の言葉があふれる難解な散文である。馬に乗ったバルタバスはまさに究極の人馬一体の姿を見せる（タイトルの「ケンタウロス」とはギリシア神話の「半人半馬」）。馬が蟹の横這いのような不思議なステップで舞台を横移動したり、バルタバスを背に乗せたまま馬が緩慢に横に倒れ込んでいき、彼が床に投げ出されたり、裸馬が自らバルタバスに寄ってきて、彼の腕から指の先まで入念に舐めていったり……。他方、室伏は馬以上に動物的である。四足歩行し、闊背筋を広げて昆虫のようになり、後ろ向きに激しくぶっ倒れる。彼は踊るのではなく、異物としての身体の刻一刻を空間に刻んでいるのだ。

異なる領域の二人がどう共演するのかという当初の疑問が、だんだん解けてきた。これみよがしの「コラボレーション」などは排して、舞台の異なった領域にいる二人はますます深く静かに己の芸のなかに潜行してゆく。漂う詩情と孤独。互いの境界と距離を確かめるように時たま信号を送るのみである。境界そして距離は、自ずと両者を隔てている。だからこそ、エンディングのシーンで室伏が初めて馬場に足を踏み入れ、馬上のバルタバスに向かってゆっくりと歩み始めるとき、隔てる世界に変容がくるかもしれないという予感を残すのである。

室伏とバルタバスという、異能のアーティスト同士の幸福な出会いによって生まれた『le centure et l'animal』。孤高の他者でありつづけることを全身で引き受ける二人であるからこそ実現した舞台であった。それは国やジャンルなどの境界を超えて、新たなパフォーマンスの地平に足を踏み入れていた。本作は、パリを含めたフランスの数都市の劇場、ロンドンではサドラーズウェルズ劇場、今回のバルセロナのリウレ劇場、イタリアのトリノダンスフェスティバルなどでの公演を含めて、約二年にわたりヨーロッパの主要な劇場を巡回した。日仏両国にとり、文字通りエポックメイキングな舞台であるのに、日本公演が実現しなかったのは残念だ。

## 馬車で移動する

サーカスに馬が欠かせないのは、サーカスが曲馬から始まったからだ……というのは先ほど述べたとおりである。日本に西洋からサーカスが初めてやってきた明治期には「曲馬団」と呼ばれていたこともある。もうひとつサーカスと馬が切っても切れない関係がある。それはトラックやトレーラーやキャンピングカーが普及する以前は、サーカスの移動は長い間、馬車によって行なっていたということである。こののどかな光景は写真などにはふんだんに残されているが、よりリアルな映像としては二〇世紀中頃までのモノクロの劇映画がある。例えば、邦画では『母紅梅』（小石栄一監督、一九四九年）。このラストではサーカス一座が馬車で田舎道を去ってゆくところをロングで捉える。次の公演地に向けて走る馬車に乗っている母（三益愛子）に、娘（三條美紀）が丘のうえから手を振る。涙なくして見られない当時の「母もの」の別れのシーンである。またスウェーデンの名匠というばかりでなく、映画史を代表する監督のひとりイングマール・ベルイマンがつくった唯一のサーカス映画『道化師の夜』（一九五三年）にも、スウェーデンの田舎町をサーカスの幌馬車隊が移動する風景がある。主人公の屈辱と懊悩を描いていて、救いようのないトーンが全篇に流れる暗い映画で感情移入しないでは見られない。馬車がぬかるんだ道をガタゴトゆく情景などは、そこに生きる人々の苦渋が伝わってくる。楽しいにつけ悲しいにつけ、二〇世紀前半までは日本や海外のあちこちで、馬車で移動するサーカス団が見られたであろうことを、初期の劇映画から容易に想像できる。

中国雑技の故郷といわれる呉橋《ごきょう》に行ったときには、馬車で移動しながら曲馬を見せるサーカス団に出会った。これは一九九〇年代前半のことである。今どき馬車で移動して曲馬を見せるなんて……と感激したのだが、肝心の芸そのものは曲馬の芸人などまったく愛想がないし、芸もこれといって面白いものはなかった。これが中国ふうのサーカス団なのだろうか。過度の媚は必要ないが、拍手を受けるときぐらいは笑顔のひとつも見せてくれたほうが、観客としても気持ちいいのだが……。テントの周りには何頭もの馬が繋がれていて草を食んでいた。狭い日本では見られなくなったサーカスらしい光景だ。トレーラーであれ、馬車であれ、やはりサーカスには大きな空間が必要なのだ。自動車が行きかう時代に、馬車で移動するのはさぞかし苦労が多いだろうと想像した。馬にとっても自動車の走る道をゆくのはストレスになるはずである。

わたしが中国で見たものは世界の趨勢からすれば例外であり、サーカス団が馬車で移動した時代なんて夢のまた夢、今から思えば古き良き時代のファンタジーだろう。そんなとき、パリのある本屋（ここは演劇・

ダンス・サーカス関連の専門書店として知る人ぞ知る店）で、一冊の写真集に出会い、なんだかわからないままに魅せられて購入した。『Il Circo Bidone』というタイトルのとおり、「チルコ・ビドーネ」というあるイタリアのサーカス団を撮った写真集である。出版社はイタリアで、イタリア語とフランス語の簡単な文章がついている。この写真集が魅力的なのは、チルコ・ビドーネというこのサーカス団が徹底して時代に逆行するローテクでシンプルなサーカス団だからである。

調べてみたら二一世紀になっても、彼らは馬車を連ねてイタリアの地方を移動している。意図してこのスタイルにこだわっているのだ。写真から察するとそのこだわりかたが生半可ではない。天気のよい昼間の公演ではテントなど張らずに、リングとそれを囲む客席だけは設えて野外でやっている。どのページのどの写真にもすっかり魅せられて、ときたま眺めている。ブランコ芸やロープ芸なども単純そのもの、曲馬もリングを白馬が一頭走っている写真があってこれも気が抜けるほどだ。ニワトリの芸もあるらしく、ロープにニワトリが三羽とまっていて、その下にもう一羽のニワトリを抱いたクラウンがいる写真も味がある。彼らは移動中にニワトリの卵を食べ、芸にもニワトリを使っているにちがいない。イタリアという風土ならではのこだわりのこのサーカス団は、シルク・ドゥ・ソレイユの対極をいっているのだが、ソレイユに勝るとも劣らぬ魅力をもっている。チルコ・ビトーネには、フェデリコ・フェリーニが子どものころサーカスに抱いた夢がそのまま詰っていて、彼が終生サーカスに魅せられていたことがよくわかる。

## 史上最大の二つのサーカス団

サーカスという肥大化した集団移動のシステムは、二〇世紀中頃になると急速な産業化の風景にそぐわなくなってくる。一八八〇年から一九二〇年がサーカスの最盛期で、それ以降は徐々に衰退の一途をたどる、と一般的には言われている。ただし、これはあくまでも欧米でのサーカス団の盛衰を統計学的に見た視点のように思える。アジア、中南米、あるいは東欧などではサーカスの最盛期は少し遅れてやってきて、一九五〇年代・六〇年代くらいまでは昔からのサーカスがあちこちで見られていたはずだ。

「大きいことはいいことだ」という大国アメリカでは、二〇世紀になるとサーカス団は生き残りをかけて合併・買収を繰り返してきた。アメリカのサーカスの歴史に残る稀代の興行師P・T・バーナムは蝋人形や畸形見世物など、ある種のいかがわしさのあるショーをしていたが、一八八一年にクーパー・アンド・ベイリー・サーカスと合併し、バーナム&ベイリー・サーカスとなる。そして二〇世紀初頭になると、リングリング兄弟がバーナム&ベイリーを買収し、一九一九年には両者は合併、リングリングブラザーズ・アンド・バーナム&ベイリー・サーカス（Ringling Brothers and Barnum & Bailey Circus）という、歴史上後にも先にも例を見ない途方もない規模のサーカス団が誕生したのである。全盛期には移動専用の自前の列車の車両が九〇輛あり、サーカスの従業員は一五〇〇人いたといわれる。

一九八〇年代の終わりごろ、彼らが東京の汐留の空き地にやってきて、見た事もないような巨大なテントを張った。なにしろテントの下には三つのリングがあるのだ。なぜこんなにでかい必要があるのかと思うのだが、大きさそのものに圧倒され小さな興奮を覚えている自分がいる。三つのリングで同時進行できるほどの動物と人間と機材が、東京に大移動したのである。観客は目の前のリングだけよく見えて、他の二つのリングは見えにくいのだが、このバカでかいエンタメ空間にいる自分も、その一部になっていることを楽しむのである。これは自他ともに認める「地上最大のショウ」（The Greatest Show on Earth）であり、セシル・B・デミル監督は、これをタイトルにしたサーカス映画の大作をつくった。もともと華麗でダイナミックな映画づくりが得意なデミル監督が、このサーカス団の存在自体が一大スペクタクルであることに眼をつけて、劇映画としてスクリーンに収めたのである。劇映画ではあっても、一九五〇年ごろに頂点に昇りつめた巨大なサーカス団が背景の物語であるので、サーカス好きには興味深いものがある。

二〇一七年五月二一日、リングリングブラザーズ・アンド・バーナム&ベイリー・サーカスは、動物愛護団体からの批判や集客力の低下によって経営に行き詰まり、一五〇年の歴史に幕を降ろした。日本のサーカスが次から次へと消えていってしまったときに、このサーカス団が二〇一七年まで存続していたということ自体が驚きである。海外の新しいサーカスの動向などを参考にしながら、動物芸を減らしたり廃止したりし、全面的にハイテクを駆使した新しい感覚のショーを導入するなどして、彼らは彼らなりに最後までできるかぎりの努力をしてきたのだ。歴史に刻まれた過去の栄光も心のどこかにあったはずだ。

このサーカス団が、他のサーカス団の動向として何よりも気にしていたのがシルク・ドゥ・ソレイユである。シルク・ドゥ・ソレイユは、一九八〇年代前半、カナダのモントリオールから彗星のごとく出現し、誕生から一〇年も経つころには世界を席捲し始めた。リングリングブラザーズにとってこれは大いなる脅威でなくてなんであろうか。シルク・ドゥ・ソレイユは、地続きのカナダからやってきてアメリカで長期公演を行なうようになり、公演をやればやるほど（リングリングブラザースとは逆に）人気は加速度的にふくらんでいった。モントリオールの街頭で大道芸をすることから出発し、シルク・ドゥ・ソレイユは今や世界の複数の都市で長期の同時公演をするほどの巨大な消費空間を出現させた。彼らは二〇世紀後半になり、誰の眼にもサーカスの衰退が明らかになっているときに、サーカスの歴史を塗り変えたのである。動物芸などまったく考慮に入れず、徹底してサーカスを人間だけの「擬似アート」と化すことにより、大成功を収めたのだ。

シルク・ドゥ・ソレイユがアメリカのアトランタで公演中、取材にいったことがある。そこで見たのは、かつてのサーカスでは考えられなかったような至れり尽くせりの設備である。あらゆるものを備えたモダンな稽古場、いつでも何でも食べられる素晴らしい食堂、コスチューム専門の立派なスペース。冷暖房完備で清潔・快適なキャンピングカー、子どもの団員のために一緒に生活している専任の家庭教師……彼らはサーカスの歴史を塗り替えたばかりでなく、サーカス団の生活をもすっかり変えてしまった。動物臭など入り込むいちぶの隙もない、徹底して人間のためにつくられた快適空間なのである。日本公演でもこのアトランタと同じくらいのスケールか、それ以上のものが複数都市を移動するわけである。その予算は膨大なものだろう。

シルク・ドゥ・ソレイユ。この驚異のサーカス団の成功の秘密はなんだろうか。それには一筋縄ではとらえられないさまざまな要素が複合的に絡みあっている。まず、動物芸を省いて、人間の芸を徹底してアートごころ溢れるパフォーマンスとして構成したことがある。ハラハラドキドキするような曲芸を陳列して、その間に息抜き程度のクラウン芸（日本では「ピエロ」と呼んでいた）を見せる時代は終わった。何よりも統合的なセンスをもった演出力がものを言うのである。コスチュームや舞台のデザインは、別個にとりあげても鑑賞に堪えうるほど、アートフルな感覚にあふれている。そういうコンテクストのなかに、世界中からスカウトした優秀な芸人の芸を練り直して入れる。つまりサーカスにおいても、全体の流れを統括するコンセプトと連環的なイメージの斬新さが問われるようになったのである。

## アート、創造力、個性のコンテンポラリーサーカス

ひとつ注意しなければならないのは、シルク・ドゥ・ソレイユが世界のサーカスのあり方に少なからぬ影響を与えたことは確かだが、サーカスの中身を多様に変容していったのはむしろ、それとは対極にあるヌーヴォーシルクあるいはコンテンポラリーサーカスと呼ばれる小さく個性的なサーカスが多数出現したことで

である。その中心はフランスだ。

フランスでは、一九七四年という早い時期に西ヨーロッパで初めての二つのサーカス学校ができて、八〇年代半ばには国立のサーカス学校が設立された。そのほか国中に小さなサーカス教室がたくさんあるという状況がある。ロックミュージシャンや俳優やダンサーになることを夢見る子どもや若者がいるように、小さいころからサーカスをやることに夢を馳せる者たちが珍しくないという環境がある。ひるがえって、日本全国に将来サーカスで働きたいなどという子どもは、何人いるだろうか。

ヌーヴォーシルクの方法論を一言でいえば、動きのとりやすいほどに小規模な組織を保ちつつ、領域横断的に自由で個性的なクリエーションをするということだ。既成のカテゴリーを自在に横断する。「サーカス」と銘打つからにはアクロバットがあるのは言うまでもないが、演劇、舞踊、音楽、美術、オペラ、マイム、ファッション……等々の要素を取りいれながら、周到に構成した作品づくりが特徴的である。

ヌーヴォーシルク初期の代表格である、シルク・バロックは『カンディード』という作品をもって一九九八年に来日している。日本のサーカスしか見てない人にとっては、『カンディード』の暗い演劇的な世界は異質であったかもしれないが、同時に「サーカス」とか「演劇」とかのカテゴリーを超えて個性のつよいパフォーマンスを押し出してくる彼等のスタイルには、かなり衝撃を受けたはずだ（とは言っても問題は、日本のサーカス人はなかなかこういうものを観に行かない）。彼らは三島由紀夫をテーマにした『ニンゲン』（一九九七年）という作品もつくっていて、これは『カンディード』以来のシルク・バロックの代表作でもあるのだが、残念ながら来日公演はない。ダンス、音楽、マイム、演劇、それにアクロバットを混淆し、畳み込むようなビジュアルな舞台は、他のヌーヴォーシルクには類を見ない迫力があった。

シルク・バロックのアーティスティックな舞台づくりとは逆に、意図的に気を抜いたようなほのぼのした手作り感で息の長いヌーヴォーシルクとなっているのが、シルク・プリュムというグループである。フランシュ＝コンテ地域圏を本拠にして持続的な活動をしていて地域住民のサポートがあるのが強みだ。シルク・ドゥ・ソレイユとほぼ同じ時期に創立され、手作りのサーカスを現在まで続けているのは賞賛に値する。しかし個性をより鮮明に出さないと、将来的には難しい面も出てくるかもしれない。個性ということでは、空中ブランコ集団のレザッソが圧倒的だ。複雑な形態の鉄骨のやぐらを高層に組み、そこに何機ものブランコをぶらさげる。客は全員デッキチェアのような特別誂えの椅子に寝て、終始上を見上げて観賞する。演目はすべて空中ブランコ、しかもいまだかつてどのサーカスでも見られなかった数機のブランコが微妙なタイミングで行きかい、フライヤー（飛び手）が交差して飛ぶ。フライヤーが真直ぐ飛ばずに、九〇度まがって飛ぶこともある。要するにレザッソは、ジンガロが馬専門のパフォーマンスを完成したように、空中ブランコ専門のパフォーマンスをアーティスティックなかたちで完成させたのである。ジンガロの音楽の使い方が抜群にうまいように、レザッソもまたブランコと同じ高さの空中にいるミュージシャンたちが快いサウンドを奏でる（よくあるように、これみよがしにガンガン音を鳴らして盛り上げようとしたりはしない）。

残念ながらレザッソは二〇〇七年に活動を停止した。しかしレザッソを前身とするシルク・ヴォストが誕生し、数々のヨーロッパ公演を成功させている。シルク・ヴォストは二〇一六年に『エピシクル』という作品をもって来日。築地の移転先として話題の豊洲の空き地で公演した。巨大な円形の鉄骨を組み、パフォーマーがそこを飛び交うというレザッソのスタイルを受け継いでいる。観客は長椅子に寝て天を仰ぐようにして鑑賞するというスタイルもユニークだ。

ヌーヴォーシルクのなかでもとくにユニークなシルク・イシは、九八年に来日している。これはたった一人のサーカス。一人のパフォーマーを囲むように四人のミュージシャンがいてライブの即興的な演奏がつく。

芸人が観客に媚びるような仕種は全くない。禁欲的に、まるで虚無僧のように、あるいは世捨て人のように、たんたんと芸をつづけるこの男の姿は、かつてのサーカスになかったものだ。わたしにとっても、こんなサーカスは初めてである。彼の名はジョアン。ジョアンの芸でいちばん気に入ったのは、紙ひこうきを右手で飛ばすと、飛行機は一回転して彼が差し出した左腕に止まるというもの。シンプルな芸にこれほど感激したことはない。世界中どこで公演しても、初めてサーカスを観る人からもサーカス通からも、絶賛されたジョアンは今どうしているだろうか。

シルク・イシの抑制感とは逆に、さまざまな身体性が織り成す笑いを生産することにかけているのが、日本でも何度か公演しているレ・クザン。三人の男が絶妙のテンポとタイミングで生み出すクラウン芸のクオリティの高さは、他に類を見なかった。クラウン芸を「ピエロ」という名のもとにドタバタ調のつなぎぐらいにしか考えてこなかった日本のサーカスは、クラウン芸のあり方を再考する必要がある。クラウン（道化師）とは、コメディアン、マイムアーティスト、シャーマン、俳優、音楽家、曲芸師などの要素を合わせもつところのトリックスターであり、まさに「芸」の原点なのである。

スウェーデンから二〇〇一年に『トリックス（TRIX）』をもって初来日したサーカス・シルクールは、硬質で抽象的なデザインのセットを背景に、ロックバンドの生演奏とサーカス芸をひとつに融合して、新しい世界を見せてくれた。この公演はびわ湖ホールだけだったが、二〇〇五年には愛知万博と神奈川県の川崎クラブチッタに『99% unknown』をいう作品をもって来日、二〇一八年には最新作『LIMITS／リミッツ』をもって再来日した。遅過ぎた感があるが、これが初めての東京公演である。『LIMITS／リミッツ』は、びわ湖ホールで見た『TRIX』とはあまりに違っていたので驚いたが、二〇年近く経っているので当然だろう。『LIMITS／リミッツ』は国境や難民問題を真正面からとりあげていた。サーカス団としてのエンターテインメント性を維持しつつも、ジェンダー、障害、世代、そして環境や難民などのテーマにも向き合い、サーカスというものの枠を格段に押し広げている。だからこそ、スウェーデンだけにとどまらず、スカンジナビア、そしてヨーロッパを代表するコンテンポラリーサーカスのひとつとして息の長い活動ができるのだろう。シルクールはサーカス教育にも力を入れ、スウェーデンの子どもたちの三万人ほどが、何らかのかたちでこれに参加していると聞く。スウェーデン政府もシルクールを後押ししている。日本がここまで到達するのは夢のまた夢なのだろうか。

多種多様のコンテンポラリーサーカスの傾向を十把一絡げには論じられない。敢えていえば、「異種混淆」を個性的なアート系のパフォーマンスに昇華することである。そのため内容は、演劇やダンスやオペラ作品と同じように、より「作品」っぽくなる。旧来のサーカスのように、「芸」だけではもはや駄目なのだ。サーカスにおいても、光と音と物と人間の身体をトータルに統括するコンセプトと演出の重要性が前面にでてきたのである。

とは言ってもサーカスはサーカスである。アートもコンセプトも、そんなものなど必要ない。自分たちは自分たちの「サーカス」をやるだけ、というのがあってもいい。そのことを感じさせてくれたのが「あいちトリエンナーレ2016」でスペインから初来日し、愛知県の豊橋だけで公演をしたアニマル・レリジョンというグループ。彼らは「コンテンポラリーサーカス」などというジャンルさえも吹き飛ばす、野性と戦略的な野暮ったさをもっていて、スペインからどこにもないサーカスが生まれているのを知った。豊橋の公園で土ぼこりを撒き散らしながらフォークリフトで走り回る。ヨーロッパのどこかの田舎の農家の庭で、大人たちが仕事するでもなく悪ふざけをしているという感じでサーカスが展開する。この雰囲気がこちらの心身になごみ、とても気持ちがいい。だいたいフォークリフトで走り回り、そのリフトの上で踊ったり縄跳びしたりなどということ、誰が考えたのだろうか。アニマル・レリジョンは、どうしてもアート系のサーカスの斬新さだけに眼がいきがちなわたしに痛烈な一撃を与えてくれた。昔のサーカスの馬場とは違う土と雑草そのものの感触……。そういえばキャンバスから土が匂い立つような、スペインの現代美術の巨匠アントニ・タピエスが好きで、バルセロナのタピエス美術館に何回か行ったことがある。アニマル・レリジョンは二〇一三年に、カタルーニャ州（州都がバルセロナ）の最も優れたアーティスティック・サーカスに贈られる「Zirkolika 2013」を受賞している。

フォークリフトでサーカスなんて前代未聞。でも日本にもこれに負けないユニークなアクションもある。独力で群馬県の山奥に沢入国際サーカス学校を創立し運営する西田敬一は、サーカスに夢をかけつづけているが、「サーカスはリヤカーにのって」と銘打って、脱原発のノボリを立てたリヤカーで、サーカス芸人数名と街頭芸を披露しつつ、日本のさまざまな地域を行脚した。現代のサーカスはそのパフォーマンスのスタイルばかりでなく、その在り方さえも自由なのだ。極端な話、五〇センチ四方ぐらいのテーブルの上で、数十ミリのフィギュアをいじりながら見せるサーカスもあったし、影絵とスライドとサウンドを連携させて見せる「芸人がいないサーカス」もあった。サーカス、ヌーヴォーシルク、コンテンポラリーサーカス、アクロバット……などなど、人はいろいろな呼称を使い、ジャンル分けしたがるが、それらをすべてご破算にしたところでアクション（行為）だけを頼りに、人々が「サーカス」と呼ぶかもしれない、あるいはこんなのサーカスじゃないと言うかもしれない「サーカス」をつくる。そのくらい囚われない発想から何かが生まれてくるはずである。

# 第二章　舞踊批評の現在
## ——〝いま〟を見つめて

Rosas「Vortex Temporum」photo : Anne Van Aerschot ©:Rosas

## 受苦と救済のはざまで揺れるスペクタクル——アラン・プラテル

アラン・プラテル・バレエ団は、ヨーロッパでは「Les Ballets C. de la B.」として知られている。アラン・プラテル（一九五六年～）は、その前身である「Les Ballets Contemporaine de la Belgique（ベルギー現代バレエ団）」を、一九八四年二月の『スタバト・マーテル（悲しみの聖母）』の舞台をもって誕生させた。このときに使った音楽はイタリアンバロックの巨匠ドメニコ・スカルラッティの同名の曲である。この八四年の作品から二十数年以上を経て二〇〇〇年代になって日本で公演された三作品が、いずれもバッハやモンテヴェルディの宗教音楽を全面的に使っていることからすると、プラテルの創作姿勢は、デビュー当初から恐らく大きな転換を遂げてはいないのではないかと想像できる。プラテルのそれ以前の活動については詳しくは知られていないが、芸術活動とは直接関連のない、子どもたちを対象にしたセラピストとしての仕事をしていたようだ。

「バレエ団」と銘打ってはいるが、プラテル作品はダンス・クラシックの技法が見えてくるようなものではない。プラテルの舞台にはしばしばピナ・バウシュを思わせる演劇的なシーンが出現するが、両者の方向性は本質的に異なるものだ。ピナはさまざまな質問をダンサーたちに投げかけ、個人個人の記憶や行為や言葉を数えきれないほどのシーンに還元してゆく。それらの断片は脈絡なく、しかし周到に積み重ねられる。見えてくるのは、ひと言では形容しがたい広がりのある多層的な世界だ。

他方、プラテルは最初から最後まで明晰な作品世界を提示する。ピナとちがい、作品はいつもひとつの方向を向いているように見える。方法論としてピナとの重要な相違点は、生演奏を使うことである。日本で公演されたものに関していえば、作品のなかで同じ作曲家のもの（場合によっては同一の音楽作品）を使うため、舞台を支配する気分や気配には強い統一感がある。

プラテル作品においては、演奏家はダンサーと同じステージにのり、しかも観客からよく見える一段と高いところに位置する。ダンサーが舞台にいなくなっても、観客は音楽会にいるかのように音楽を鑑賞することになる。音楽は作品全体を真綿のように包みこむのだ。プラテルに特有の激しい身体性に対して、一見、不釣り合いのバロックやモーツァルトを演奏することにより、一種の「異化」作用をもたらしているともいえる。見方を転じれば、クラシック音楽のファンにとっては、生演奏だけで充分に鑑賞に堪える名曲であるのに、そこに繰り広げられるダンサーの身体は、音楽とは不似合いの「異物」としてしか見えないかもしれない。しかし、舞踊と音楽は次第に融合し、強力に情緒的な作用をもたらすに至る。

ピナの作品では、多様な想像上の環境におかれたダンサーたちが踊るよりも先にしばしば演じている。ときには演劇的なシーンの間にダンスが挿入される。それに対し、プラテルのダンサーたちに見られるのは心身を限界にまで消耗しているかのような姿である。アクロバティックに見えることもあるが、神経症かヒステリー患者を思わせることもある。プラテルのダンサーたちは、そこまでコントロールが効くか効かないかの境界域に自分を追いこんでゆくのだ。プラテル作品では、（ピナがしばしば意図的に創って見せる）いわゆる軽演劇やミュージックやボードビル風の「軽い演技」を見せるのは稀である。

プラテルの多様で混沌とした舞台を実現するダンサーたちは、多国籍である。さまざまな国籍の男女が（ときには幼児までが）登場し、救いようのない衝突や摩擦やディスコミュニケーションが繰り返される。残酷と卑猥と暴力にまみれながら、出口の見えない世界のなかでうごめき、それでも何かを表現せずにはいられない人々がいる。
受苦と救済のはざまを揺れ動くスペクタクルにおいて、音楽が支配的な役割を果たしている。以下は、そのことをふまえて来日公演が実現した四作品と、ドキュメント映像で見た『Wolf』について、年代順に考察したものである。

## 暗い現代の黙示録――『バッハと憂き世』

アラン・プラテル・バレエ団の初来日公演は二〇〇〇年一一月の『バッハと憂き世』(*lets op Bach*)である(初演はベルギー、ブリュッセルで一九九八年五月)。このとき初めて日本の観客が目の当たりにする舞台は、それまで来日した欧米のどんな舞踊団の作風ともちがう衝撃を与えた。音楽はルール・ディルティンス(指揮とチェロ)率いるアンサンブル・エクスプロラシオン。ディルティンスを含めた八名の古楽演奏家からなり、これにソプラノ、バスバリトン、アルトの歌手三名が加わり、二〇曲ほどのバッハ作品が奏される(バッハ以外に、一曲だけプリンスのロック『One of Us』が使用される)。舞台に展開するのは、バッハの音楽からは想像もできない、過酷なまでの身体性である。

およそ美的といえるようなものが一切ない舞台は、殺伐としたものだ。ビル街の裏にある工事現場で、工事がストップしたまま放置されているといった光景である。そこに見世物小屋の芸人らしい者たちや、どこに行くというあてもない者(例えば、空きアパートを不法に占拠して住んでいるスクワッターなど)が、あてもなくたむろしている風情なのである。上手にはこんな光景にぴったりの、いかにも粗末なバラックの小屋がある。

登場する人物たちには、一見、バレエやモダンダンスのダンサーをイメージさせるものは何もない。「ダンサー」というより、社会の底辺で忘れられたようにして生きている人々の姿そのままなのである。衣装や化粧など、演劇的な装飾がほどこされてそうなっているというより、素のままという感じだ。女の足から毛を抜いている男、神経症ふうの女、義足を付けた女、鉄球を腹に落としてみせる見世物芸人、少女のスカートを覗こうとする性的変質者……。コクトー、サティ、ピカソのコラボレーションにレオニード・マシーンがディアギレフのロシアバレエ団（バレエ・リュス）に振り付けた『パラード』（一九一七年）の例を出すまでもなく、舞踊作品に見世物芸人が登場するのは珍しいことではないが、こんなすさんだ情景がダンスの舞台に展開したことがあっただろうか。

柔らかい白地の衣装の股間を真っ赤な血に染めて、狂ったように女が飛び出してきて踊る場面には啞然としてしまった。わたしはそれを経血と勘違いしたのだが、プラテルはレイプされた女をイメージしていたらしい。ただしレイプをほのめかすような話の脈絡というものはない。行き場なくそこにいるかに見える登場人物たちは、踊り、叫び、疾走し、すすり泣き、倒れ、這いつくばう。ダンス・クラシックのテクニックはことごとく等閑に付され、肉体は激しい動きを繰り返す。存在の不条理をメタフォリックに開示するというのではない。傷口をより大きくするように身体はリアルにいたぶられる。完膚なきまでにさらけだされる人々のあさましさ。

残酷と卑猥をこれほどまでに描きながらも、いずくにか一条の光が見える。他のプラテル作品でもそうだが、舞台の光景にいたたまれない気分になっても、それを見つめる優しい眼差しが感じられるのが救いである。汚辱にまみれながらも、必至に何かを求めずにはいられない姿。そこで本作品のタイトルでもあるバッハの音楽が重要な役割を果すことになる。上手のバラック小屋に位置するバロックアンサンブル、アンサンブル・エクスプロラシオンが、全編にわたりカンタータなどを生演奏する。舞台に展開するとりとめのない行為をつつむようにカンタータが歌われるのだ。神は見ているのか、知っているのか、もしそうなら救えるのか、救えないのか──カンタータはそう問いかけているようだ。

バッハの教会音楽が繰り返され演奏されると、ある種の予定調和を生み出してしまう危険があることも確かである。つまり「卑猥で小さな存在の人間vs崇高な神」という構図を、バッハの宗教音楽が暗示しかねないのだ。プラテルは、ダンサーたちに歪曲してはいるが強靭な身体のリアリティをもたせることにより、そんな構図に陥ることを極力避けているように思える。バッハの音楽がいかに優しく気高くあろうとも、殺伐とした舞台にうごめく暴力的な身体のほうが遥かにまさっているのだ。シーンによっては、カンタータは人々を鷹揚につつむどころか、ますます荒涼とした大地に彼らを追いやっている。

バッハも神も癒しえない世界。踊り手それぞれの血と肉がざわめく暗い現代の黙示録を、われわれは突きつけられるのみである。ダンサーたちがうごめく姿から彼/彼女がもっている深い傷痕とは何か、それが今の自分とどう繋がっているのかを観客は問われるのだ。

## 犬とモーツァルトとチンピラが共存──『Wolf』

『Wolf』(二〇〇三年)は十数頭の大型犬が舞台に登場し、全編にモーツァルトの音楽が流れる話題作である。天井から垂れた一本の布にぶら下がり、空中に浮かぶさまざまな姿態を見せるサーカス風のアクロバットが挿入されるなど、プラテル作品としては珍しく、暗く重いトーンが流れるということはない。むしろ、明るい軽快さが支配している。背景のセット全体も意図して粗末につくられてはいても、『バッハと憂き世』のような鬱屈した印象を与えないのだ。登場人物はときに笑いを誘う誇張されたアクションさえ見せる。ドタバタ調の寸劇が挿入されたりもする。他の作品と比べるとダンサーたちの衣裳は写実的である。舞台上の犬たちが予想外のアクションをして、軽い笑いが客席に起こることも……。

　モーツァルトの名曲の数々が、プラテル作品によくある受苦や救済などのイメージとは離れた、ある種の清澄感をもたらしていることも確かである。しかしここに展開する数々の演劇的なシーンの底に流れているものは、明らかに『バッハと憂き世』に通じる。

　舞台セットはきわめて現代風。恐らくは西ヨーロッパのどこかの首都圏への通勤圏内にある小さな地方都市で、低所得者層が多数を占めているというふうである。そんな街のショッピングアーケードの裏なのだろうか。二階のテラスを占めているのは小編成のオーケストラ。モーツァルトのオペラのアリアなどを歌う歌手たちは、ダンサーに交じって演技をする。これがごく自然なかたちで行なわれ、登場人物たちと音楽とをつなぐ役目を果たしている。登場人物は、チンピラ、ヤクザ、ゴロツキ、あるいはヤク中らしき者であったり、アーケードの店のオーナーや店員ふうである。

　失業者、フリーター、ニートなどの不安定・不定期雇用層をプレカリアートというが、本作の登場人物もまさにその風情である。成熟した資本主義のひずみがもたらした廃墟のような溜まり場。そのようにして見るとこの舞台の根底には、「芸術」と「通俗」と「政治」が混淆したものが通奏低音のように流れているともいえる。この領域で挑発的な発言をする思想家フランコ・ベラルディに、いみじくも以下の言葉がある。


　政治とセラピーが、来るべき時代には一にして同じ活動となる。人々は失望、抑鬱、パニックの感触をもつようになるが、それはポスト成長の［成長なき］経済と折り合いをつけることが出来ないからであり、近代的アイデンティティが拡散して失われたと感じるだろうからだ。わたしたちの文化的任務は、こうした人々に付き添い狂気をケアしつつ、ハッピーに適応する手近な方法を示すこととなる。この任務は人間的レジスタンスのための数多の社会的ゾーンを生み出すことであるが、それはセラピー的感化ゾーンとして作用するものである。

フランコ・ベラルディ（ビフォ）『プレカリアートの詩（うた）』櫻田和也訳、河出書房新社、二〇〇九年

『Wolf』の舞台はまさに「セラピー的感化ゾーン」である。強烈な存在感を生む犬たちもそのために一役買っているわけだ。犬たちは出ずっぱりで舞台にいるのではなく、舞台袖のどこかで待機していて、決められたシーンで登場し退場する。つまり、犬が作品全体を支配しているわけではないが、一定の役割を演じるように演出されている。

楽団の演奏家、ダンサー、歌手、そして犬が混淆し、ときに喧騒を巻き込みながら進行する舞台は、まるで演出がないかのように自由である。しかし、モーツァルトのさまざまな作品が適材適所に散りばめられ、改めてプラテルの音楽的なセンスの高さを印象づける。あからさまに性的なニュアンスをもった行為や、街のチンピラの悪ふざけでしかないような場面にも流れるモーツァルトは、独特の雰囲気をつくる。例えば、女装の男たちがあからさまなセックスの仕種をし、あるいは胸の割れ目に子犬を入れ、ハイヒールで水着姿というチグハグな格好の女が罵倒の言葉を発する時に奏でられるモーツァルトはどうだろう。一部のモーツァルトの崇拝者には、これは音楽史上無二の天才への冒瀆以外のなにものでもないかもしれない。が、観る側の視覚聴覚が舞台に慣れてくるにつれ、音楽の諧謔的な部分が妙に息づいてきて、踊り手たちと調和する。そうなると、逆にこれぞ本当のモーツァルトなのだという気分になってくる。

タイトルの「Wolf」を「オオカミ」ととれば、それは舞台に群れる犬たちの祖先であり、数千年、あるいは数万年の歴史のなかで家畜化されてきた犬たちの（家畜化以前の）本能的な行動を想起させる。同時に

ここにいる人々も、オオカミ同様、社会の底辺にいながら既成の文化規範から離れ、より直情的に行動している。「Wolf」はモーツァルトの名前である「Wolfgang」を思わせることも確かだ。本作はモーツァルトの音楽の魅力をたっぷりと聞かせるが、舞台で展開する行為の数々は彼の音楽の一般的なイメージとはかなり乖離している。やりたい放題ともいえる雑駁で猥雑な行為に、モーツァルトは異なった意味を与え、翻って彼らの行為はモーツァルトの音楽に広がりを与えるのである。プラテルは、モーツァルトという美しい古典を使いながら、現代的で奥行きのある「タンツテアター」を実現したといえる。プラテルの創作歴のなかでも記念碑となる作品である。

## 集団自慰、ヒステリー、トランス――『聖母マリアの祈り vsprs』

『バッハと憂き世』につづくアラン・プラテル・バレエ団の来日公演は、二〇〇七年五月の『聖母マリアの祈り vsprs』（二〇〇六年初演）。この作品において『バッハと憂き世』以上に、舞台奥一段高いところから生演奏される音楽とダンサーの身体をつなぐ時空への、プラテルの思い入れが感じられる。まさにこの結びつきを昇華させるべく、本作が生まれたともいえるだろう。音楽はイタリアの作曲家クラウディオ・モンテヴェルディ（一五六七～一六四三年）の『聖母マリアの夕べの祈り』であり、プラテルがとくに本作のために依拠した身体性とは、精神病患者やアフリカの憑依儀礼の記録映像である。

モンテヴェルディの作品はローマカトリック教会の重要な典礼である「夕べの祈り」、すなわち「vespers」（晩課）としてつくられたものであり、プラテル作品のタイトルもそこからとられている。プラテルによれば、彼が一六歳のときゲントの教会で古楽器によって演奏されたこの曲を聞き、当時は全曲を口笛で吹くことができるほど暗誦していた。彼にとってこの曲は「もっとも完璧な、信仰のための音楽のひとつである」ということだ。一六歳で初めてこの曲を聞いて以来、五〇歳で舞踊作品として発表するまでずっと彼のなかで温めてきて、満を持してこれを発表したという。ただし、プラテルの意図は四〇〇年前のモンテヴェルディの古典をなぞることではなく、その典雅で敬虔な宗教的味わいを活かしながら、現代人の心に届く音楽をつくることである。どんな優れた古典音楽であっても、プラテルが興味をもつのは博物館的な佇まいではない。ダンサーたちが既成のダンステクニックに囚われることなく崖っぷちに立つように、音楽もいかに古典であっても、現代の聴衆に息づくことこそをプラテルは求めている。

プラテルが知り尽くしたこの宗教音楽を蘇らすために、音づくりにも彼ならではの創意を行き届かせる。アジア、アフリカなど世界各地の民族音楽から、クラシックのみならず、ジャズ、現代音楽まで幅広く通暁する作曲家ファブリツィオ・カソルが編曲を担当し、ルネサンスおよびバロック音楽を得意とする古楽の管楽器集団、アンサンブル・オルトレモンタノに、ロマ（ジプシー）音楽のバイオリニストやコントラバス奏者、古楽器のトロンボーン、それにソプラノ歌手が加わる。古楽器によるモンテヴェルディといえば、単純に「原点に戻る」というよくある図式になりそうだが、この演奏はまったく違う。ときにジャズ調、ときにロマ音楽のスピーディーなノリのよさがあり親しみやすい。原曲のもつ宗教的な感情を逸脱することなく、今風なのである。

ダンサーたちの動きの表情のつくり方に関しては、音楽に劣らぬプラテルのこだわりが見える。本作の動きのイメージを得たものとして彼は二人の研究者の名を挙げている。ベルギーの精神医学者アルトゥール・ヴァン・ゲフテン博士（一八六一〜一九一四年）と映像人類学の分野で知られるジャン・ルーシュ（一九一七〜二〇〇四年）である。ゲフテン博士が二〇世紀初頭、治療用に記録した精神病患者などの身体の機能不全の映像は、ダンサーがバレエやモダンダンスの技法として学ぶものとは別種のもの、というよりその対極にあるともいえる。

ジャン・ルーシュは市井の人間のふだんの生活のドラマをそのまま映像化したドキュメンタリー『ある夏の記録』（一九六一年）がシネマ・ヴェリテの作品として知られているが、それ以前にアフリカについての興味深い人類学的な記録映像を何本か撮っている。わたしが八〇年代にニューヨークに住んでいるとき、幸いにもルーシュ特集の映画祭があった。彼の記録映画のなかでも強烈な印象を残した『狂気の主人たち（Les Maitres Fous）』（一九五四年）は、ルーシュのアフリカ関連映像のなかでもよく知られたものなので、プラテルがルーシュの名前を挙げ「憑依」を語っているところを見ると、この映像を見てかなりのインパクトを受けたに違いない。わたし自身も映画祭での他の映画はあまり記憶にないのだが、この作品のおぞましいシーンには圧倒されて、映画のすべてが脳裏に焼き付けられている。

『狂気の主人たち』はガーナ（当時のゴールド・コースト）における「ハウカ」と呼ばれる宗教的な秘密結社のトランス儀礼を扱っている。この参加者は全員激しいトランス状態に陥り、口から大量の泡を吹き、眼球が眼窩から飛び出すような表情になる。生け贄として犬を殺し、その生き血をすする。さらに驚くことに、このトランス状態のなかで彼らは、この地域を植民地化している西欧人を嫉妬と怨恨が入り混じるようにカリカチュア化して演じるのである。

出口なしの閉ざされた精神状態のなかで、身体はすべての通常の機能を失う。というよりこの「通常」をこそ疑ってみるべきものだといわんばかりに、『聖母マリアの祈り vsprs』は始まる。背景に高低差をつけた舞台は、全体がシャツのような白い布に覆われている。二〇〇六年にフランス・アヴィニョンのフェスティバルで本作を観たときには、席が後方だったせいで、最初はこれが「氷山」をかたどったものに見えて、そう信じていた。終演後、舞台近くでよく見ると氷のように見えたものは、無数のシャツや下着などの白い布であった。氷山のような真っ白な舞台でありながら、その素材が有機的な感触を見せていたのである。一〇名ほどのミュージシャンたちも白い衣装に身をつつむ。白一色の舞台で、ダンサーたちが身につけた擦り切れたような普段着が、かえって映えて見える。

前作『バッハと憂き世』と同じように、ダンサーはそれぞれ個性を出してはいるが、それ以上にヒステリー症状の発作のような動きが持続する。彼／彼女らは「健常者」の身体機能を喪失し、機能不全に陥っているのだ。ただしそれを表現するダンサーたちは、当然のことながら一般の人々の身体能力を遥かに超えている。凡百のダンサーではとてもできないような屈折、ねじれ、震え、痙攣、硬直を見せるばかりか、ときに奇声を発しうめき、言葉をしゃべる。この舞踊団の踊り手であることは、自分が今までに学んだ「ダンス」という身体技法を無効にし、心身をまっさらにして新たな表現の地平に立つ勇気が必要とされるはずである。

後半、集団自慰を彷彿させる激しい動き。「存在すること」の悲惨なまでの救いようのなさ。それでも暗澹たるなかの紙一重のところに、一条の光があるのだと感じさせるのがモンテヴェルディの音楽なのである。音楽と身体は感傷的な和合をさけながらも、どこかで一歩歩みよろうとしている。そこに本作の奥深い魅力があるように思える。しがみつくように白シャツの「氷山」を登ってゆこうとする者がいるエンディングは、なにがしかの意志の力を感じさせた。

## キリストとマリアが歌うオペラ的構図——『憐み pitié!』

二〇〇九年四月に来日公演した『憐み pitié!』（初演二〇〇八年）は、それまでの来日作品の延長線上にある。バッハの『マタイ受難曲』の生演奏が全編に流れる。その編曲・演奏をするのは『聖母マリアの祈り vsprs』と同じくファブリツィオ・カソル（リーダー、サクソフォン）率いるトリオ「アカ・ムーン」、そこにアコーディオン、チェロ、バイオリン、トランペット、そしてカウンターテナーのセルジュ・カクジ、ソプラノのクラロン・マクファデン、メゾ・ソプラノのモニカ・ブレット＝クロウターが加わる。

すべての歌手たちは演奏家たち同様、ずっと舞台の上にいる。歌手たちは管弦楽とダンサーとをつなぐ役目を果たしているが、彼らがキリストと聖母マリアであることからすれば、ダンサーたちのなかに入り中心的な「演じ手」にもなっている。本作においてもそれまでの来日作品がそうであったように、否、今までの来日作品以上に、音楽がますます重要な役割を果たしているのだ。間を置きながら演奏される『マタイ受難曲』の断片がダンサーの身悶えするような激しい動きにかぶさり、人々の受苦に対して受難曲が慰撫するように寄りそう。とくに黒い背広の下にキリストが描かれたシャツを着たキリスト役のカクジと、マリア役のマクファデンは、肌の黒さと素晴らしい歌声のせいで、しばしば他のダンサーたちがかすんでしまうほど目立っている。ここまで歌手が際立つことを、果たしてプラテルが意図していたのかどうか。ダンス作品というよりほとんど音楽劇かオペラを見ているような錯覚に囚われる。

三名の歌手も音楽の生演奏も文句なしに素晴らしく、ダンサーの身体も全面的に開かれている。音楽とダンスが混然一体となりつつカタルシスに至るまで盛り上がる。しかし、すべてがあまりに生真面目にキリスト教的な世界観のなかで進行する舞台は、かつての人気ロック・ミュージカル『ジーザス・クライスト＝スーパースター』などに比べると、いまひとつ浸透力に欠ける。宗教的な要素をテーマにダンスの舞台をつくる場合には、それが宗教のちがいを超えて無限の他者に浸透するような、ある種の抽象化が必要だろう。

## ピナ・バウシュに捧ぐ――『OUT OF CONTEXT-FOR PINA』

これはプラテルが、敬愛するピナ・バウシュに捧げた作品。ピナは二〇〇九年に亡くなり、『OUT OF

CONTEXT-FOR PINA』は翌二〇一〇年ベルギーで初演された。本作が来日公演を果たしたのは、「ダンストリエンナーレトーキョー2012」の一環として、東京の青山円形劇場においてである。

『OUT OF CONTEXT-FOR PINA』が以前のプラテル作品と大きく違い、生演奏も大掛かりな舞台装置もない。衣装も質素だし、サウンドも抑制されている。それだけに本作では、九名のダンサーたちの個性的で尋常ではない身体性が前面に出てくる。身体の歪み、極端な屈折、手話のような不可思議な動きが、言語以前の衝動を――ときには「動物的」と形容したくなるほどに――激しくさらけ出してゆく。

二本のマイクスタンドと、人数分の赤い毛布が舞台奥に積んである以外はなにもない舞台。九名のダンサーはあらかじめ、客席にまぎれ込むようにして座っているので観客は気づかない。開演と同時にダンサーたちが次々に舞台にのぼってくる。ヨーロッパで活躍を続ける伊藤郁女《かおり》を含め、顔つきも体つきも個性的な多国籍のダンサーたちだ。奥の壁を向いたまますぐに服を脱ぎ始めると、全員が下着になる。そして毛布を一枚一枚手に取り、それに包まる。

日常的に行なっている衣服を身につけるという行為は、社会文化的な制度のなかに身体を押し込めるということでもある。普段着で客席から出てきたダンサーたちがそれを舞台で脱ぐということは、制度の及ばない自由な空間（＝舞台）に入ることでもあるだろう。余分なものを脱ぎすて、無垢の状態にもどってゆく。

動物の唸り声らしきものが流れ、ハンドマイクと戯れるガサガサいう音が電子的にエコーとして増幅される。そんな中で展開するのは、首、胴体、腰をねじり、指先、瞼から歯のガチガチ音まで、身体のあらゆる部位を総動員し稼動させるがごとくの、プラテル特有の「奇態」としか呼びようがない動きである。巧まざる退行の光景。体が機能障害に陥っているような様態が高度な技法により表現される。冒頭、バッハのピアノ曲で踊るシーンのように、ユニゾンで踊るシーンが少なくない。奇妙な動きを群舞でそろえることにより、その奇妙さ加減をよけいに強調しているようだ。

ある領域に「普通でない」という烙印を押すことにより成り立っている「普通」の人々の生活がある。そしてそこに根付く舞踊や芸術を自明のものとして享受するさまざまな制度や慣習が存在する。プラテルがこの作品に限らず長い間、一貫して追及してきたのは、そんな制度や慣習の外にある身体と精神の領域である。この作品が音楽の生演奏や印象的な装置などを排したのも、まさにふだんは忘れられ、等閑視され、「普通」であることの埒外に追いやられている心と体の領域である（タイトルにある「OUT OF」はそこからきているはずだ）。

過去の三度の来日公演では、ある種の集団ヒステリアのように痙攣する身体が受苦や存在の不安を感じさせたが、本作では激しい身体性が出てきてはいても、ユーモアさえ湛えている。アーティスティックな先鋭性に富む新境地は、多義的である。

【参考文献】

石井達朗『身体の臨界点』青弓社、二〇〇六年
Hidegard De Vuyst (ed.), *Les Ballet C de la B*, Lanno, Belgium, 2006

## 構造的で分析的な時空から生まれるもの――『時の渦―Vortex Temporum』

『ファーズ』を発表してから三一年目、ローザスを結成してから三〇周年にあたる二〇一三年に『時の渦』が発表された。『ファーズ』というデビュー作で水も漏らさぬほど精緻な舞台をつくったケースマイケルの挑戦と実験は、三〇年後も留まることなく深化している。

ケースマイケル作品において音楽の果たす重要性は、繰り返し指摘されてきたところだ。ただし音楽が高い次元でダンサーと多様な関係性を結び、優れた舞踊作品を生んでいるのはケースマイケルに限らない。ウィリアム・フォーサイスの代表作『失われた委曲』（一九九一年）とトム・ウィレムス、アラン・プラテル『哀れみ pitié!』（二〇〇八年）で使われたバッハ『マタイ受難曲』、イリ・キリアンの傑作『ベラ・フィギュラ』（一九九五年）ではペルゴレージの『哀しみの聖母』が哀感をもって響いていた。ピナ・バウシュの『バンドネオン』（一九八〇年）では古いタンゴの数々が胸に迫った。舞踏の金字塔、土方巽の『四季のための二十七晩』（一九七二年）では、三味線の瞽女歌《ごぜうた》に寒風吹きすさぶ東北が浮かび上がる……。

ケースマイケル作品では、以上のどの舞台よりも音楽とダンスは分析的で自律している。構造的に一体化しても、両者は厳しいほどに向き合っているのだ。使われる音楽は、古典、近代ばかりでなくベルク、ウェーベルン、シュニトケ、リゲティ、クセナキスなど現代物が多い。そしてそれまでのケースマイケルのイメージを一変させるものとして喫驚したのは、『時の渦』の一〇年前に発表された『ビッチェズ・ブリュー／タコマ・ナロウズ』（二〇〇三年）である。ジャズ界のカリスマ、マイルス・デイヴィスが一九六九年～七〇年に録音した歴史に残る傑作『ビッチェズ・ブルー』が流れるなか、初期の厳格で精緻な動きとは対極にあるインプロヴィゼーションを取入れたのだ。ジャズダンスやヒップホップ的な動きまでもそこにある。

『時の渦』は、ケースマイケルがフランスの作曲家ジェラール・グリゼーの音楽に出会い、強いインスピレーションを得ることにより実現した。彼女のこれまでの活動の蓄積が反映されていると同時に、挑戦的な姿勢も変わらない。グリゼーはスペクトル楽派の中心人物。音楽を音響現象の動きとして分析し作曲するので、音の響き、音色が高度に美しく洗練される。現代音楽のアンサンブル・イクトゥスの六名（+指揮者）による生演奏が、グリゼーの精緻な音響空間をつくり、七名のダンサーが演奏と一体化し、拮抗し、独自の身体性を見せてゆく。ダンサーそれぞれが演奏家の身体と、そしてその身体が奏でる音楽と個別の関係性を築いてゆく。

床に描かれたいくつもの円の抽象的なパターンを意識しながらのポジショニングと空間移動は濃やかに振り付けられている。その構築性と、そこから漏れるようなインプロヴィゼーションが魅力的だ。さながらトンネルの小さな気孔から水が漏れることにより、トンネル全体の堅牢性が保たれているかのようである。

もうひとつの特色は、ダンサーはもちろん演奏家も演奏中あるいは演奏していないときに移動する。グランドピアノまでも。ただでさえも難曲のこの作品を演奏しつつ（しかもすぐそばで動くダンサーを伴い）舞台を移動するのは困難を極める。しかし技術的に習熟したイクトゥスのメンバーは、楽しむようにこれをやってのける。後半、曲の難度が一気に上昇し、もはや移動が不可能になったとき、指揮者がいつのまにか出現しメンバー全員がまとまって演奏に集中する。ダンサーの身体が醸す緩急が複雑に脈打ち、音の構造が視覚化されてゆく光景は、もはや「超越的」とすら形容したくなる。

その高揚感も、すべてが誕生した瞬間に消えてゆく。ダンスはエフェメラ（束の間）のものである。むなしく、美しく、強いのだ。その最前線で三十数年にわたり今という時代を射抜くような作品を生み続けてきたケースマイケルは驚異というしかない。『ファーズ』は出発点、『時の渦』はその三〇年後の到達点である。

先の見えない新たな領野が、まだ彼女の前には広がっているはずだ。

## ダンスから遠ざかるほど、ダンスが先鋭化する――ピーピング・トム

アラン・プラテル・バレエ団の中心メンバーとして活動していた、ガブリエラ・カリーソとフランク・シャルティエは意気投合して、一九九九年一二月に共にピーピング・トムとしての活動を開始する。カリーソはアルゼンチン出身。シャルティエはフランス出身で、ベジャール・バレエ・ローザンヌで学んだほか、バレエ・プレルジョカージュ、ケースマイケルのローザス、ヤン・ロワース率いるニードカンパニーの作品に参加していた経歴をもつ。ピーピング・トムのデビュー作は、キャンピングカーを使ったダンス・シアター・プロジェクト『Caravana』と題された作品である。つぎの『Une vie inutile（無益な生活）』（二〇〇〇年）は『Caravana』の続編としてつくられ、これはキャンピングカーではなく、劇場で公演された。

ピーピング・トムがヨーロッパのダンスシーンで注目されることになるのは、『Le Jardin（庭）』（二〇〇二年）、『Le Salon（サロン）』（二〇〇四年）、『Le Sous-sol（土の下）』（二〇〇七年）の三部作である。三番目の『Le Sous-sol（土の下）』をもって、ピーピング・トムの初来日が二〇〇九年に実現した。これは、今まで見たこともないような異色の舞台を日本のダンス界に印象づけた。

### 構成とか洗練とは無縁の時空――『Le Sous-sol（土の下）』

『Le Sous-sol（土の下）』の舞台は家の居間なのだが、びっしりと土砂に埋まっているばかりか、窓からも土が侵入し、天井の一部からは木の根が突き出している。ここは地下室というよりも文字通り地面の下で、

うごめく人々は死者たちという設定である。五名のパフォーマーは、カリーソとシャルティエの他に、日本公演当時八二歳のマリア・オタルやオペラ歌手、俳優などを含み、世代も個性もさまざまである。

薄暗い空間で、冒頭に持ち込まれる大きな花束の鮮やかさが「生命」を感じさせるが、これは死者たちへの手向けということなのだろうか。既成のダンス語法をいっさい使わず、よく訓練された体の柔軟さを存分に活かしてゆく。ときにアクロバティックともいえる身体性は、二〇〇〇年に来日したアラン・プラテル舞踊団の『バッハと憂き世』を思い起こさせる。

一面の土砂は、作品の重要なイメージであることは言うまでもないが、ダンサーたちが激しい動きをするときに衝撃を吸収するという、現実的な役割も果たしている。終始、互いの頭をくっつけたままのデュオも、体を絡ませたままのトリオも、土の上を転げ回るときの激しさは異様といってもいいほどだ。それに拍車を駆けるように、老婆が濃厚な接吻をしたまま踊り、歌手の乳房を赤子のように無心に吸い続ける。生と死の循環をほのめかしているのかもしれないが、同時に「性」のイメージを漂わせる。世間一般は老年と性を結び付けたがらないことを逆手にとっているとも言えるだろう。オペラ歌手が時折口ずさむ歌が、舞台で起こりつつあることを優しく慰撫する。

本作の東京および松本での公演では、地元に在住する人々から「死後の世界の住人」として登場してくれる人たち――ある世代以上の人たち――を募集し、舞台で共演を果たした。ヨーロッパのダンス界の前線で活動するこの実験的なカンパニーと、長い人生でダンスとはまったく無縁であったような東京と松本の中高年の人たちが、つながる稀有な機会を作品が与えたことになる。

『Le Sous-sol（土の下）』は、構成とか洗練などとは無縁の時空である。しかし、どんよりとした雰囲気の中に、男と女、生と死、そして老若を超えて、存在の震えるような鼓動を手繰り寄せる。その創造姿勢にはかなりユニークなものがある。流行に流されず、見映えのする舞台をつくらず、もとよりウケ狙いなどなく、武骨なまでまっすぐにテーマと四つに組む。今あるダンスカンパニーがなかなか達成できない舞台であった。彼らがなぜピーピング・トムを結成したのか。その必然が肌で感じられる初来日のインパクトが、いつまでも尾を引いた。

## 言葉のない暴力、セックス、リンチ――『ヴァンデンブランデン通り32番地』

三部作で注目を浴びたピーピング・トムの、つぎの作品『ヴァンデンブランデン通り32番地』（二〇〇九年）は、前作に劣らずセンセーショナルな話題作である。幸いこの作品も二〇一〇年に来日を果たした。これ以前に日本で公演された唯一の作品『Le Sous-sol（土の下）』では、びっしりと敷き詰めた土の上に繰り広げられる世界は死者たちの領域だった。『ヴァンデンブランデン通り32番地』においても、その極端な舞台設定にまず目を奪われる。床は一面氷雪におおわれていて、トレーラーハウスが下手と上手奥にそれぞれ一台ずつある。寒々としている。殺伐とした光景だ。

『ヴァンデンブランデン通り32番地』の着想を得たのは、意外なことに今村昌平監督の名作『楢山節考』（一九五八年）であったという。今村の映画の背景は信州山奥の寒村だが、こちらは現代の西ヨーロッパのどこかの街のはずれのようである。現在ベルギーの名監督ダルデンヌ兄弟による『ロゼッタ』（一九九九年）でも、無職でアル中の母と彼女を支え黙々と働く少女はトレーラーハウスに住んでいた。この場合、トレーラーハウスは決して裕福な階層のレジャーを示すものではない。それは、ポスト産業化社会が産み落とした貧困層のステレオタイプなのである。

今村の『楢山節考』で描かれた、隔離された土地の厳しい掟やあからさまな性の描写が、この舞台であるわけではない。しかし、言葉のない暴力、セックス、リンチ、シャリバリ（ヨーロッパの民衆文化にあった制裁行為）などを思わせる行為などが前景化する。冒頭からして衝撃的である。産み落としたばかりの乳児（恐らくは堕胎した子）を女が蹴飛ばしながら雪のなかに埋めている……。

ダンサーたちはトレーラーハウスに住み着いている住人たちという役回りで、柔軟な体を縦横無尽に使いこなしながら、ブレイクダンスのような激しい身体性を開示する。それが激しければ激しいほど、状況から逃れられない断末魔のようにも見える。逆にときには、エクスタシーが体を突き抜けるかのように苦痛と快感が表裏一体となる。妊娠している女を孕ませたのはあの男らしいとか、あの男はこの妊婦に気があるらしい……などの、隣人同士の人間関係が推測はできるが明確に示されるわけではない。この場所に流れ着いたアジア系の男二人（韓国人ダンサー）は、アクロバットの軟体技のようなテクニックを見せながら、隣人たちとの軋轢を表現する（非ヨーロッパ系の移民労働者を想起させる）。

今村の映画においても深沢七郎の原作においても、中心的なテーマである姥捨て伝説はこの舞台では扱われない。演出・振付のフランク・シャルティエとガブリエラ・カリーソは、映画にインスピレーションを得ながらも、出口のない閉鎖的な現実をオリジナルな手つきで描いてみせている。映画でもなく、演劇でもなく、なまの身体が語ることのみがすべての情景。そこに展開する対立、排除、孤立などのイメージは、「ヴァンデンブランデン通り32番地」という場所だけに生起するものではない。

発想は極めて限定的でローカルなものだが、成熟した欧米社会における貧富の格差、失業者、貧困層、移民労働者などの問題が日々クローズアップされる昨今、本作の内実はとくにヨーロッパの先進国の人々には共振するものがあるだろう。ただし、途上国の人たちがこの舞台をどう受け止めるのかは、推測できない。

## 妄想か、過去の記憶の投影か――『A Louer／フォー・レント』

本作が、ピーピング・トム来日公演（二〇一四年）の三作目となった意義は大きい。『Le Sous-sol（土の下）』『ヴァンデンブランデン通り32番地』の作風とは、相当に異質のものであるからだ。異色の作品をつくり続ける彼らが、本作で一体何をするのだろうかという好奇心がかきたてられる。

真紅のカーテンが背景に大きくぶらさがり、ゴージャスなソファが設置され、グランドピアノや立派な照明スタンドがある舞台は、一見、ブルジョワ的である。ただし作品タイトル『A Louer／フォー・レント』（賃貸物件）とあるように、家具には白い布が掛けられている。よく見ると玄関や扉などのつくりは意外に質素である。この部屋はすでにある役割を終えていて、今は新しい入居者を迎えるための暫定期間であるようだ。

同時にここに立ち現れる主要な人物たちも、人生のある段階をすでに経ているかのように見える。立派な屋敷にふさわしいいでたちの大柄の女主人（マリー・ジーゼルブレヒト）は、住み慣れたこの館を出ていくことになっている、という感じである。ここはもはや自分のものではない。過去の栄光も栄華も過ぎ去り、空虚感がただよう。記憶や妄想らしき奇妙な光景が、現実と交錯しながら次々に展開する。舞台が進行するにつれ、ここの登場人物たちの存在そのものが、まさに「フォー・レント」なのではないかと思えてくる。生きていることが、実体がない「仮のもの」なのである。

それでも登場する人物たちの動きに、ペシミスティックなムードや自己韜晦《とうかい》などはない。すべてのアクションは具体的であり、リアルである。ときに諧謔性や滑稽味を帯びていて、客席の笑いをとる。ピーピング・トムの面目躍如といったところである。下半身を軟体動物のような動き超絶技巧で歩く執事（キム・ソルジン）、屋敷に巣くうネズミたちのように、ソファの背後を這いずりまわる者たち、オペラ歌手の強力な歌声……。その他、ポルターガイスト現象か、幽霊の仕業かと思わせることが次々と起こる。これは女主人の妄想なのか、過去の記憶が屈折して投影されているだけなのか。

ピーピング・トム、つまり「ノゾキ屋」という自嘲的な名称を敢えて自らのカンパニー名とするこのグループの一連の仕事は、その言葉の俗っぽさとは裏腹にずっしりと重い。いずれの作品も現代の社会の根っこの部分に静かに潜行して、虚飾を排した身体性で向き合う。同じベルギーのダンスシーンで注目され続けるアラン・プラテルやニードカンパニーのヤン・ロワース等の影響も見えるが、ピーピング・トムの舞台の独自性は例がないだろう。ダンスから遠ざかることによりダンスを先鋭化する小さな集団である。

## 常軌を逸した老人ホーム――『ファーザー』

三年ぶりの来日作品となる『ファーザー』は、これまでのピーピング・トムの方向性と方法論がさらに深化した秀作だ。それを裏付けるように、ダンス作品に送られる栄誉ある賞をいくつも受賞している。舞台はヨーロッパのどこかの街のはずれに、忘れられたように佇む老人ホーム。少子高齢化が話題になり、高齢者の医療や介護や施設が政治課題である日本から見ても他人ごとではない。ただ、果たして老人ホームがどんなダンス作品になりうるのか。ピーピング・トムが生み出したのは、（これまでの作品もそうだったが）他のどんなカンパニーも、たとえ老人ホームを舞台にしたとしても、つくらないであろうと思わせる独創的な時空である。

「老人ホーム」という状況設定があり、そこに老父を預けにくる息子がいる。というと、演劇的な情景はわかりやすいし、観客は何かヒューマンなストーリーを期待し、あるいは老人ホーム内部の知られざる状況を訴えるという社会派的な側面を思い浮かべるかもしれない。しかし、それはピーピング・トムの方向性とは反対のところにある。この作品で起こるすべてのことが常軌を逸しているのだ。

だいたい、父をここに預けにくる息子も老人であり、しかもかなり変である。「月曜日にまた来るからね」と息子は父に繰り返し、自分はここに入所している者たちとは違うことを印象づけようとする。しかし彼はオムツを付けられ、オムツひとつの裸で踊りながら歌を歌うことになる。相当に長いモップで天井を掃除していたホームの所員たちは、今度はモップを老人たちに向け、追いつめて粗大ゴミのように扱う。そして所員らしい白衣の女たちが、突然気がふれたように床を這いつくばって激しく動く。同じくここで働いているらしいアジア系の男女は、関節が外れたような柔軟技で踊りだす。食事のときに長テーブルで運ばれてきた大鍋から、女が顔を出し、しゃべり始める……などなど。

本作は日本・ベルギー友好一五〇周年関連事業として、東京以外に豊岡、西宮、松本、大津などの各市でも上演された。そこで参加した地元の一〇名ほどの高齢者は、同じ舞台の上でこの奇妙な光景をどう見ていただろうか。そういう彼／彼女らも観客から見ればこの奇妙な軍団の一員として「見世物」になっていたのである。常識的な約束事を無効にし、果敢な挑戦をつづけるピーピング・トムである。

# 官能と戦慄が錯綜する――ジゼル・ヴィエンヌ

## 「人形劇」を遥かに超える

ジゼル・ヴィエンヌの作品を初めて見たのは、二〇一〇年のフェスティバル／トーキョー（F／T）で招聘された国際共同作品『こうしておまえは去る』だった。

舞台一面が、演技する場所もないほど「林」になっているのには驚いた。が、それ以上に心奪われたのはその作風。演劇でもなくダンスでもない。登場する人物たちの佇まいに漂う異様なまでの緊張感。時間の流れは、何かが起こりそうな予兆を孕み、そして何かが起こる。血を見たかもしれない。あとあとまでも尾を引く戦慄……。彼女の特異な才能に瞠目した。ひと言で言えば、猟奇的、暴力的、病的だが、透徹した眼差しで人間の闇の領域を見つめる。

ロマンティックバレエの代表作のタイトルロール「ジゼル」は美しく純粋、けなげで儚いけれど、同じ名をもつジゼル・ヴィエンヌがつくる世界は、その対極にある。作品から判断すると、インスタレーションを主に展開するアーティストかと想像したが、人形作家としての背景があることがわかり意外であった。そういえば舞台に人形もあった、というぐらいの印象しかないのだ。人形があっても「人形劇」などというものを遥かに超えている。パフォーマンスアートというのでもない。ひとつのジャンルに収まりきれない。

説得力のあるインスタレーションがある。そこに人形がいて、人物が行動し、照明がゆっくりと変容し、言葉や声が飛び、サウンドがかぶさる……。すべてが領域横断的にトータルに働きかける。ジゼル・ヴィエンヌの舞台では、どの人形の存在感も不気味なほどにリアルだ。しかし、不思議なことに人形そのもののイメージは次第に後退してゆく。形容しがたい暗雲が舞台に充満してきて、観客席を犯し始めるのだ。

ジゼル・ヴィエンヌの仕事は、舞踊、演劇、人形劇、パフォーマンスアート、インスタレーションなどのジャンルを往き来する。一九六〇年代からミクストメディアとかマルチメディアと言われる創作が増えてきたが、多くは意味を分散し、焦点をぼかし、多義的なイメージをつくることに費やされてきたように思える。それとは逆にジゼルの世界は偏向している。そしてわれわれが抱え込む異物が、白日のもとにさらされるような怖さと不安が漂い始める……。

## マネキンと殺人劇

二〇一四年に静岡県舞台芸術センター（SPAC）が招聘した二作品『Jerk』と『マネキンに恋して—シヨールーム・ダミーズ—』は、一筋縄では捉えられない特異なアーティスト、ジゼルを再確認するのに充分だった。

『マネキンに恋して』はマゾッホ『毛皮を着たヴィーナス』（一八七〇年）に触発され二〇〇一年につくられ、以来繰り返し上演されてきた彼女の出世作であり代表作でもある。登場するのは一人の男性と七人の女性（日本人ダンサー大石紗基子がそのひとり）。舞台背後に並ぶ椅子には、十数体のマネキンがさまざまな体勢で置かれていて、フリーズしてそこにいるダンサーたちと区別がつかない。超ミニのスカートにストッキング、あるいは下半身に密着したジーンズにピンヒールのダンサーたちは、キャットウォークのファッションモデルよろしく登場。今風でセクシーな女としてのジェンダーイメージを過剰にふりまく。その性のアイコンのような存在に翻弄される男。

いかにもありそうな光景だ。だが、ジゼルのやり方はまったく違う。終始、うねるように鳴りつづけるノイズ音は不安をかきたて、舞台全体を変容する照明は、非現実感を増してゆく。女たちは床をはい、転げ、椅子に横たわる。男と女たち、生のある女たちと生のないマネキンの女たち。支配と服従の関係は揺れ動き、次第に複雑な様相を呈する。そして、コケティッシュな女が突然、醜悪な仮面で出現し「シダクトレス（誘惑する女）」のポーズをとる。官能と戦慄は頂点に達し、「女」と「マネキン」が錯綜する。

「バレエ団」と名のつくところが、これほど異様なイメージが持続する舞台をつくったことがあっただろうか。ロレーヌ国立バレエ団による本作は、ダンス・クラシックの技法はほとんどつかわない。しかし、バレエで鍛えられた身体だからこそ醸しうる、鋭利な不気味さに満ちていた。ジゼル・ヴィエンヌ。彼女がもしロマンティックバレエのあの「ジゼル」なら、墓から蘇り現代に復讐しているのだろうか。ジェンダーイメージは攪乱され、スペクタクル性のなかに官能と戦慄、そして「滑稽」を漂わせる傑作だった。

それにしてもフランスではバレエ団が（しかも国立のバレエ団である）、ここまで大胆な挑戦をする。日本のバレエ団もフォーサイス作品を上演したりするなど「現代バレエ」をやらないことはないが、ジェゼル・ヴィエンヌの『マネキンに恋して』のような思い切った新作は見たことがない。古典バレエばかりでなく、ぜひこういう挑戦もたまにはしてほしい。「コンテンポラリー」であればいいというのではなく、あくまでも質を伴った挑戦する精神が必要である。

『Jerk』はバレエではなく、ひとりの人形使いによる人形劇。二七人の青年を強姦殺人したという実際に起きた異様な事件を下敷きにしている。ひとりのパフォーマーがグローブ（手袋）人形を使い分けながら演じてゆく。子どもに腹話術を見せるような偽りのエンターテインメントを装いつつ語られる残虐と暴力。このおぞましさはどうだろう。

## 腹話術師たち

さまざまな顔を見せるジゼル・ヴィエンヌは二〇一七年、異色の演劇的な舞台をもって来日した。『腹話術師たち、口角泡を飛ばす』である（静岡県舞台芸術センター）。『Jerk』の原作者でもあるデニス・クーパーが出演者との共同作業から脚本をつくった。九名の腹話術師たちが一年に一度集まるシンポジウムというのが背景である。これは空想の物語というのではなく、アメリカのケンタッキー州で毎年開催される国際的な腹話術師たちの会議から発想を得たという。かなり濃いキャラの腹話術師たちと、さらに輪をかけて強い個性を見せる人形たちがいる。

「腹話術」といえば身近なところでは、いっこく堂の唇を動かさずに何体もの人形を使い分ける鮮やかなテクニックに親しんでいるし、アメリカには歴史に残る腹話術師エドガー・バーゲンがいる。バーゲンの魅力的な腹話術は、幸いにも銀幕のなかに見ることができる（とくに当時の有名なコメディアン、W・C・フィールズと共演した『あきれたサーカス』一九三九年、が出色）。いっこく堂でもバーゲンでも例にもれないが、腹話術というのはひとりの腹話術師が一体か複数の人形を扱うというのがふつうである。

そう考えると九名ものの腹話術師が、それぞれの人形たちと一緒に同じ舞台にいるという設定自体が、最初から観客を困惑させるのである。舞台の上には腹話術師と人形の数だけの人格が存在するのだろうか。いや、事態はそれよりもっと複雑だ。「腹話術師」という職業をもつ、生の人間たちもいるのである。それに輪をかけ誰のものともわからない第三の言葉がどこからともなく聞こえてきたりもして、ますます舞台も観客も困乱の極みに導かれる。この異様な状況が浮かび上がるテキストをつくったデニス・クーパーの仕事は、見事というしかない。

ごく一般的に言って、観客が腹話術を楽しむ楽しみ方というのは、腹話術師と人形とのあいだの、噛みあったり噛みあわなかったりの受け答えである。人形があたかも独立したキャラクターであるかのように、当意即妙の機転と滑稽があるほど、観客は満足するのである。人形たちが個性的であるのはもちろんだが、彼ら自身では存在しえず、人形たちは絶えず腹話術師たちにより息を吹きこまれる悲しい存在である。人形はもうひとりの分裂した腹話術師でもあるのだ。ある種の儀礼的な社交性をもって会議は始まる。そんなありがちな表層の下で、頭をもたげようと何やら蠢いているものが……。その不吉なものは何なのだろう。人形たちはヒトガタとなり、闇の領域をおびき寄せるのである。

# 「死者でございます」——大野一雄

## 「お前は誰だ　死者でございます　虫や蝶を食べに行くのか[注]」

暗黒舞踏の始祖であり、思想のうえでも活動のうえでも中核にいたのは天才土方巽《たつみ》である。モダンダンサーとして踊っていた大野一雄の無二の魅力を見抜き、六〇年代に彼を舞踏に巻き込んでいったのも、他ならぬ土方であった。東北から上京したばかりの新参者であり、まだ世間にその名をまったく知られていない土方は、一観客として大野一雄の踊りを観ている。神田共立講堂での第一回大野一雄舞踊公演（一九四九年）である。二〇代初めの青年土方に、シュミーズ一枚で踊る四〇代の大野一雄の異形はかなり衝撃的であったようだ。土方は、それを何年たっても脳裡から消えることのない「薬品ダンス」と呼び、それが後になってひと匙で人を痺れさす「劇薬ダンス」に変貌したと語っている。

何百年かのスパンで舞踊史を俯瞰したとき、土方巽その人こそ、舞踊というムーヴメントに対して、そして身体というモノに対して、まぎれもなく「劇薬」のように働きかけ世界の創作舞踊の流れに大きな一石を投じた張本人である。その土方が「劇薬ダンス」と呼ぶほどの危うさを、モダンダンサーとしての大野がもっていたということである。土方が振り付けて自らも踊った『禁色』（一九五九年）は、舞踏の嚆矢といわれる。この作品に土方は大野の息子の慶人をつかった。大野慶人にとっても「舞踏家」としての事実上のデビュー作である。大野父子と土方との深く長い関係が始まり、それが（モダンダンサーでなく）「舞踏家・大野一雄」を育んでいった。

大野は土方をどう思っていたのか。大野と土方の関係はどうだったのか。そのことを知りたくて、大野にいろいろ質問をしたことがある。一九七〇年代、身体の古層に下降し己が身を削りながら、より定着性のある舞踏のフォルムを希求していた土方と、いかなるかたちからも離れて情感に導かれるままに感興を肌で感じつつ舞台に立っていた大野とでは、同じ「舞踏」といえどもかなり離れた地点にいたはずだ。中村文昭は両者の舞踏の隔たりについて次のように述べている。

> 再度言えば、土方巽の舞踏も大野一雄の舞踏も同じ情熱と意志でできあがっている。しかし、結果、両雄の舞踏は決定的にちがう。先のアフォリズムを一読しても差は微妙なものでしかない。しかし、この微妙な差が、土方をして様式舞踏、大野をして即興舞踏にしている。命＝形、形＝命だが、両雄はそのプロセスがちがう。大野一雄の即興舞踏は技巧拒否で、その徹底ぶりは信仰といってよいほどだ。
>
> （中略）
>
> これにたいし、土方巽は形にこだわる。彼の言う形は既成の形式ではない。まさに命と抜きさしならない形である。人の数だけ肉体はちがう。肉体一つ一つが個性をもち、特殊な形を宝のように秘めている。それは既成服のように一般化できない。その形を肉体からあぶりだすことこそ舞踏のための本当の技術でなければならない。この考えを方法化し、様式化していく試みが土方の様式舞踏である
>
> 中村文昭「舞踏のおしえ　大野一雄と舞踏史」『天人戯楽：大野一雄の世界』立木鷹志編、青弓社、一九九三年、二一〇～二一一頁

大野が土方巽のことを話すときには、ずっと年下の土方に対していつも畏敬と愛情が込められていた。わ

たし自身が大野から直接聞いた土方とのつながりを示す言葉のなかで、とくに強く印象に残るのは大野が一九六〇年、ジャン・ジュネの『花のノートルダム』による『ディヴィーヌ』で女装の男娼を踊ったときのことである。

石井　大野さんの初めの頃の舞踊の訓練というのは、いわゆる当時のモダンダンスだったわけですが、一九五〇年代になって土方に出会って、その後一緒に仕事をするようになりますね。土方は、大野さんがそれまで受けたモダンダンスの訓練とか考え方とは、かなり異質のものを持っていたのではないかと思います。大野さん自身の体験として土方との出会いをどのように受け止めていますか。

大野　土方さんがジャン・ジュネの『花のノートルダム』をやるって言ってね。わたしに男娼をやれって言うんですよ。わたしは、ジュネといっても何も読んでなくて、『泥棒日記』を書いた人というくらいの知識しかなかった。（中略）赤っぽいレンガ色のシャツを着て、ネグリジェを着てね。何をやっていたのか、無我夢中ですよ。その格好で舞台に向かって客席の真ん中を歩いて行ったんです。自分で何をやっているのかわからないけれど、死と生のはざまを歩いているという感じがしたんです。

石井　「死と生のはざまを歩く」というのは、土方がそう言ったんですか。

大野　いえいえ、わたしがそう感じたんです。

石井　じゃあ、それは、大野さんの人生のなかでも強烈な印象を残しましたか。

大野　一番の強烈なものですよ。それが、もとですね。

石井　大野さんの今の舞踏の？

大野　そう、わたしの踊りの原点ですよ。

（中略）

石井　『花のノートルダム』には、それまで大野さんが稽古していたテクニックだけでは、どうにもならないものがあったんですね。
大野　それを超えたところですよ。
石井　それは大野さんにとって、ひとつの大きな転機ですね。
大野　そうです。それが、一番の転機です。

石井達朗『アウラを放つ闇：身体行為のスピリット・ジャーニー』ＰＡＲＣＯ出版、一九九三年、二九九〜三〇〇頁

そしてこのとき大野は念を押すように、「土方さんと出会ってネグリジェを着せられて、世界が裏返しになったように変わってしまった」と断言した（同、三〇一頁）。中村の言うように土方も大野も舞踏に対して同じ意志と情熱をもっていたのだろうが、それらを支える謀略をもち挑発的な策士でもあった土方と比べると六〇年代の大野には純粋で受動的な感じすらある。しかしここまで天衣無縫な素地があったからこそ、大野は土方との出会いをきっかけにして誰も模倣できない領野に向けてゆっくりと変貌を遂げてゆくのである。

一九七二年、土方巽が彼の創作活動の頂点といえるばかりでなく、舞踏の歴史にエポックをしるす『四季のための二十七晩』を発表し、六〇年代に培った猥雑なまでの実験精神を「様式」に形象化していったころ、逆に大野には積極的な活動の足跡が見えない。長野千秋による映画『Ｏ氏の肖像』（一九六九年）『Ｏ氏の曼荼羅』（一九七一年）などの撮影を除くと、全面的にとはいえないが、大野はむしろダンスから退いていたように思える。そんな大野を再び舞台に引き戻し、後の「世界の大野一雄」の礎を築いたのは、土方巽演出による『ラ・アルヘンチーナ頌』（一九七七年）である。このとき、大野は七一歳になったばかりである。齢七

〇を超えて獲得した「新生」。大野はまるで新人のように、舞踏の新境地に飛び立った。『ラ・アルヘンチーナ頌』後の大野の内外における活動は、周知のとおりである。

## 心身脱落

九〇年代前半、年末になると横浜の上星川の大野宅を訪ね、時間が経つのを忘れて話し込んだ。そのころ、世間の常識からいえば高齢ではあったが、書斎のあちこちから本や画集や太いマジックペンで書いた自分のノート類などを取り出して精力的にしゃべる大野は、老いと無縁だった。コーヒーには白砂糖を何匙《さじ》も入れ、夕食ではトンカツの脂身が大好きだった。チエ夫人が「この人、味の濃いのとか脂身が好きで……」と苦笑していた。そんな雑談中に、大野が書棚から取り出した夏目漱石の『夢十夜』（一九〇八年）や辻惟雄の評論『奇想の系譜』（一九七〇年）などを記憶している。『夢十夜』は百年前に死んだ人の魂が一輪の花になって戻ってきて、その白い花弁に接吻するという物語。大野はあたかもそれが自分のことであるかのように語り、フランスでの公演のときその花をどうにかして踊りで表現しようと思ったが駄目だったと嘆息した。

大野の部屋の壁にひときわ目立つ、額に入った大きな書があった。そこには力強い筆致で「心身脱落」と書かれている。孤高の俳人・永田耕衣（一九〇〇〜一九九八年）の書である（いつのころからか、この書は稽古場に移されていた）。大野はこの書が大変気に入り、「体が疲労困憊・心身脱落するところまで行って、それでもなお踊ろうというときに、初めていい踊りができるんですよ」と、口角泡を飛ばさんばかりにエネルギッシュにしゃべった。

大野との話でいつも感心したのは、彼のイメージの渦巻くような豊かさとその奔放さである。精子・卵子や一匹の虫ケラのことから冥王星や宇宙開闢《かいびゃく》の話に至るまで、言葉は奔流となり溢れ出る。大野の心は、その一つひとつのイメージを放し飼いにしておく垣根のない庭園のようだった。大野の踊りは、充満したそんな過剰なイメージを多少なりとも体から抜くためなのでは……と邪推したくもなったものである

死者たちもまた、庭園のなかで踊っていた。野に咲く一輪の花を摘み取るような現実的な話もしたが、それと同じようなリアリティをもって、胎児の記憶をまさぐったり、いきなり冥土の死者たちを抱き寄せるような話をして、「死者たちもまた成長するんですよ」と繰り返した。死者たちとは舞姫アルヘンチーナであり、函館で電車に轢かれて死んだ妹であり、中学一年の大野に抱かれて死んだ弟であり、「わたしの体のなかをカレイが泳いでいる」と臨終でつぶやいた母であり、そして土方巽であった。

大野はまた「想いがなければ、生きるに値しない」とも語った。この言葉を大野はいろいろなところで発している。わたしには「生きるに値しない」は「踊るに値しない」と言っているように聞こえた。一九八五年の作品『死海—ウインナーワルツと幽霊』について次の文がある。

痛むばかりの想い、私は幽霊となって、幽霊の姿をかりて幽霊と出会いたい、その手を幽霊に差し伸べ捜し当てなければならない。

『舞踏譜　御殿、空を飛ぶ。』思潮社、一四七頁

過剰なまでの「想い」が大野をして赤子のように無垢で無防備に体を動かすことに駆り立てる。大野の踊りをとおしても彼の語りをとおしても、「想い」はあまりに直截なものである。これがたんなる感情移入過多の踊りになってしまっては、観客からすれば見るに耐えないものになるだろう。大野が決してそうならなかったのは、どこかで自分をコントロールしていたことと、彼の表現に特有のある種の自己戯画化があった

からではないかと思う。大野は、

私は舞踏の中で、しゃべり過ぎないように手の動きに特に気を使っている

同、一一九頁

と、自分の「想い」の過剰さだけが独り歩きしないよう、いましめてもいる。

大野一雄のこれだけの「想い」。では土方はどうだったのだろうかと推測してみるが、こちらはわかりにくい。おそらく土方にとっての「想い」とは、いつも肉付けされるのを待ちつづける骨格のようなものだったろう。それが「舞踏譜」と呼ばれるものだ。土方の舞踏譜は、ひきつったような顔の表情から、首、胴体、腰、膝、肘、そして足の裏までを含めた全身の動態を喚起する詩人の言葉に変容する。大野にも「舞踏譜」があったが、それは大野自身のものであり、他の誰の動きにも還元できないものである。それは動きの断片を呼び起こすものであるよりは、大野が舞台に立つ時間と空間の姿を体の芯から支える私的なノートのようなものだった。

大野の「想い」は抑えられることも利用されることもなく、ただ観客と分かち合うように全身から解き放たれていた。わたしは、大野が、ブラジル、イスラエル、フランスなどで行なった公演の模様を、事細かに話すのを何度か聴いた。大野はすでに公演し終わった作品の内容についてはほとんど語らないのだが、公演中や公演後の観客の反応についてはじつに鮮明に記憶していて、熱弁をふるった。土方から「新生」のための洗礼を受けた大野は、さまざまな地域の多様な観客の息遣いをいつまでも身に纏っていたのだ。

## 大野一雄と土方巽

『ラ・アルヘンチーナ頌』以降の大野は明確に土方とは異なる道を歩み始める。今ここにある想いが導いてくれる感興をなによりも慈しむように踊ることである。大野をまのあたりに見る僥倖に恵まれた世界中の人々は、このアウラにすっかり囚われてしまう。虚飾もなく粉飾もなく、裸形の素のままの生命が光につつまれる。大野の舞踏を見たあとは、言葉はいっさい力を失い、ともにその時空を共有する喜びだけが残った。

土方巽が亡くなる前年の一九八五年、『東北歌舞伎計画』と銘打って振付けた一連の四作品には、「歌舞伎」という言葉をつかっていることからもわかるように、彼が長年培ってきた舞踏をある種の様式に定着させようとする意図が感じられる。ただしそれは彼が「衰弱体の採集」と呼ぶところの前人未到のフォルムである。それに対して大野はますます永遠にフォルムなきところに、踊る技術などというものが霧消する領野に向けて羽ばたいていた。土方巽という触媒と交錯することにより、「劇薬」が大野の肉体の隅々にまで浸透していたのだ。あとはただ神によって操つられるように踊るだけである。

大野一雄は歳をとるごとに命の輝きを増していった。九〇歳前後になるとさすがに、体は以前のようには動かなかったが、まるで音楽の波動が胴体を流れて、あの長い指の先から宙に向けてすり抜けるようであった。わたしはかつてマーサ・グラハムが八六歳のときに振り付けた作品『光のはたらき』（一九八一年）が、彼女の若いころの作品と違い、あまりに自由で瑞々しいのに感激した記憶がある。齢と共に身と心を隔てるものが消え、かつてなかったような創造性を発揮できる潜在能力を人は備えている。老いというものについての諸々の常套的な言説にわれわれは意味もなく囚われてはいないだろうか。

世阿弥は『風姿花伝』（一五世紀）のなかで、「しほれとたると申すこと、花よりもなほ上のことにも申しつべし。花なくしては、しほれどころ無益なり。それはしめりたるになるべし。花のしほれたらんこそ面白けれ」と、「しおれ」を「花」よりもさらに上の芸態としている。大野は、戦争体験、体操教師としての体験、キリスト教徒としての信仰、モダンダンス、そして舞踏……などをとおして、齢を重ねながら、自ずと世阿弥のいう花としおれを同居させうるような作風を樹立していったといえる。それはもはや「舞踏」ではなく、もとよりモダンダンスに後退するわけでもなく、大野一雄のダンスに他ならない。「舞踏家」ではなく、無二の「舞踊家・大野一雄」をわたしはずっと記憶している。

【注】

『舞踏譜 御殿、空を飛ぶ。』思潮社、一九九二年、一二四頁

# 不条理な常闇《とこやみ》がくすぶる――勅使川原《てしがわら》三郎

## 言葉のなかの骨

「私は、私の体のなかにひとりの姉を住まわせている。私が舞踊作品を作るべく熱中するとき、私の体のなかの闇黒《やみ》をむしって、彼女はそれを必要以上に食べてしまうのだ」という土方巽のことばがよく思い浮かぶ。舞踊家たちはことばのない沈黙の世界に生きて、沈黙の表現をしているわけではない。むしろその逆である。稀有な舞踊家であるほど、凡百の常識を遥かに超えたところでことばと身体とを往還しつづけている。そしてその不可解なつながりを、血や肉としているのだ。ことばは皮膚の内側で飼いならされ、皮膚のうえを汗となって転げ落ちる。

土方巽とジャン・ジュネやアントナン・アルトー、笠井叡とルドルフ・シュタイナーなどの例を出すまでもなく、舞踊家たちにとってことばは、身体を突き動かすマグマとなる。舞踊家たちは肉体の表現者であるばかりではない。彼／彼女らは皆、突出したことばの表現者でもあるのだ。そのことばの跳躍ぶりは詩人をも怖れさせるにちがいない。ニジンスキーの手記（一九一九年）、土方巽の『病める舞姫』（一九八三年）や舞踏譜と呼ばれるもの、マーサ・グラハムの『血の記憶』（一九九一年）、笠井叡のいくつもの著作（最近のものでは『カラダという書物』二〇一一年、『カラダと生命』二〇一六年）、そしてタイトルからして「奇書」として運命づけられた大部の『金鱗の鰓を取り置く術』（二〇一七年）、二〇一五年にメキシコで急死した室伏鴻は、生涯にわたり膨大な備忘録を書きしるしていて、後に『室伏鴻集成』(二〇一八年)として出版された。国際的に影響を与え続ける大野一雄はことばの人でもあり、夥しいことばの数々を残し、数多くの書物となり刊行されている。

恐らく天才的なパフォーマーであったに違いない能の開祖・世阿弥の『風姿花伝』『花鏡』などの能芸論は、卓越した演技論であるだけに留まらず、日本の美学の頂点を極める。

現在、内外の舞踊界でもっとも先鋭的な活動をつづける勅使川原三郎もまた、ことばと身体との特異な関係をとり結んでいる。一九九一年に初演され、その後世界各地で公演されている『Bones in Pages』は、壁という壁が書物で埋め尽くされた舞台に驚かされたが、この Pages は Words、すなわちことばのはずである。タイトルの「頁のなかの骨」とは「言葉のなかの骨」であるだろう。「骨」とは、勅使川原自身の骨のように思える。勅使川原が一九九四年に著した書物のタイトルも『骨と空気』という。この本のなかで勅使川原は、ダンスに対峙して異色の言語世界を紡いでいる。その一文にこうある。「語ることを少なくして俳句のようになるのではなく動くことで意味を越えなければ」。ことばでなく、動くことにより、終始呪縛されている言語世界を越えるということだろう。身体の表現者としての原点を衝く一文である。

東京に活動拠点アパラタスを創設してからの勅使川原は、この小スペースでの公演後には必ず舞台から観客に語りかける。踊ることばかりでなく、踊りをつくることばにも力を注いでいるのだ。踊り終わったあとには、ひと皮むけた肉体が新しいことばを押し出しているようにも見える。それにしても一時間近く踊り続けたあと、汗をぬぐう間をおしむように舞台に出てきて観客に語りかける姿は尋常ではない。肉体のダンスのあとは、衒いのないことばが、薄明かりのなかでもうひとつのダンスを踊っているのだ。

ことばと勅使川原作品ということでは、ロベルト・ムージルの未完の長編『特性のない男』(一九五二年)

から想を得た『ない男』（二〇〇八年）という作品があった。これは「身体実験劇場」と評した文字通りの実験作だが、ことばと身体とを拮抗させる試みは充分に効を奏していたとは言えない。しかし稲垣足穂の『弥勒』（一九四六年）からのインスピレーション漂うソロ『ミロク MIROKU』（二〇〇七年）では、言語が消滅し、遥かかなたのエフェメラな存在者と一体化するように、彼の繊細な手つきが震えるような波動をつくった。『特性のない男』にしろ『弥勒』にしろ、小説好きでないときちんと読破するのは尻込みするであろう難物である。

## シュルツ三部作へ

勅使川原は、二〇一三年、ブルーノ・シュルツの小説による三部作『春、一夜にして』『ドドと気違いたち』『第二の秋』をそれぞれ三月、六月、九月に発表する。シュルツはポーランドのユダヤ系作家で、ナチのゲシュタポに路上で狙撃され無残な死を遂げた。シュルツの作品は「短編」とはいえ、ムージルや稲垣に優るとも劣らぬ、まとわりつくような複雑な文体が展開する。その世界はフィクションでしか構築しえない異様な感覚に満ちている。たとえば、『春、一夜にして』の土台になっている『春』からの一節は、こんな調子である。

世界から切り離されて、深い内省へと遠く迷い込んでゆき、自我へ復帰する旅——そのときもわれわれは見ている、閉じた瞼《まぶた》の下ではっきり物を見ている、なぜなら、物思いはわれわれの内部の付木《つけぎ》によって燃え、長い火縄に沿って結び目ごとに明るく灯りちらちらと光りながらくすぶりつづけるのだから。

ブルーノ・シュルツ『シュルツ全小説』工藤幸雄訳、平凡社、二〇一〇年、二〇七〜八頁この異色・異端の宇宙をポーランド語から日本語に翻訳した工藤幸雄のことばもまた、圧倒されるほどに素晴らしい。シュルツが工藤に憑き物のように取り憑いていたとしか思えない。あるいは、工藤は翻訳者であることをとおりこして、シュルツの生れ変わりであるに違いないと信じたくなるほどだ。ポーランド語に堪能な者であっても、シュルツの入り組んだ文学的な言語世界は常軌を逸するほど難解なのではないか。そしてシュルツの血は、翻訳家工藤の毛細血管をとおして、舞踊家勅使川原のそれに流れてゆくのである。

## 春、夏、秋

『春、一夜にして』は、まさに東京に春の気配が感じられる三月初めに、両国のシアターχ（カイ）で公演された。舞台は春うららかな感じとはほど遠く、むしろ不気味である。その不気味さ加減は、勅使川原によるシュルツ三部作の嚆矢を飾るにふさわしい。白いドレスの佐東利穂子が舞台中央に立ちフリーズしたまま動かない。勅使川原は醜悪な面（ゴムかラテックスのようなものを頭からすっぽり貼付けているようだ）をつけて崩れるような仕種を繰り返す。糸を失った操り人形のようである。自分に一向に関心を示さぬ女性に、醜男《ぶおとこ》が力をつくして滑稽さを演じているという風情である。他に三名のダンサーがキャラクター色を濃く出しながら、脇役として奇異な情景を盛り上げる。音楽はいっさいつかわず、代わりに風の音や雷鳴がとどろく。そんななかで強烈な異物感を発する勅使川原の身体である。最後に自らの頭に弾丸を撃ち込み、この「異物」は消滅する。T・S・エリオットの『荒地』（一九二二年）の冒頭、「四月は残酷な月だ」を思い出した。

この残酷なカリカチュア感覚は、『ドドと気違いたち』にも引き継がれている。『春、一夜にして』と同じく、小説の朗読が流れる。これは勅使川原による抜粋であり、舞台の進行を説明するような性質のものではない。しかし『ドド』のほうが『春』よりも演劇的な印象を与えたのは、ドド（勅使川原）が散歩に出かける様子などが、ある種のコミックな感覚をもって演じられていたからだ。まわりの黒子のような者たちが、勅使川原の人形振りふうのカクカクした動きを引き立てる。ドドが滑稽であればあるほど、周囲の家族らしい者たちからのドドの弧絶感は深まるばかりである。

『第二の秋』がこれらの二作とはだいぶ違った印象を受けたのは、まずシアターχという小劇場で上演された二作に対して、これが東京芸術劇場のプレイハウスという大きな舞台空間に乗せられたことだ。そしてなによりナレーション入りの前二作とは異なり、本作ではまったくことばがつかわれない。純粋なダンス作品としての公演である。背景にある、ムンクの絵のどんよりした空を思わせる美術が、客席にまで漂ってくる。舞台美術だけで、すでにシュルツの世界に切迫しているのだ。

ダンサーたちは、シュルツの言語世界に対峙するのではなく、それを体内で昇華し具象化しているかのように、叙情と孤愁をただよわせる。紗幕に映る、うつろいゆく雲の流れ、霞んだ太陽のような輪。その下で、時に意思を剝奪されたマリオネットよろしく動く勅使川原と佐東。バッハの『平均律クラヴィーア』がライトモチーフのように流れ、ノイズが不安定に低く響く（ただし『平均律クラヴィーア』が繰り返されて聞こえてくると、シュルツの小説世界とは、どこかしらずれてゆくような感じがした）。二人のダンサーの体がゆっくりとかしぎ、重心が静かに移動する。寂寥感のなかで、世界とのつながりを手繰り寄せているかのようだ。しかし、秋は妄執のように二人をとらえて離さない。

ブルーノ・シュルツの異色の言語世界に基づいた三つの作品をとおして、佐東利穂子が勅使川原とは異なった身体のアウトラインを舞台でえがき、存在感を鮮明にしていたのが印象に残る。勅使川原は、以前よく見られた柔らかく空気を抱え込むような動きよりも、関節がはずれたような独特の人形振りの動態が、身体の物質感を深めていた。ブルーノ・シュルツのことばが勅使川原の身体と共振し、身体が動くと舞台の空気も動いた。そして現実とも幻想ともつかぬ、違和感覚に満ちた世界が朝靄《あさもや》のようにただよい始める。そこに切れ目を入れれば、不条理な常闇《とこやみ》が吹き出してきそうだ。

# 多様な表象が揺らめく水晶宮——山口小夜子

## 「山口小夜子」という存在

山口小夜子は、水晶宮のような人だった。水晶の美しさはあっても、それは無色透明。だからこそ、そこにさまざまな色を透過させることができる。小夜子さんは、自分自身が創造の対象であり、創造のツールでもあった。それが山口小夜子に対して、わたしがいまだに持っている印象である。

ファッションモデルとしての全盛期、世界のトップモデルであったころ、彼女はカジュアルな衣服からエスニックなもの、そしてプレタポルテからオートクチュールに至るまで、多彩なファッションによって着せかえられていた。同時に化粧・髪型から靴・マニキュア・マスカラに至るまで、あらゆる方法で小夜子さん本来の透明さに、微細な表情がつけられてゆく。しかし、「仕事」としてどんな衣装や装身具が与えられようと、小夜子さんは決して受け身にならずに、自分流をとおしていたように思える。彼女はマネキンモデルには決してならない、というより、なれないのだ。

彼女はいつも「山口小夜子」であった。そしてそこが東洋西洋を超えた、彼女の本当の魅力である。欧米のモデル業界の山口小夜子に対する賞賛は、よく言われるように、オリエンタリズムやエキゾチシズムも当初はあったかもしれないが、それだけであるならば、そんな女性は山口小夜子でなくてもほかにたくさんいただろう。彼女がある時代の寵児になりえた本当の理由は、彼女が自分を見つめ、自分をつくり、自己を演出する個性と感性の持ち主だからである。そのことにより山口小夜子はいつも賞賛ばかりでなく、快いリスペクトを抱かれていたのだ。

スーパーモデルと言われながらも、人気に溺れず、奢らない。ふだんの生活では、彼女はブランド物を身につけて歩くことには、およそ興味がなかった。「山口小夜子」という自身のファッションで生きていたのだ。

水晶体のような自分に色をつけ、自分を創ってゆく——そこにはまるで真っ白な壁にフレスコ画を描いてゆくような喜びもあっただろうし、職人気質の技もあったはずである。それは、一言でいえば「ジェンダー・マスカレード」とも呼びたくなるものだ。女性が「女性」というジェンダーを装い、「女性」をつくりあげる。それは手練の人形師が、美しい人形をこつこつとつくりあげてゆく作業に似ている。Tシャツの下の鍛えあげた大胸筋や上腕二頭筋を誇示する男性、あるいは大げさなマスカラや化粧なしでは外出できなくなってしまった女性がいるとすれば、それらもある種のジェンダー・マスカレードには違いない。しかし山口小夜子はちがう。彼女は抜きん出て透明でほっそりした身体に、幼少のときからまるで他人の体に施すように、すこしずついろいろな彩色を試みていった。それは「女」というジェンダーに色々な色を塗ってみる、きわめて意識化された作業だった。

わたしがそう思うようになったのには、ひとつのきっかけがある。わたしと小夜子さんは、東京の中央を循環するJR山手線の目黒駅近辺に住んでいた。小夜子さんは山手線の内側、わたしは逆にずっと外側の方である。そんなこともあり、あるダンス公演で顔をあわせたとき「今度、互いの地元の目黒でビールでも……」という話をしていた。幸いそれは社交辞令に留まらずに実現した。ある晩、目黒の自然教育園のそばのスーパーマーケットの入り口で待ち合わせた。小夜子さんは、東南アジアふうでもあり、中近東をも思わせる独特のファッションで現われる。パッと見た感じはモロッコふうだろうか。あの顔立ちと見慣れないお洒落でとても目立つのだが、決して派手ではない。近くの小洒落たバーでビールを飲みながら話しこむことになる。

小夜子さんは、子どものころの話をたくさんしてくれた。衒いのない静かな話し方。多少早口に、ちょっと低いけれど張りのある声で、滑舌が爽やかだ。どんなエピソードもとても率直に話す。いま思い返してみると、なんという贅沢な時間だったのだろう。話の一つひとつはとても興味深いものだったが、そのディテールまでは思い出せない。ただ全体は、幼い頃からシャイで、自分から活発に人付き合いをするというタイプとはほど遠かったということ。おまけに痩せていて体が弱く、家に閉じこもりがちだったこと。それがコンプレックスでもあり、その結果、ひとりでいろいろな役柄をつくり「一人ママゴト」か「一人芝居」をやるように遊ぶことが多かったこと……などというような内容だった。具体的なエピソードがそこにいろいろ挿入されていたと思う。

自分の子ども時代をきのうのことのように語る記憶力のみならず、冷静な分析力には驚いた。そこにはちょっと引きこもりふうなところも、対人恐怖とまではいかないが、見知らぬ人と接するのが極端に苦手というところもあったのだろう。あるいは、ある種の自意識過剰もあったのかもしれない。でも、そんなことより何より感心したのが、冒頭に述べた水晶宮のような彼女の存在感である。

外界のいろいろなことを感性豊かに感じながらも、それに流されたり溺れたりすることなく、子ども時代から思春期に向けて、そしてモデルとして活躍する大人の時代に向けて、彼女はわれわれの知る「山口小夜子」をつくりあげていったのだ。国際的に著名なファッションモデルとしての仕事を退いてからのデザイナー、ダンサー、パフォーマー、ナレーター、女優としての活動も、自身を創造するという終わることのない作業の延長線上にある。

## 勅使川原三郎と天児牛大《あまがつうしお》

まさにその延長線のほうが、スーパーモデルとしての山口小夜子よりずっと長いのである。枚挙に暇がない彼女の仕事のなかで、わたしが実際に見ているダンサー、パフォーマーとしての彼女の舞台は多くはない。それらは決して人気モデルが欲張って舞台で踊りたくて……などというものではなかった。彼女の類い稀な探究心と集中力、しかも過剰にならずに冷静に長身痩軀をコントロールする身体性は、他のダンサーや俳優と異なる独特のオーラを発していた。小夜子さんは、自分の情緒に没入し、喜怒哀楽を巧みに操りながら観客を巻き込むようなことはできないし、する気もなかったろう。山口小夜子は、鉱物質のような美しい無表情のなかに、多様な表象をいつもまとっていたのだ。

山口小夜子にとって、一九八八年に勅使川原三郎と踊った『夜の思想』は、舞台のパフォーマーとして、それ以前とそれ以降をつなぐ活動のエポックになっているのではないかと想像できる。八五年にKARASを結成し、翌八六年に国際的な振付コンクール、バニョレで受賞した勅使川原は、石井漠以来のモダンダンスとは異なる、ソリッドで鋭角的な動きと柔らかい身体性を混在させる無二の技法により、後に世界のダンス界のトップランナーになる素地をつくりつつあった。舞踏の始祖である土方巽は八六年に死去し、ダンスシーンに「コンテンポラリー」という言葉を呼び起こす前兆のようなうねりが起こりつつあったころに、この『夜の思想』が生まれたのだ。小夜子さんは、当然のことながら勅使川原のようには踊れない。しかし勅使川原から学んだことを忠実にこなしながらも、彼とは異なる不可思議な存在感を漂わせていて、この二人のコントラストから眼が離せなくなる。

一九九三年には、勅使川原三郎が一躍世界のダンス界に躍り出る『Noject（改訂版）』にも出演している。『Noject』はダムタイプの『S／N』（一九九二年）と並び、九〇年代前半の日本から生まれ、国際的にも衝撃を与えた傑出した作品である。無機質な鉄板に囲まれた舞台で展開する舞踊は、終末論的な暗さに満ちている。数名のダンサーが登場するが、ここでも小夜子さんは、勅使川原と並び独自の光彩を放っている。九三年は勅使川原と小夜子さんにとって特別な年であるらしく、『T-CITY』という映像作品も、勅使川原自らが監督してつくっている。舞台の記録映像ということではなく、ダンスを自立した映像作品として制作する「ビデオダンス」という領域は、今ではグローバルに定着しているが、この時期に日本から生まれたものとしては先駆的である。小夜子さんは三人の登場人物のひとりで、「線に捕えられた女」と名づけられ、ほっそりとした長身が「線」に絡むという抽象的な役回りである。勅使川原が、山口小夜子の資質をよく知ったうえでつくっているのがよくわかる。ここで「線」と戯れる彼女の姿は、他のダンサーでは代役の利かない小夜子ワールドを醸している。

山口小夜子が関わった舞踊家や演劇人、その他のジャンルのアーティストたちは数多く、そういう関わりから生まれた作品は、小規模のものまで含めれば相当な数にのぼるはずである。それは一回きりの、仕事のためだけのお付き合いの時もあれば、波長のあう人であれば長い年月に及ぶこともある。そんな数多くの交友関係のなかで、亡くなるまで長きにわたり友人としてもアーティストとしても彼女がもっとも信頼を置いていた一人が、山海塾を率いる天児牛大ではないだろうか（一九八六年には『月　小夜子／山海塾』という天児が関わった写真集・ビデオ作品がある）。三〇数年にわたり世界の数百都市で公演し、北欧から南米にいたるまで広まっている舞踏のグローバル化にもっとも貢献しているのが、山海塾である。天児は絶後の表現者土方巽が撒いた種を、揺るぎのない方法論で結実させている。それは誰の模倣でもなく天児独自のものだ。

孤立無援から出発し世界と向き合いながら仕事をする天児に、小夜子さんは自分自身とつながる何かを感じていたのだろうか。

今世紀になってからは、東京の日蓮宗総本山池上本門寺の大きな境内で行なった、小夜子さんの『月かがみ』（二〇〇二年）が強く印象に残る。それが天児牛大の演出振付作品であるということのほかに、梅雨空の雨が降りしきる夜、彼女の全身全霊がほとばしるようなソロ公演であったからだ。朗読し、演技し、踊る小夜子さんは、雨などものともせず身も心も全開していた。

その作品が忘れられないもうひとつの理由は、朗読に彼女が選んだ文章が、小夜子さんの内側の世界を映し出していたように思えたからである。それは彼女がずっと以前から愛読していた、高原英理の幻想短篇小説『青色夢硝子』（加藤幹也名義）である。そこには天体望遠鏡のような「夢物質投影装置」が登場し、成層圏上の「夢想結界」に投影された集合的な夢の内容が、この機械をとおして石英硝子の塊のなかに焼き付けられる、というファンタジーそのものの世界である。硝子、夢、結晶……。幼少期にひとりで夢想世界に遊んでいた小夜子さんが持続しているように思えてしかたがない。小夜子さんは今ごろ、成層圏のうえの「夢想結界」で地上の人々の夢を受けとめながら、次の新しいパフォーマンスのことを考えているのだろう。

# 第三章　舞踊対話
## ——コトバも踊る

室伏鴻「Edge」1999年、photo：阿波根治

# モダン、ポストモダン、コンテンポラリー、舞踏

山野博大《はくだい》 vs 石井達朗

## ポストモダンダンスの再評価

**石井**　二〇〇六年はこれまで忘れ去られてきた感のあるポストモダンダンスが、脚光を浴びる年になりますね。トリシャ・ブラウンも久々にやって来るし、それと平行して彼女のドローイング展もあるし、その記念に『トリシャ・ブラウン　思考というモーション』（ときの忘れもの刊）という本も出版される。それに加えて、十二月に開催される舞踊学会は、ポストモダンダンスの特集ということになっている。舞踊史の中で、実験的な挑戦はいろいろあったのだけど、ポストモダンダンスほど、舞踊史の流れを大きく方向転換したものはないと思います。そのことを、今年は日本で再検証する年になったといっていいかもしれない。一九八〇年前後から、ドイツのピナ・バウシュ、ベルギーやフランスなどのヌーヴェルダンスなどが注目され始めて、日本の中で、アメリカの実験的な精神がどんどん忘れ去られてしまった。

**山野**　このところどうもアメリカという国自体の存在感がやや希薄になってきている。アメリカの政治体制との関係もあると思う。アメリカはアメリカだけでやるんだ、という姿勢がだんだん鮮明になってくるなかで、国連を無視することが多いし、世界中がだんだんアメリカを嫌いになっているのではないですか。

**石井**　ただ一九八〇年代に入るまでは、美術の面でも演劇でも舞踊でも、アメリカが牽引してきた影響力は

大きいです。六〇、七〇年代を代表する、アナーキストの演劇集団としてリヴィングシアターがあり、そのほか、オープンシアターとかパフォーマンスグループとかが、ある種の祭祀的な肉体の使い方により、演劇と政治の距離を縮める活動をしていた。

それが七〇年代後半頃になると、熱気に満ちたアヴァンギャルドの時代が徐々に収束してゆく。ポストモダンダンスの先鋭性も七〇年代終わり頃になると収まっていった。いわゆるオルタナティヴスペースで活動していたトリシャ・ブラウンが初めて劇場用の作品を創ったのが、一九七九年の『Glacial Decoy』という作品。ダンスの大きな流れは、そのへんからヨーロッパのほうに移っていったように見えます。

**山野**　舞踊の歴史の中で「アメリカの舞踊とは何か」ということをもう一度考え直すべきときにきているのではないかと思う。ナチス台頭のころ、ヨーロッパからアメリカに逃げた連中がアメリカで新しいことをいろいろやったのだけれど、そういうものがヨーロッパにみんな戻ってしまっている。アメリカ独自と言っていたものが、本当はアメリカのものではなかった。ニューヨークシティバレエでバランシンのやったことをアメリカンバレエだと言っていたけれども、今考えてみると、あれはアメリカのものではなかったんですね。あれはワガノワ・スタイルをベースにしたバランシン流のロシアバレエであって、アメリカのバレエではない。

**石井**　アメリカ人は、バランシンがアメリカのバレエだと思っていたでしょう。バランシンの前にはプティパがいますが、舞踊の歴史的な流れを考えると彼ほどの天才的な人はバレエ界では稀です。

**山野**　今の芸術監督のピーター・マーティンズもアメリカ人ではないしね。

**石井**　ピーター・マーティンズはバランシンの遺産を継承するだけで精一杯です。

**山野**　アメリカという国は文化と政治体制が乖離したまま続いてきているんですね。今なんかまさにその状態でしょう。ニューヨークの連中はブッシュ大統領のやり方を必ずしも認めているわけではないけれども、その体制が続いていて、どうも我々には理解できないところがある。我々が好きなアメリカの文化ということになると、政治とは隔たったところにあるんです。

**石井**　わたしがもともとダンスより先に関心を持ったのは、アメリカの六〇、七〇年代の前衛演劇・実験演劇だったのだけれど、それに興味を持った理由は、今山野さんがおっしゃったことと関連があります。あの当時は政治体制と文化状況が密接に連動していた稀な時代だったんです。ダンスは少し別だけれど。先に名前を挙げたような演劇は、政治・社会状況を肌で感じながら、それを体で跳ね返すような活動をしていた。そのほかサンフランシスコ・マイム劇団とか、ピーター・シューマン率いる「パンと人形劇場」などの活動は、デモだか演劇だか区別がつかないような、表現活動そのものが一つの政治運動であるような形態をとっていた。だからといって単純なアジテーション・プロパガンダ、つまりアジプロにならない。

いずれにしろ、「実験演劇」というのが矮小な「前衛」に陥ることなく、状況をビビッドに感じながら観客に問題提起し、観客と何かを分かちあう空間をつくろうとしていました。その背景にアメリカという大国が、北ベトナムという小国と本気で戦争していたということがあります。

**山野**　ベトナム反戦運動とのつながりは、絶対はずせないですね。アメリカのイメージがそのあたりから、いろいろなところでねじれてきたのだと思います。

**石井**　八〇年代になると、ダンス界の流れがヨーロッパに移ってきますね。象徴的なのは、アメリカで先端的な活動をしていたジョン・ケージもドイツで活動したり、八〇年代からトリシャ・ブラウンもフランスでの活動が顕著だし、ジョン・ノイマイヤーとかウィリアム・フォーサイスなどのアメリカ人がヨーロッパの舞踊界での中心的な役割を果たしているのには目を見張るものがあります。

**山野**　じつはアメリカの文化はすっかり空洞化していて、中身がからっぽになっているのかもしれない。アメリカ批判になってきたけど（笑）。
**石井**　いずれにしろ、米軍基地やイラク派兵などの政治にしろ、ヒップホップなどの文化にしろ、我々はアメリカから逃れられない（笑）。
**山野**　アメリカが嫌いだけど好きでもあるという困ったことになっている。

## 日本のポストモダン

**石井**　八〇年代前半に、厚木凡人とか、菊池純子、加藤みや子など、アメリカのポストモダンダンスの影響を受けて、日本のポストモダンダンス、と言われたことがありましたよね。アメリカのポストモダンダンスとの関連でいうと、厚木さんたちの活動をどうとらえたらいいのでしょうか。
**山野**　厚木凡人は石井みどりの弟子だし、菊池純子は小澤恂子の弟子です。加藤みや子は森嘉子と藤井公の弟子なんです。いずれも東京新聞のコンクールでいい成績をとっている日本洋舞界のエリートたちです。アメリカでポストモダンをやり始めたのは、舞踊の周辺から出た、舞踊家ではない人たちも多かったので、それと同列に論じられないところがある。
　批評家の故市川雅がポストモダンダンスを精力的に紹介している時期に、なんか新しいものをやりたいということで飛びついたという感じもあります。厚木凡人はちょうどそのころ、フルブライト奨学金でアメリカに行っている。石井かほるとか、ケイ・タケイもその時期ですね。
**石井**　フルブライト奨学金で渡米して、ケイ・タケイは帰ってこなかった。確か七〇年代前半だったか、アメリカのダンス雑誌を読んでいて知ったのだけど、「ケイ・タケイはポストモダンダンスの最先端にいる人だ」という栄誉ある評価を受けたことがある。日本のわらべ歌の世界とアメリカの新しいダンスを融合したような独特な作品が、「ライトシリーズ」にありましたよね。古いリチュアルの手法と斬新なポストモダニズムを抱き合わせたような、ユニークで力のある作品でした。それはトリシャとかデビッド・ゴードンとかアナ・ハルプリンとか、ポストモダンダンスのメインストリームの人たちの仕事とはまた違う。ケイさんは、アメリカのポストモダンダンスのいい部分を吸収して、質実でオリジナルな世界をつくっていたという感じがします。

**山野** 彼女は檜《ひのき》健次の弟子ですね。今考えてみると、檜健次を一番よく継承しているのが、ケイ・タケイなんだという気がします。あの素朴な感じは檜健次が持っていたものなんですよ。

**石井** 一般的に日本のポストモダンと言われた人たちをどう思いますか。

**山野** わたしは、アメリカのポストモダンダンスの人たちの日本公演を見て、これは全然別だと思った。第一に乾き具合が違う。日本のものには湿ったよさみたいなものがあるでしょう。加藤みや子の作品にしてもそれが色濃くあるわけですよ。厚木さんなんかは、そういうものから一生懸命逃れようともがいていたのではないかと思うけど、結局最後はバレエに落ち着きましたしね。

**石井** 厚木凡人の『裂記号』(一九七一年)は、様式化された感情のテンションが高かった。ただ、もともとそういうテンションの高さを求めないアメリカのポストモダンダンスとは一線を画すような気がしました。これはどちらより優れているという問題ではなく、ダンスにどういう質感を求めるかということだと思います。

**山野** 地味なものだったけれども、しつこく続けていましたね。

**石井** 作品がポストモダンダンスだったかどうか、ということは本質的なことではないですね。ポストモダンであろうとなかろうと、作品がよければいいわけです。ポストモダンダンスというのは、基本的にアメリカのある時代に生まれて、後の時代のダンスの潮流に多大な影響を残して消えていった。「消えていった」と言うとアメリカ人に怒られるから、存在が薄くなっていったと言っていいかもしれない。六〇年代初頭のジャドスン教会での活動から七〇年代後半までが圧倒的に強い時期だった。これは、二〇世紀の舞踊の大きな流れの中で、踊るということに対する考え方、身体というものをどうとらえるのかということを、全面的に方向転換するほどのものだったと思います。

六〇、七〇年代は、アメリカのポストモダンダンスと土方巽を嚆矢とする日本の舞踏は、世界のダンス界の先端にいたと思う。モダニズム以降のダンスということでは、舞踏のほうが、むしろポストモダンと言えるでしょう。アメリカのポストモダンダンスには、「レイト・モダンダンス」と呼んだほうがより適切な部分もあります。

**山野**　体とその動きを舞踊向きに作り変えるということから解放しました。なんでもありになった。

**石井**　ダンスの中で、形や筋書きや発展を見せる、ということに対して全面的に異が唱えられたわけですよね。「芸を見せる」ということに対する反抗です。アメリカの大衆文化志向のあらわれともいえる。ダンスシューズの代わりにスニーカーを履いて踊るというのが、それを象徴しています。それをたどっていくと、ジョン・ケージの発想そのものがあり、さらに遡ると、結局、禅とかインド思想など、アジアに戻ってくるんですよね。

**山野**　日本も今までのものから飛び出したい。既存の舞踊から変りたい、新しい世界に脱出したいという時代的な背景があった。音楽のほうでもなんでもありの状態になってきた。「グループ音楽」というのがあって、刀根康尚とか小杉武久、塩見千枝子とか水野修孝などの音楽家、アーティストがいた。彼らが舞踊家の邦千谷《ちや》のスタジオに集まって、いろいろと実験的なことをがたがたやっていたんです。批評家の市川雅や池宮信夫、うらわまこと、わたしなどもその仲間でした（二十世紀舞踊の会）。

日本も今までのものから飛び出したいと思っていたし、アメリカでも既存のものから飛び出したい、そういう時代的な要請が世界的にあったころです。エネルギーを持て余している若い者はじっとしていられなかった。

**石井**　ある選ばれたアーティストの個性とか感性とかの例外的な才能が優れた作品を創り、アーティストでない一般の人たちがそれを鑑賞する、という図式があります。それに対して、ジョン・ケージのやったことというのは、個人の能力とか才能とかアーティストという特殊な人たちの活動を、高みから身近なところに引きずりおろすということだった。ライフとアートの間に線引きをしないということです。ケージの「偶然性」にはそういうところがあると思う。そのアイデアを実現するための手段を決めていけば、だれがやってもできる。

「不確定性」ということになると、実際に演奏するときまでどういう演奏が行なわれるかわからない。「この楽譜の五ページをどういう順に演奏してもいい」と言われると、演奏家自身も作品にどう対するのか、自発性を示さざるをえなくなる。つまりパフォーマー自身の主体性が問われるわけです。構築された作品を再現するのではなく、現場性というか、パフォーマー（表現者）であるよりもパーソン（個人）であるというあり方に移行してゆく。なにか特別な世界を提示するのではなく、その場所にその人がいるという虚飾のない佇まいが、ポストモダンダンスの傾向としてあると思います。

**山野**　マース・カニンガムはそのなかで、舞踊の範疇にずっと踏み留まっていたのではないかと思いますね。

**石井**　あそこまで、最初から最後まで前衛であり続けている人というのはすごいですね。彼は枠組みをいつも壊しつつ、他方でそれに依存している。その意味で彼は「前衛的な古典主義者」といえる。枠組み自体がないところで、アメリカのポストモダンダンスを後押ししたのは、ロバート・ダンやアナ・ハルプリンで、彼らは生みの父・母的存在です。

**山野**　ハルプリンは夫のローレンス・ハルプリンが建築家ということもあって、新しい傾向の建築家や絵描き、前衛の音楽家などとの交流を盛んにやりましたね。

**石井**　アメリカ人のアーティストでぜひ会って話をしたいと思っていたのがアナ・ハルプリンで、実際にインタビューが実現したときには、芸術に対しての考え方に共感できるものがたくさんありました。「芸術というのは一部の人たちの高級な活動であってはならない。芸術家であるとかないとか、分け隔てなく、いろいろな問題を抱え込むものでなければならない」ということで、一九九〇年前後、わたしがインタビューしたときは、末期のエイズ患者たちとワークショップをしていました。公演にこぎつける前に参加していたエイズ患者が亡くなったりとか、「そういう現場でやるのはつらいことだけど、やりがいがある」と語っていました。

**山野**　エイズが与えた影響は大きかった。四〇代ぐらいの舞踊家がたくさん死んで、大問題になった。

**石井**　九〇年代初め、香港での国際的な舞踊学会で、話がエイズになったら、本題からそれて大議論になった。アメリカの参加者が、「今の舞踊界を語るのに、エイズを抜きに語れない。この問題をまず深刻に考えなければならない」というくらい舞踊界にエイズが蔓延していた。とは言っても主にゲイのダンサーに多かった。話題になった犠牲者はアーニー・ゼーン。彼のパートナーであるビル・T・ジョーンズのその後の作品は、アーニーのことを強く意識した作品になってきてましたね。

## 八〇年代の日本

**山野** 八〇年代でおもしろかった人といえば、まず勅使川原三郎でしょう。

**石井** 一九八五年は一つのエポックだと思ってます、その年、勅使川原がＫＡＲＡＳを結成、翌八六年バニョレ国際振付賞で賞をとった。土方巽が亡くなったのがその年でしたね。

そのあたりの時点では、木佐貫邦子とか黒沢美香、田中泯、厚木凡人などの活動が、日本のモダンダンスの流れとは違ってきて、オリジナルな創造性を大事にする人たちが出てきたという感じがしました。木佐貫は「てふてふ」というシリーズで、美しい手足を生かした踊りをしていた。田中泯は七〇年代後半、体毛を剃った全裸で、ペニスを包帯でぐるぐる巻きにして、自分の体をオブジェのようにいろんな場所に転がしていた。暗黒舞踏でなく、もとよりモダンダンスでもなく、どの流派にも属さず、独立独歩の人だった。八〇年代、雨合羽を着て踊ったり、土方の強い影響を受けたり、山梨に拠点（身体気象農場）を移すなどしてから変貌を遂げていった。しかし一貫して自分を貫いている。有名になっても山っけを一切もたない、根っからの踊り手です。

**山野** 田中泯が今のようなことになっていくとは、ぜんぜん予想できなかった。彼は平岡・志賀舞踊団の所属でした。日本各地いたるところでゲストの仕事をするうちに、だんだん焦点が合ってきたという感じですね。

米井澄江が次々に出してきたメッセージのある作品もおもしろかった。しかし彼女の舞踊作家としての全盛期はそんなに長くは続かなかった。早くに亡くなった市川雅が高く評価していた菊地純子も、このころに登場した注目すべき舞踊家のひとりです．彼女は厚木凡人たちといっしょに新しいことに挑戦しました。

**石井**　八〇年代後半に、わたしは市川雅に一度訊いたことがある。「日本のダンサーでアメリカのポストモダンを引き継いでそのまま踊っている人はいますか」そう訊いたとき、市川さんが即座に名前をあげたのは、菊池純子でしたね。

## 八〇年代はパフォーマンスの時代

**石井**　八〇年代中ごろはとくに「パフォーマンス」という言葉で浮かれ騒いでいました。『美術手帖』とか『朝日ジャーナル』まで特集を組みました。猫も杓子もパフォーマンス。「パフォーマンス」が流行語となり、一人歩きしたという感じがある。もちろん、浜田剛爾のように深い根っこを持ってパフォーマンスをやっている人も、ごく少数いましたが。桧枝岐《ひのえまた》のパフォーマンスフェスティバルもすごく盛り上がっていて、それまでのダンスがよけいに古くさく見えた、ということがありますね。勅使川原三郎が巣立った背景の一つには、確実にパフォーマンスアートがあったと思います。

**山野**　勅使川原さんは雑賀淑子のところでバレエを習っていたんです。同時に及川廣信のところでマイムもやっていたんでしょうね。雑賀さんはあだ名をつける名人なんだけれども、勅使川原さんはよく病気をするから「病《やまい》」だった（笑）。しかし彼ははじめから変わっていましたね。雑賀さんがおかしな人だから、そういう人間がたくさん集ってくるんです。

## 九〇年代のコンテンポラリーダンス

**石井**　日本のコンテンポラリーダンスはいつから始まったか、という場合、一九八五、八六年と言われるけど、もう一つ、一九九一年から、ということからも言えますね。どちらが適切かというより、どんな視点で見るかによって違ってくる。最初のバニョレ国際振付賞の東京プラットホームが結成されたのが一九九一年。だからこの年を日本のコンテンポラリーダンスの始まり、と言ってもいいかもしれない。けれど、八〇年代後半には、すでにさっき言った田中泯、勅使川原三郎、木佐貫邦子、黒沢美香が活躍していたし、ダムタイプも注目すべき活動をしていた。

当時は、コンテンポラリーというより、ヌーヴェルダンスという言葉をよく聞いたような気がする。フランス圏内ではこの言葉は、それほど定着してなかったようですが、他方、一連の新しい傾向のアート系のサーカスを指す「ヌーヴォーシルク」という言葉は、すっかり定着しました。一九九一年ころになると、山崎広太とか伊藤キムとか、H・アール・カオスもそのあたりに出てきた。山野さんは、振付家の大島早紀子が踊っていたときは見てますか。

**山野**　野坂公夫のところで踊っているころから見ています。白河直子とタイプは違うけれども、表現力のあるいいダンサーでした。白河さんと二人で独立した当初は、これから先どうなるんだろうと思いましたけれども。

**石井**　考えが明晰だし、感覚がぴりぴり開いているし、ダンサーとしてもよかったんですね。何回か大島さんから聞いているけど、「白河さんに出会って、こんなにすごいダンサーがいるなら自分は踊る必要がないから、振付に徹しよう」と思ったらしい。

**山野**　あそこで役割を分けたことが結果としてはよかったと思います。H・アール・カオスになる前は、パンパパパン工房と称していたんです。

## 舞踏とコンテンポラリーダンス

**山野**　舞踏が日本のコンテンポラリーなんだと思います。土方巽なんか思いつきでどんどん作品を変えていったでしょう。緊張感を高めるうえで、段取りを次々にぶち壊していく。それもコンテンポラリーじゃないですか。ただ舞踏も何度も曲がり角を経てきていると思う。最近の大駱駝艦を見ていると、またそろそろ曲り角かなという気がします。

**石井**　わたしは舞踏をもっとポジティブに見てますよ。日本のアンダーグラウンドから出てきて、これだけ国際的になったものはない。数百年の、西洋・東洋をふくめ近現代のダンスの歴史のなかで、舞踏が呈示した問題は大きいです。

第一回舞踏フェスティバルが一九八六年にあって、これから世間一般の注目を集めるかと思ったら、第二回はなかったですね。現在でも舞踏は第一世代、第二世代が一番活躍しています。笠井叡、麿赤兒、山海塾、室伏鴻、田中泯など。舞踏に対する海外での関心は、われわれの想像を超えていますよ。

彼らの活躍はすごくいいのですが、二〇代、三〇代の踊り手で、先達を引き継ぐような人がなかなか出てこない。大倉摩矢子や入江平には感心した記憶があるけれど。

**山野**　最近、みんなの体つきが急に変ってきました。日本人の脚が長くなり、腰が落ちなくなってきたでしょう。土方巽のころの舞踏は、もう日本人にはできなくなっているんじゃないんですか。

**石井**　日本のダンス界では、アングラっぽい舞踏より、コンテンポラリーダンサーとしてやっていきたい、というのがあるんじゃないか。だからコンテンポラリーから舞踏に行く人はいないけど、舞踏からコンテンポラリーダンスに行く人は結構いますね。

## コンペティションの問題

石井　ある意味でコンテンポラリーダンスの状況は危ういところにある、というのは言えると思う。駄目になって崩れてしまうということではないけれど、コンテンポラリーというものをさまざまな形でバックアップしていくようなシステムは必要だと思います。いくつかあるコンペティションというのも確かにその役割を果たしている。「日本のコンテンポラリーダンスはこんなに多様で面白い」というショーケースとしての役割もあり、その役割も重要です。ただある意味でコンペは飽和状態になっているということもあるわけで、コンペのネガティブな面も見落としてはいけない。

たとえば、コンテンポラリーダンスのコンペでは、一発勝負でいろいろなアイデアを持ち寄ってくる、というのがある。その一発勝負のために全力をかけ、時間をかけてつくっている人と、二年間三年間同じ作品をやってきて、ブラッシュアップしてきた人が、同じコンペではかられていいものかという問題もある。いろいろな制限を設けて、フェアなコンペにしなければならないのだけれど、逆にいろいろな制限を設けたコンペがどれだけの役割を果たすのか、といったときに、限界もあります。

バレエの場合、技術の体系とか表現が流麗であるとかで順位をつけられるのだけど、コンテンポラリーダンスは先鋭性を内包していなければいけない。その先鋭性にどう順位を付けるのかという問題になってくる。アートの内容を評価するのは難しい問題で、審査員の間で意見がわかれることはしょっちゅうある。コンペでダンスの状況を盛り上げる、というポジティブな要素があるわけですけど、コンペと併せてショーケース形式もやってみるとか、海外とのコンテンポラリーダンスとの交流を活性化するとかも考えたほうがいい。日本のコンテンポラリーダンスは世界の中でも異色かつユニークで面白い、という島国的な甘えはよくないです。しっかりとしたコンセプトと方向性を持って、コンペとショーケースを抱き合わせでやっていくことが、将来的にもっと必要でしょう。

**山野**　コンペティションが多くなって、日本全体の舞踊の技術が上がってきたことは確かなんだけれども、それだけで終ってしまうと困る。なんとなく海外の有名な舞踊家を審査員にしたがる傾向があると思うけれども、審査員の選定はもっと慎重にやってもらいたいですね。有名な舞踊家であっても見る眼を持っていない人もいるんですよ。審査員が変われば結果が変わるんだということを知って、コンペティションに参加するようにしてもらいたいです。人間の可能性は、コンペティションなどではかりきれない奥の深いものだということを忘れてはいけない。

## 観客の眼力、若者文化

**山野**　舞踊の観客がもっと増えてほしい。見せる側は、常にレベルのより高い観客を増やす努力をしていかなければならない。自分で善し悪しの判断ができる観客が増えれば、舞踊の質は自然に上がっていきます。

**石井**　『ナーティヤ・シャーストラ』（紀元前から書かれ、八世紀ごろまでに現在の形になったと言われる）という、サンスクリット語で書かれている古典で、日本語に翻訳されていない、インドの舞踊演劇の百科全書的な理論書があるんですが、そこに「観客も知性や感性を磨かなければならない」というようなことが書かれています。ダンサーが日々稽古に励むように、観客もまた勉強しなければならない。

**山野**　歌舞伎の世界などでは、古くから見続けているお客さまがいて、批評家顔負けの眼力を持っている。洋舞にもそういうお客様がたくさん出てきてほしいです。パフォーミングアーツは、けっきょくお客さまの求める形になっていきますからね。

**石井**　良くも悪くも、コンテンポラリーダンスというのは日本では、若者文化の一部という感じがしますよね。コンテンポラリーダンスの現場に行くと、日本では踊っている人も見ている人も若い。海外だと、中高年もたくさんいて、白髪とか禿げた人もいっぱいいる。年齢層が多様ですよね。ニューヨークのＤＴＷ（ダンスシアターワークショップ。劇場・ＮＰＯ）とか、ロンドンのザ・プレイス（劇場）に行くと、若いのから年寄りまで実にいろいろな観客層がいるな、とつくづく感じる。日本だと偏ってますね。

**山野**　コンテンポラリーダンスの会場では、だいたい我々が最高年齢です（笑）。定年を迎えたあたりの人たちがもっと踊りを見てくれるとよいのですが＝

**石井**　日本でコンテンポラリーダンスを見に来ている中高年は、圧倒的に関係者が多いですね。編集者とか批評家とか。あるいは研究者やダンサーあがりの人とか。例えば、会社をさぼって映画館にゆくような、ふらっと見に来る中高年とか、定年後の人ももっと来るといいのですが。また、ダンス作品にも観客としても、コンテンポラリーダンスにもっと中高年の人に参加してほしい。ダンスの幅も広がるし、ずっと面白くなりますよ。

**山野**　見せる側も若い人ばかり使いすぎる。バレエの世界でも、ベテランをすぐお役ご免にして、若い方に役を振ってしまう。ベテランの味をうまく引き出す振付家がいない。年寄りは、脇の便利使いぐらいにしかチャンスがないというのでは、かわいそうです。

**石井**　ダンスに限らず、日本の一般的な傾向で、表に出てくる人は若い人。特にメディアでの女性はいつも若い人。中年のものわかる男性と、よくわからなくてきれいな若い女性、というシステムが際立っている。欧米でテレビ見て「違うな」と思うのは、コマーシャルでも中高年がたくさん出てくるし、討論番組でも世代の上の人がじゃんじゃん出演して発言している。

**山野**　若けりゃいいというものではない。使う側の頭が切り替わらないと、この傾向は変りません。世代が変っていくだけでは、深みは出てこない。日本舞踊では、五〇代で新人賞です。コンテンポラリーダンスがそうであっても、一向にかまわないと思うんだけれど、今の社会は世代間のギャップを埋めようという方向にはいっていないので、舞踊だけ変っていくというのは無理でしょうね。

## 現代舞踊協会の功罪

**山野**　現代舞踊協会は、スタジオ連合体として、舞踊家の育成と、安心して舞踊に専念できるような福祉の充実、それと現代舞踊の普及活動だけに特化したほうがよいと思います。協会が自ら公演を主催して、芸術面のリーダーシップを取っていこうという活動を続けてきたわけですが、すでにその時期は過ぎています。ここまできているのですから、もう芸術面は個別の団体に任せていいのではないでしょうか。現場と縁が切れている高齢の幹部が多く顔をそろえている協会を、若い人たちはもう芸術的には見放しているのではないですか。

**石井**　日本のダンサーの組織としては、最大ですね。一晩で何十人もの人が何十作品を見せるような公演がありますね。

**山野**　新人公演が四分、新鋭中堅が七分という持ち時間しかないなかで長くやっていると、ひとりで背負って立つような舞踊家は育たない。ところが協会に所属していないコンテンポラリー系統の舞踊家は、たとえ小さな劇場だとしても、長い時間を維持していくための修業を積んで、それなりに育ってきている。現代舞踊協会は、将来の舞踊家をどのように育てていくかのイメージを持っていないのではありませんか。新国立劇場の現代舞踊の枠に登場してくる舞踊家の顔ぶれを見ていると、協会系はかなり旗色が悪い。このままでは存続させる意味を認めにくいところまできていると思います。

**石井**　日本では、いくつかの例外を除くと、高校から大学までふくめて、学校教育の中で踊りを専攻してダンサーが育ち、巣立っていくというのは稀ですから、現代舞踊協会の人が日本のあちこちいて、子どもや若い人たちがダンスを始めるきっかけがそこにあるのはいいことだと思う。子どもがダンスをやりたいと思ったときに、バレエ教室しかなかったら、そっちのほうが問題ですから。そこからたまにポーンといい人が出てくることもある。ただ、問題は組織の体質をどういう方向にもってゆくのかということです。

**山野**　かつてよりずっと師弟関係か稀薄になってきていて、昔のように先生を敬わなくなってきた。最近は気軽に先生を変えますね。親が、どうもあちらの先生がよさそうだと思うと、さっさと変えてしまう。選択肢に海外もあるから、国内の縦の師弟関係が完結しにくくなってきています。しかしそれはけっして決して悪いことではないと思います。いい先生と悪い先生の見極めをしっかりつけて子どもを預けるということが、さらに徹底すれば、日本の洋舞界はもっとよくなるはずです。それには善し悪しを見抜く眼力を一般の人たちも持つことが前提となりますが。

## 劇場数増大のプラスとマイナス

**山野**　劇場というハコがたくさんできることはけっして悪いことではない。しかし劇場は地域の芸術文化の拠点であるべきなので、そのソフト面の充実がないと、ただのハコに過ぎない。美術館には学芸員とかキュレーターとかがいて、展示をどうするか考えてくれている。しかし日本の劇場にはそういう人はいない。いるのは鍵を空けてくれる管理人のおじさんだけ（笑）。

今の日本の舞踊家には、だれもいない空間である劇場を借りて、そこへスタッフから何からすべて自分で持ち込んで、作品を発表するという道しかない。これでは、劇場が主体性を持っていて、地域の人たちとどうつながっていくかを常に考えている西欧諸国の舞踊とは、はじめから勝負にならないわけです。最近はスタッフを置く劇場が少しですが出てきました。そこの活動が目立つようになってきています。しかし、どこの地方財政も厳しい状況にあるので、地域の公立の劇場のソフト面にまで財政的な裏付けを与えることができない。

劇場を地域の芸術文化の拠点と位置付け、優秀な人材を置いて活性化することで、国民の生活の値を高めていくんだという基本の姿勢を国が持って、それなりの財政措置をしてくれないとだめです。舞踊の業界団体は仲間内のことだけに関心が向いていて、そういう提言を国に出していくようにはなっていませんね。

## コンテンポラリーダンスの存在意義

**石井**　なんでもありのコンテンポラリーダンスがどこまでできるか、というと、面白い人はたくさんいると思いますが、危ういところもある。だが、既成のものの色に染まらないところから出てきた、ということは評価できる。ものすごく大きいパースペクティヴ、二〇〇〇年の芸能史ということで考えてみたら、画期的だし革命的です。師弟関係がないとか、男性優位とかまったくないわけで、「からだ一つで何ができるか」ということで評価される。

日本の芸能史を見ると、タテ社会のしがらみがなかったことなんてないでしょう。世阿弥の時代だって、江戸の歌舞伎のころでもそうです。そのしがらみをそぎ落とした時点で、こういうものが出てきたことはすごく画期的だと思う。そういった意味でコンテンポラリーダンスというのは、まだまだかもしれないけれど、ほかにない、光るものがある。ただこれをどういうふうに育てて、磨いていくかということは、ダンスの中だけの問題ではなく、社会文化的な環境が必要です。

**山野**　日本の洋舞は、すでに世界に誇るべきものを持つところまできていると思います。ところがそれを日本人がまだ認めようとしない。明治以来、日本では国が舞踊の教育にまったく手を出していないんです。そういう意味で、音楽や美術との差は大きい。しかし逆にそれだから舞踊には大きな可能性がまだ残っている、という考え方もできるのではないでしょうか。

**石井**　日本のコンテンポラリーダンスは、今は社会の片隅でしっかりとした市民権を得ています。ただ現在のデジタルな高度情報化社会に対して、身体で何かを表現するというのはある意味で対極にあるわけです。対極にあるからこそ、ますます身体を見つめなければいけないし、もっとも重要なテーマになってゆくでしょう。それができない文化は滅びるしかない。

**山野**　日本人はすぐ強い師弟関係を作って、そこに安住したがる傾向を持っているかもしれません。しかし教祖をあがめ奉るようなことはやめて、自由な雰囲気の中で、年齢に関係なくものが言い合えるような舞踊界を作りたいですね。

**石井**　一般的に言って、演劇の世界のほうが、ヒエラルキーができやすいですね。日本の現代演劇の中で先端的な活動をしてきた人たち、すぐれた演出家、脚本家がいて、そこに集まっている若者たち、という構図がある。演出家が役者に灰皿投げて「馬鹿野郎」って叫んだり、新人が先輩の身の回りの世話をやいたり、女優の卵の女の子にお茶汲みさせたり、そんなことが当然のことと受け入れられているなかで、メディアで評価されたとしても、その人たちがやっていることが本当に芸術的に先鋭とか前衛とか言えるのかどうかということです。実際に出てくる作品の新しさと、そこの現場の中のシステムがひきずっている古さというズレです。

もちろん、今たくさんある、いわゆる小劇場の中身は相当に変わりつつあるけれど。そういう観点からすると、男とか女とか、師弟関係とかのヒエラルキーに関係なく、表現は何をやっても自由だというコンテンポラリーダンスは、今までなかったことです。さっき話題になった、日本のタテ社会の中での特有の年齢意識・世代意識、ジェンダー、若者文化に偏りすぎなんてことがもっと希薄になり、中高年の人たちから歩くのがやっとのお年寄りなども観客として、そして場合によってはダンサーとして参加するようになると、コンテンポラリーダンスにも、今までなかった厚みが出てくると思います。

（二〇〇六年二月九日）

# 舞踏をはじめて五〇年

笠井叡《あきら》vs石井達朗

## 『ハヤサスラヒメ』

**石井**　まず、麿赤兒《まろあかじ》さんとの『ハヤサスラヒメ 速佐須良姫』（二〇一二年）についてうかがいます。『古事記』は日本の創世神話の代表的なものであり、英訳もされています。しかし『古事記』との関連でもほとんど知られていない速佐須良比売《ハヤサスラヒメ》というキャラクターを選んで、ベートーヴェンの「第九」全曲に振り付けるというアイデアはどこから出たのですか。

**笠井**　速佐須良比売は『古事記』には、直接名前は出てこないのですが、「イザナギノミコト、筑紫の日向の橘の小戸の阿波岐原に、禊祓へ給ひし時に生れ坐せる祓戸大神たち〜」という言葉の中に、祓戸大神《ハラヘドノオホカミ》の一柱の神として出てきます。延喜式のなかの大祓祝詞の中には、一番目の瀬織津姫《セヲリツヒメ》という神様、二番目の速秋津姫神《ハヤアキツヒメ》、三番目の気吹戸主《イブキドヌシ》の次、四番目にハヤサスラヒメの神名が記されています。

この神様は、日本の踊りの起源として一般的に知られている天宇受賣命《アメノウズメ》と似ていて、アメノウズメが踊りを通して闇を光に変えるとすると、ハヤサスラヒメは闇と光を一緒にするカオス的な、根源的な神様だとわたしは思っています。

ヨーロッパの神話で言うと、ディオニソスの祭りやバッカス祭など、酒を飲みどんちゃん騒ぎするなかで段々とカタルシスにいく、というイメージに近いですね。

**石井**　ディオニソス的なもの、バッカス的なものというのは、まさに今回の『ハヤサスラヒメ』の振付のテーマであったように思います。それだけでなく、全体をアポロ的な知の世界によって見事に構成していたのが魅力でした。とはいうものの、笠井さんの場合は、計算して振り付けたというよりも、ひとりでにできあがったのだと思いますが……。

**笠井**　そうですね。何か一生懸命つくったという感じではなくて、半年みんなで集まって稽古していたら、あんなふうに自然になってしまったという感じです。

**石井**　ただ、「第九」を全曲使って振り付けるというのは、大変なチャレンジですよね。

**笠井**　「第九」は有名ですからいいかなと(笑)。それはさておき、第四楽章「歓喜の歌」のシラーが付けた言葉は、ヨーロッパの精神のエッセンスのようなところがあります。ヨーロッパは光と闇、天と地、神と人間、言葉と身体といった二元論を構築しましたが、シラーはそれをある意味で融合した人で、それがあの歌に表れています。ですから、第九と古事記はテーマとしてはそれほど異質ではないのですが、組み合わせだけ聞くと、「ええっ?」と思いますよね(笑)。

**石井**　だれでも驚きますよ(笑)。「第九」という曲は一楽章から四楽章へと発展する内容と形態をもっています。『ハヤサスラヒメ』の作品構成においてもそれが意識されていた感じがしました。

**笠井**　ええ、その構成はベートーヴェンと同じです。一楽章は無から有、カオスから世界が生まれる天地創造。二楽章は光と闇の闘い。三楽章はそれらが融合した、柔らかくて天上的なイメージ。そして最後の四楽章で、悪の力によって世界は崩壊するのですが、その中で人間の魂の部分だけは歓喜を持ちうる。世界が崩壊したカオスという一番悲惨な状況だけども歓喜、といったイメージです。ベートーヴェンがおそらく「第九」に対してイメージしたであろうものにわりと忠実にやっているつもりです。

**石井**　弦楽器・管楽器・打楽器など、いろいろなパートがあるオーケストラのような作品でした。最終章は、舞踏やオイリュトミー、コンテンポラリーダンスなどすべてがひとつになって立ち上がり、とても力強かった。ところで、笠井さんは、作品を振り付けるとき、最初から全体のプランをきちんと立てているのですか。

**笠井**　ダンスには、ダンサー主義と作品主義、という考え方があります。作品のイメージが先にあって、そのイメージに合わせてダンサーを選ぶ。そういう作品を中心に考える人もいますが、わたしはダンサーを決めた瞬間にもう作品ができるというタイプで、まぎれもなくダンサー主義です。自分の思うようにダンサーを使いたいというよりも、出会ったときに、この人だったら絶対こうしかならないとハッキリ、直観的に動きがわかる。わたしの場合、ダンサーが決まればもう作品の九九パーセントは決まったようなものです。動きを作るというより「振付という水」を注いでいるだけ。つくっているというより育てている感じです。

今回の磨さんもそうですが、わたしにとって他のダンサーとの出会いは、物凄くエキセントリックなことで、その出会いによって、まったく知らない世界が広がるのです。

**石井**　具体的にどのようなプロセスで振り付けるのですか。

**笠井**　まず、ダンサーの匂いを嗅ぎます。「酸っぱい匂い」や「甘い匂い」など、それぞれ匂いがあって、それが面白い。それに合った動きは直感的に向こうから来ます。それと、わたしは絵画的というより音楽的な性向があるので、音楽を聞くと自然に動きが出てきます。

ダンサーにはできるだけイメージや言葉を与えずに、形だけを厳密にやってもらいます。なぜならイメージに流されず、イメージが入る余地をなくすことで、振付の力が出るからです。手はここ、指はこう、頭はこう、と目に見える形を細かく厳密に、ほぼ振り写しで動いてもらいます。振付のときは、たとえグラハム・テクニックを持っている人であろうと、バリバリのバレエダンサーであろうと、その人が持っている技術は無視します。なぜなら、今までやったことがない動きの方が面白くなるからです。

ちなみに『ハヤサスラヒメ』では、七月から天使館と大駱駝艦で別々にパート稽古を始め、八月に合体、一一月にはオイリュトミーのメンバーも加わって全体稽古をはじめました。大駱駝艦のみなさんも普段やらない動きを、一生懸命練習してくれました。

**石井**　ダンサー主義という言い方もありますが、笠井さんの振付には、作品主義に通じる〝意志〟というか、作品の構造、作品の世界をしっかりと意識した方向性をいつももっているように感じます。

**笠井**　確かに、自分の中に一種のフレームみたいなものがあって、ダンサーから出てきた動きをその全体像に当てていくという部分はあります。

**石井**　ところで、麿さんと笠井さんの共演というのは、本当に誰もが予想すらできないことでした。もとをたどれば、土方から出発した舞踏の系譜があるわけですが、まったく異なる道を歩み、これまで交わることがなかったのに、どうして一緒にやることになったのですか。

**笠井**　麿さんと一緒にやってみたいな、と思ったのは、彼の『川のホトリ』（二〇〇二年）という作品を観て、ソロのダンサーとしての麿さんに感心したからです。二〇〇五年に二人とも韓国の舞踏フェスティバルに参加し、その打ち上げで何十年かぶりに一緒になり、「今度やろう！」と盛り上がった。そして、わたしの方から麿さんに出演依頼しました。

麿さんとわたしが一緒にできたというのも、まあ、土方さん以来の五〇年という歳月があったからだと思います。互いに、麿なんて誰が認めるか、笠井なんて誰が認めるかと、五〇年やって来たわけですから。認めたいけど認めたくない、でもそうしたお互いをさらけ出せば、認めあえる部分も出て来るということでしょう。

## 土方巽《たつみ》と大野一雄

**石井**　笠井さんの中での舞踏史は、土方巽と大野一雄という舞踏を代表する二人の影響から始まっていると思いますが、二人の巨匠に対する距離の取り方は微妙に違います。大野一雄に対しては〝師匠〟という感じで、何かもう抱かれるような関係。一方土方に対しては、さまざまなインスピレーションや刺激を受けながらも、ある距離を置いていたような感じがあります。

**笠井**　わたしは舞踊史において、土方さんは一番革命的なことをやった人だと思っています。舞踊のコレオグラフィーの中に、初めて障害者の動きを入れ、舞台作品として成立させた。それはダンスの中で、良い動きとか悪い動き、あるいは美しい動きといった考え方が消滅するということです。つまり、ダンスに良い動きも悪い動きもないとすれば、人間は何をもって身体を鍛錬し、動きの練習をするのか、根源的なところに戻されます。土方巽はそういう意味でダンスを根源に戻した、とわたしは思っています。

　ただ、わたしと土方さんは一八〇度ものの感じ方や捉え方が違うところがありました。土方さんはダンスをつくるうえでは、どこまでも唯物論的な姿勢を貫いた人だと思うのです。つまり、精神は永遠で物質は儚いのではなくて、物質こそ永遠で精神は消滅する、といった……。しかし「もの」しか世界に存在しないという感じでは、わたしにはとてもダンスはつくれません。そういう意味で、わたしは土方さんとは違う方向を探り続けた、ということはあります。

**石井**　土方の発想の本質が唯物論的なもので、それに違和感を覚えたということですね。昔、笠井さんから聞いた話の中に、お母さんが教会で弾くオルガンに合わせて踊ったというエピソードがあり、すごく印象的でした。笠井さんの中にはキリスト教的なものの影響があったのですか。

**笠井**　はい。母も銀行家だった母方の祖父も、バリバリのクリスチャンでしたから。わたしが育ったのはいわゆる大正モダニズムの家庭でした。うちは三重県のほうですが、要するに教養主義で山の手的とでもいうのでしょうか。例えば海外の演奏家が来ると、うちに泊まったりするような家庭でした。祖父は英語が得意で、文化人の通訳みたいなこともしていて……。そうした環境の中で否応なく受け取ってしまった育ち方の影響は、確かあると思います。

土方さんのほうは、「俺は、東北のソバ屋の息子だよ、酒もってこい！」という中で育ったと言っています。本当の生い立ちは違いますが……、彼の東北や唯物論の出し方はそういう「フリをする」ところから出ていています。わたしから見れば、土方さんは非常にヨーロッパ的な異端だと思います。ジャン・ジュネやアルトーに非常に影響を受けていて、本当は日本的な素朴さなどあまり好きじゃない。最初は文学で立とうか、ダンスをやろうか、相当悩んだと思います。だから土方さんの書く文章は、日本語で書かれたシュルレアリスムの最高級のもので、特に『病める舞姫』（一九八三年）などはだれにも真似できない。言葉をオブジェにして、あそこまで日本的な何かを表した人というのはいないと思います。

**石井**　では、笠井さんにとって、敬虔なクリスチャンである大野一雄という存在のほうがむしろ親和性があったということですか。大野一雄は心の世界が身体を引っ張っていくというか、魂に対する非常に強い信仰があります。そんな共通性が笠井さんと大野さんの強い結び付きをつくっていったのかな、という感じもします。

**笠井**　わたしがソロで即興的に動くと、「笠井さんって大野さんみたいだねえ」と言われることがあります。魂の力が内側から身体を動かしていくというような点では、やっぱり大野一雄先生の下で三年の修行をしたということはすごく大きくて、何らかの意味で、いまだにその影響はあると思います。

反対に振付は土方さんから学びました。学んだといっても、それは師と弟子という感じではないですが。『バラ色ダンス―澁澤さんの家のほうへ』（一九六五年）と『性愛恩懲学指南図絵―トマト』（一九六六年）という作品で、土方さんがわたしを振り付けたのですが、そのときの土方さんの振付の仕方というのが、たぶん、わたしの振付の原点になっていると思います。

それは具体的には、振付のための準備をしないということです。事前に一切決めず、ダンサーと二人になったときに、その二人の間で出てくるものを直観的に受け取り、考えずにまず先に身体を動かしていく、という振付の仕方です。

清水の舞台から飛び降りるみたいに、そのとき初めてやったことを提出する。振付というのは、生ものを料理してお客さんに出すみたいな、手際良さが大事です。魚を置いたらタンタンタンと切って、パッパッパッと置いていく。ここがこうだからああだとか、あんまり考えてやるものじゃない。そのへんの、土方さんの振付のタイミングといったものが結構身体に染み付いていますね。だからわたしも人を振り付けるときは、そういう「料理人の手早さ」みたいなものを、まず持ってくるということがあります。

**石井**　笠井さんの振付の方法論の原点が六〇年代の土方にあるというのは、すごく興味深い。ただ、土方が大野一雄と根本的に違うのは、そういう生ものを人前に出すときに、土方なりの策略というか戦略というものがあったのではないでしょうか。その集大成としてできたのが『四季のための二十七晩』（一九七二年）という作品で、そこでは生ものをバンバンバンと出すというより、舞踏をひとつの「様式」として提示したように思います。

ところで、笠井さんは七一年に自ら天使館を創設しますが、どういうきっかけだったのですか。当時は、磨さんは大駱駝艦を設立し、土方は『四季のための二十七晩』という作品を創るなど、舞踏というものが形を成してきた時期でした。しかし、笠井さんはそういう流れから離れるように、舞踏であるなしに関係なく、ダンスを思考し、自分の表現に向き合うために天使館をつくったように思えます。

**笠井**　土方さんが『土方巽と日本人 肉体の叛乱』（一九六八年）というソロの会をやったときに、生意気にも、雑誌（『現代詩手帖』）で否定的な論評をしたんです。そうしたら土方さんは怒るどころか呆れて、「笠井、あれはもういいよ、わかった、あれでいいから」と……。

わたしが思うに、土方の集大成はソロの『肉体の叛乱』ではなく、むしろ『四季のための二十七晩』などの振付作品です。六〇年代に彼がずっとやってきたのは、人を振り付けて作品を創ってきたことです。「DANCE EXPERIENCE の会」（一九六〇年）にしても『あんま』（一九六三年）にしても、わたしが出た『トマト』にしてもそうです。土方さんのダンスの素晴らしさというのは、緻密な構成の中での振付にあります。ソロの会というのは後にも先にもあの一回しかなくて、「笠井の真似して俺も一回やってみる」と言ってつくった、そういうノリの作品でした。

だから、批判ではなくて、『肉体の叛乱』はひとつの試みとしては面白いけれど、土方巽のエッセンスがあったとはとても思えない、という意味のことを書いた。ちょっと生意気でしたけど（笑）。

**石井**　批判じゃないと言うけど、だれが見ても批判でしたよ（笑）。土方よりずっと若い人が、あれだけハッキリ言ったのだから、当時の人は誰もがビックリしたと思います。

**笠井**　生意気でしたけれど、大野さんに対してもイマジネーションのつくり方について、「違う」とハッキリと言いました。大野さんというのは、イマジネーションを形成しない限り、絶対動かないんです。イマジネーションをギューッと絞って、滴り落ちてくる数滴のエッセンスがあれば踊れる、という人です。けれどそのイメージは、わたしにはあまりに個人的でついていけないので、もっと誰にでも共有できる、客観的なイマジネーションみたいなもので踊りをつくります、と申し上げた。

例えば、手のひらにコオロギを持って、ハッ、これはわたしのお母さん……と。これはすごくよくわかるけれども、それは大野先生にとってのわたしのお母さんであって、そのイメージはあまりに極私的すぎる、と言ってしまった。すると大野先生は、「イマジネーションというものは私的なものであって、客観的なイメージなんてないよ」と、困った顔をされました。

同じように、歌人の塚本邦雄さんが著書の短歌論の中で、「どこまでもイマジネーションは極々私的なものなのだ」と言っていますが、同時に「短歌の定型には客観性がある」と述べています。わたしは、五七五七七という客観的なひとつの様式が短歌に存在するように、イマジネーションの中にある種の客観性がほしい、と大野さんに言ったわけです。でも大野さんにそんなことを言ったって、絶対にわからない。困ったなあって顔をされていました。

それでまあ、両方に対してそんなことをしてしまったものですから、お二人ともに段々と距離ができてしまった。何が舞踏だと思う反面、舞踏という言葉は俺が作った言葉だ、という誇りというのか矜持もあって、天使館をはじめたわけです。

## 天使館からドイツへ

**石井**　何を目指して天使館をつくったのですか。

**笠井**　それは本当に難しいところで、いまだに一概に言えません。政治的な意味では、その当時の、例えば赤軍のような政治思想よりも、もっとラディカルなものを自分は求めていたと思います。つまり、社会的な権力や中心になるものを一切認めないで成り立つような社会という夢想ですよね。要するに精神のアナーキズムと肉体のヒエラルキーを作ろうと思ったのです。暗黒舞踏がどうこうとか、モダンダンスがどうのとかではなくて、すべてのものから隔絶された、ある種の理想主義を求めたわけです。政治思想や宗教思想よりも、ダンスのほうがもっと根源に迫れるだろうという思いもありました。

**石井**　天使館の方法論というのはどういうものだったのですか。

**笠井**　たった一つの方法論は、「踊りを教えない」ということでした。わたしが教えてしまえば、また一つの中心ができてしまいます。そうではなく、勝手にやりたいことやる。中心というものを一切持たないアナーキーな文化活動の場を七年間提供しました。土方さんや大野先生に啖呵を切って天使館をつくった手前、わたしがやれることと言えば、場を提供することだけでした。ゼロから何かが生まれてほしかった。ですから土方さんはこうしていた、大野さんはこうだった、なんて教えるつもりはまったくなかった。時代の風を受けて、踊りたい人たちが自由に踊れる場を提供したいという思いだけでした。その中で育ったのが、山田せつ子や山崎広太、大森政秀などです。当時、そういう自由な空間を必要としていた人はたくさんいたと思います。

**石井**　一九七〇年代の日本のダンス界において、天使館という自由な創造の場が数年も持続していたということは、ほんとうに驚くべきことだと思いますし、類例のない、ダンスの空間だったと思います。それまでのモダンダンスの流れから見ても、あるいは六〇年代前半からの舞踏の流れから見てもまったく違う、ひとつの新しい空間だったのではないでしょうか。それなのに、七〇年代末にそれをすっかり閉めてしまって、家族全員でドイツに移住してしまったのはなぜですか。シュタイナー思想やドイツ哲学を勉強するためですか。

**笠井**　ほんと、悪いなあ、と思っています（笑）。アナーキズムだとかヒエラルキーだとか言っておいて、ある日突然捨てた。みんな怒っていますよ。わたしは別にシュタイナーを極めるとかドイツ哲学うんぬんじゃなくて、結局、日本人がまだだれも触れたことがない、ヨーロッパ文化の根幹にある「核」を知りたかっただけです。

では、その核はいったい何かというと……難しいのですが。ヨーロッパ文化は哲学も文学も二元論ですけれど、本当に深いところでは、完全に分割した後に、それを合体させる方法論をはっきり持っているのです。例えばそれがベートーヴェンの第四楽章で、ここでは光と闇が一体になっています。ヨーロッパの凄さというのは、一回、水と油のように人間をバシンとまっぷたつに割った後、原爆のようにそれをぶつけて、ものの凄いエネルギーを出すところにある。このエネルギーのつくり方を、日本人は知りません。日本人は最初から一元論で、天も地も、男も女も一体で流れてきてしまっているからです。光と闇や酸素と水素をきちっと割って、それをもう一度ぶつけたときの、原子爆弾じゃないけれど、こういうエネルギーというものが、ダンスの中にわたしは欲しいと思いました。

**石井**　笠井さんは、そういうデカルト以来ヨーロッパに続いていた心身の二元論を超えたところに、ある種の見えにくいヨーロッパ文化の根源みたいなものがあると思ったのですね。

**笠井**　そうなのです。そのひとつがルドルフ・シュタイナーでした。デカルトの二元論から出られないヨーロッパ人の悲劇と、それをぶつけたような作品を作るベートーヴェンやモーツァルト、シュタイナーといった人たち。天使館の人たちをみんな捨ててドイツに行ったのは、それを自分の身体の中に確かめたい、という欲求からだったと思います。

**石井**　結局、ドイツにいた六年間に得た一番大きなものは何でしたか。二元論的なものを超える、根源的な何かには出合えたわけですか。

**笠井**　ドイツに行ったころ、わたしは言葉の力をまだ、見くびっていたような気がします。言葉の一番根源的な力というのは、例えば「海」と言ったときには、その言葉は「海」という意味ではなく、「海そのものを創造する」ことができるということです。要するに人間の身体の中に「外界」すべてがあって、それが言葉を通して生み出されていく。その言葉の力がリアルに感じられるようになったことじゃないかと思います。それが概念の中に目覚めるということではないでしょうか。

**石井**　けれどドイツに行かなくても、土方巽の『病める舞姫』や笠井さんの『天使論』（一九七二年）などを読むと、言葉が身体に働きかけるある種の触媒としての作用、言葉が内包しているある種のケミカルな作用というのは、すでにそこにあったと思うのですが。

**笠井**　確かに、以前から言葉がものを生み出す力があるという、非常にリアルな経験はありました。でも、これはどこまでも自分の経験領域にすぎない。人間とまわりのものが一元的に結び付いているというような汎神論的な、あるいは神秘論的な融合の世界は、体験の領域としてはあるのですが、やはりそれを言語化して説明したいという願望がありました。言語化できれば、人にきちんと伝達できます。

## シュタイナーと人智学

**石井**　ドイツから帰国したのが一九八六年、そして『セラフィータ』で本格的に日本のダンス界に復帰するのが九四年です。その間の七年のブランクはどうしていたのですか。八〇年代後半のいつのことだったか、笠井さんが池袋のスタジオ二〇〇で、シュタイナー思想とオイリュトミーについて熱っぽく議論し、オイリュトミーを実演するのに参加したことがありますが。

笠井　帰国してからは、人智学ばかりやっていました。スタジオ二〇〇でも人智学的な共同体という、やや仲間内の人たちに向かって話していました。浸っていたわけじゃないけど、それしか日本との接点はなくて、自分が日本人であるという感じが持てず、どこか異邦人的な部分が強かったのです。

それはひとつには、バブルのせいです。帰ってきた時は社会全体がバブルに浮かれていて、わたしはほとんど鬱病に近かった。そのような空気の中で、作品を発表しようなんてとても思えなかったし、人の踊りを観たいともまったく思わなかった。結局、ドイツからも含めると一五年間、社会生活をしていませんでした。そういう意味で、いわゆる社会的な活動を始めたというのは、九四年の『セラフィータ』以降だと思います。

石井　長い、長いブランクの後、九四年に日本のダンス界に復帰します。そう決心したのは、何がそうさせたのですか。

笠井　ドイツにいたときの七年間を、家族が五人いて、何の生活費を稼ぐこともなく生活していけたのは、一つの共同体的な地盤に支えられていたからです。日本に帰っても、バブル社会の中で自分の居場所がなく、結局、閉じたなかで活動するしかなかった。ですが、文化活動というのは特定の共同体の中だけで成立するものでは絶対にないので、やはりちゃんと社会に出ていかなければいけないと決意したわけです。もう一回外に出よう、それが『セラフィータ』になった。

石井　現在の天使館はどういうことを念頭に置いて活動していますか。

笠井　ドイツに行く前の天使館と共通している部分は、組織ではない、というところですね。アナーキーな自由な空気を持ちながら、しかし身体づくりを徹底的にやる。オイリュトミーもその一つです。

人間には基本的に持っている四つの身体があります。受胎前、胎児の身体、母国語を吸収している時の幼児の身体、それから大人の身体の四つです。大人の身体と言葉を吸収することによって身体をつくっていく三歳児までの身体は全然違います。また胎児の身体というのが本当に凄い。それと同じような意味で、死者の身体。イメージではなくて、死者にも死者の身体がある。そうした身体を結び付けるというのが、天使館の身体づくりの基本になっています。

具体的には、例えば、身体を動かしながら、日本語を朗読して、それを一生懸命聞く練習をしています。単純に、まず一生懸命聞く。それから、母音、子音の発声の仕方、例えば「あ」は喉の奥のほうで発声するし、「う」は唇の線が「うー」となるし、「え」は舌を使うとか、細かく一つひとつの発声を全部やり直します。オイリュトミー的な技法を用い、言葉の響きを全身で、動きの中で聞く。普通は三歳まではまだ記憶が形成されず、その時期に母国語を獲得します。「記憶を持つ前の身体」。そこに戻すためにそのような練習をするわけです。

## 海外での活動

**石井**　フランスのアンジェで一カ月ほど、ダンサーを指導されたそうですが、四つの身体のこと以外にどういったことを教えたのでしょうか。

**笠井**　ものすごく簡単なことです。身体が街角でどう変わるかなど、身体感覚の練習です。身体に関する感覚を再認識する作業ですね。

身体の鍛え方には二種類あって、ひとつは一生懸命バーベルを上げ、腕立て伏せをするなどトレーニングによって身体を作る方法。もうひとつは、気が付く、という身体のつくり方です。こちらの方が変わり方の大きい場合があります。「識る」ということは、凄く身体が変化するのです。

**石井**　言葉の意図的な働きかけにより身体が変わるということがあるのでしょうか。

**笠井**　言葉の意味を理解するのではなくて、言葉の力を生かし、イマジネーションとして使えれば、身体は変わります。言葉によって身体の持っている根源的なものを喚起するというのは、土方さんと共通した部分です。大野さんはイマジネーションの力でダンスをつくりましたが、それができるかできないかというのは、ダンスのひとつの分岐点ですね。

**石井**　『花粉革命』（二〇〇二年）では何カ国も行かれていますが、そこでいろんな身体に出会ったことで身体や振付に影響がありましたか。

**笠井**　例えばニューヨークとフランスという異なった場で振り付ける場合もそうですが、その作品をどの国で上演するか、という違いは凄く大きいのです。観客によって、その見え方が全然違うからです。

例えば、ドイツでつくって発表した『Das Schinkiro』（二〇〇六年）は、出演者の国籍が全部違いました。その違いからくる振付が自然と出てきますが、それを見るドイツ人は必ずしも国籍の違いは見ません。日本だと国籍の違いに目がいきますが、ヨーロッパの人は全然見ない。そこで何がなされているかのほうが重要であって、逆に国籍など問題にしたら、むしろおかしいという感じになってしまう。

男と女の違いも同じです。ドイツの更衣室では、男女が全員裸になって普通に会話しています。ダンサーをジェンダーや国籍、世代の差などで見ないといったグローバリズム、要するに、徹底的に素材として見るという見方です。今の作品の傾向として、個々の差異や個性的なものをグローバルな文化の中で、もっと大切にしようとしてつくる場合と、むしろ素材として冷たく扱う場合という、二つの違いを凄く感じますね。

二〇〇〇年のころ、グローバリズムがダンスの中に入り始めたころは、日本人にとってジェンダーや国籍を超えたすごく抽象的なダンスが、先鋭的で新鮮に思えた時代が確かにありました。それでフォーサイスの初期の作品などに刺激を受けたこともあります。

でも作品をつくるとなると、わたしはダンサーを素材としてはどうしても見られなくて、どういうダンサーか、この人は男なのか、女なのか、国籍はどこで、どういうふうに育ってきたのだろうか、といったことを丁寧に知りたいと思うのです。でもそんなものを全部取っ払って、抽象的なひとつのダンサーという方向で作品をつくったらどうなるのかなと、ふと思ったりもしますが。

**石井**　二〇一三年の海外での活動予定は？

**笠井**　一月から一カ月間、アンジェやセントナザルなどフランスに行き、エマニュエル・ユインとのデュオ作品『SPIEL/シュピール・遊戯』を製作・上演します。五月にはその作品を日本で上演します。

**石井**　現代作曲家や現代美術家など他分野のアーティストとの共同作業に関して、これから考えていることはありますか。今までそれが少なかった理由は？

**笠井**　おそらく、わたしは音楽的イメージが強い反面、絵画的、物質的なイメージが弱いので、これまでは高橋悠治など音楽家との共演が多かったのは事実です。ただ、機会があれば現代美術家ともやってみたいと思います。

　実はドイツの作家アンゼルム・キーファーと自分のダンスを組み合わせたいという思いはずっとありました。キーファーは、タブローを超えて、素材そのものにある見方を与えることによって素材自体を変質させるような作家です。彼はどこかの工場をそのまま作品にしたり、掘った穴を作品にしたりしていましたから、キーファーの持ってくるオブジェなどとやってみたらどうなるかという興味があります。

　ほかには、松井冬子という日本画家に舞台美術をやってもらいたいですね。松井さんは幽霊を画いていますが、画いているのではなく、幽霊になっているような……。日本画でありながら非常に新しいという感じがしますね。

**石井**　そのほか、これから新たにやってみたいことがありますか。

**笠井**　漠然とですが、『ハヤサスラヒメ』を女性だけで造ったらどうなるのだろうか、と考えています。というのは、わたしはダンサー主義ですから、男性の身体と女性の身体は全く違うので、作品をつくる上ではそこはかなり意識しています。『ハヤサスラヒメ』は男性だということをハッキリ意識して作られた作品なので、次はあれを女性でやったらどのような作品になるのか、ひとつの課題になっています。

**石井**　これからも笠井さんのチャレンジがいろいろ見られそうで本当に楽しみです。長時間どうもありがとうございました。

（二〇一三年二月八日）

# 肉体のEdgeに立つ孤高の舞踏家、室伏鴻《むろぶしこう》

室伏鴻vs石井達朗

## 舞踏の力

**石井**　二〇一一年七月に『ケンタウロスとアニマル（Le centaure et l'animal）』をスペイン・バルセロナのGRECフェスティバルで拝見しました。この作品は、騎馬オペラで有名なジンガロを率いるバルタバス（Bartabas）とのコラボレーションです。ケンタウロスはご承知の通り、ギリシア神話に登場する半人半馬の怪物です。舞台上には砂が敷かれていて、馬に乗ったケンタウロスのバルタバスがロートレアモンの『マルドロールの歌』の朗読が流れる中で登場し、離れたところにアニマルの室伏さんが存在しているというたいへん詩的な舞台でした。

**室伏**　ありがとうございます。バルタバスがわたしの踊りに興味を持っているということを石井さんから紹介いただいて、二〇〇九年初めに『バトゥータ』というジンガロの二度目の来日公演を見に行きました。そのときにわたしの踊りのDVDを渡した。そうしたら、しばらくしてコラボレーションのオファーがあったというわけです。わたしが動物のように四つん這いになって踊っているのをDVDで見て、「いったいなんでこんな踊りができるんだ」と驚いたというので、本気だなと思ってオーケーしました。

**石井**　「騎馬オペラ」と「舞踏」という、まったく異なるものが出合うとどうなるのかと思いながら見てい

たら、それぞれのスタイルは見事にそのままで（笑）、その「距離」が近づいたり離れたりしてとてもスリリングでした。二人の関係性の距離の微妙な変容がそのままパフォーマンスになっていましたね。初演はいつですか？

**室伏**　二〇一〇年九月にトゥールーズで初演した後、ノルマンディに行きました。一二月のパリのシャイヨ劇場の三週間は連日超満員でした。二〇一一年はフランスのラ・ロッシェル、モンペリエ、ロンドンのサドラーズウェルズ劇場、それからバルセロナ、イタリアのトリノ。一二月から来年にかけてはフランスの三都市を回ります。

**石井**　室伏さんのダンスとの関わりについてうかがいたいと思います。一九六九年に土方巽に師事していますが、それ以前に踊りとの関わりはあったのですか？

**室伏**　それについて言えば、二つあった気がします。ひとつは、「死体の体験」です。わたしは湘南の海の近くに五歳まで住んでいました。そこで波にさらわれて溺れかけた経験が二回ほどあります。それによく土左衛門が流れ着いていて、水死体がゴザを被っていた。海の水をイッパイ飲んで一度死んだ自分がゴザを被って横たわっているような感じを持ちました。

もうひとつは、「距離の体験」です。他者体験。接触と恐怖。言葉を換えれば「恥」ということです。神社の祭りに駆り出されても学校でフォークダンスをしても女の子の手が握れない。手が触れると震えたり、赤面する。自分の体が他人のもののようで、体へのわけのわからない距離を感じたということがあります。

直接ダンスに関わることでいえば、小学生のころからロックンロールが大好きで、ＦＥＮのビルボード・ヒットチャートや黒人音楽を聴いていました。わたしのアイドルはレイ・チャールズやサム・クックでした。高校生の頃は新宿のモダンジャズ喫茶に入り浸りで、夜になるとゴーゴーを踊りに行く。映画『ウエストサイド物語』のチャキリスとリタ・モレノには夢中になりましたね。
**石井**　室伏さんのイメージが変わりそうです（笑）。
**室伏**　わたしはベビーブーム世代です。アメリカは公民権運動、フランスは五月革命の時代で、高校時代からまわりが非常に政治的になってきていました。時代全体がそういう雰囲気でした。
**石井**　荒れた時代ですよね。一九六八年から六九年にかけては東大紛争もありました。
**室伏**　土方さんも秋田工高のラグビー部だと聞きましたが、わたしもラグビー部に一年だけ所属しました。バックスでした。ラグビーでタックル、デモへ行ってもスクラムという友人たちが一緒でしたが、わたしはちょっと距離を置いたところでコルトレーンを聴きながら詩を書いていた。大学生になって、物見遊山、下駄履きでついて行った王子野戦病院のデモでは尾行されて捕まり、留置所に四泊五日でした……。極右と極左がどこかで交差している時代でしたよね。
　舞踏との出合いについて考えると、その前に「ポップ・アヴァンギャルド」というか、そういう時代性がありました。例えばハイ・レッド・センターによる山手線事件や偽千円札事件などは大変刺激的な実験でしたし、僕にとっては土方巽よりも先に彼らとの出会いがあった。
　青年期というのは何事にも分裂的、両義的だし、アンビバレンスなものがある。あれもこれもやりたい、あるいは逆に、あれもダメこれもダメ。男でもあれば女でもありたい。カオス（chaos）とコスモス（cosomos）が一体化した「カオスモス」（caosmos）という言葉がありますが、わたしたちの生命は一義的に男であるとか女であるというより前に、すでに複数の性も多義的な選択も生き抜いている。身体についても、集中している時にカオスモスな体験をします。
　しかしそこから日常に引き戻してくると、整序的になって、あなたは男で、日本人で、社会的に美しい日本語で文章を書きます、というようなことになってしまうわけです。そうではない、それ以上のもっと繊細な何か――それを当時「肉体」と呼んでいたのだと思います。まあ、肉体ということばが流行っていましたね。

**石井**　その当時は「身体」ということばはほとんど使われてなくて、いつも「肉体」ということばが使われていました。だから一九六八年の土方巽の作品のタイトルが『土方巽と日本人―肉体の叛乱』ですね。唐十郎も「肉体」ということばをさかんに使っていました。

**室伏**　そうですね。土方さんは「はぐれた肉体」と言っていた。肉体が自分の思いの外を含んでいるという意味では、そこには情念を越えたものが含まれているし、社会的、歴史的に見捨てられたもの、はじき出されて非生産的なもの、そういう闇の抱えている大きさというところから肉体が語られていたのだと思います。「制度的な解体」と「自己解体の思想」が全共闘や三島由紀夫に同時に流れ込んでいくという、絶妙な時代だった。そんななかで出てきた『肉体の叛乱』は象徴的なものがありました。わたしは早稲田大学の学生でしたが、それは時代とフィットし、アクチュアルで、超・ファッショナブルな異形のものでした。会場は日本青年館、入り口に黒い馬が一頭つないである。なぜ馬なのか。そしてパチンコ屋の開店祝いのように花輪が林立して、派手な雰囲気でした。

**石井**　『肉体の叛乱』は一九六〇年代末という日本の時代の雰囲気をよく表していて、当時の室伏さんにとってたいへんインパクトがあったわけですね。

**室伏**　そうです。その頃はニーチェやアントナン・アルトー、ベケットを読んでいましたが、言葉から離れて体を使った表現を志向し始めたとき、ダンスについても考え始めた時期でした。「マンドラゴラ」というハプニング、イベントのグループを大学の仲間とやっていて、そんな時に、踊りでそういうことをやっている土方巽の公演があると、ハイ・レッド・センターの中西夏之さんが教えてくれた。

**石井**　その頃はパフォーマンスという言葉を使わずに「ハプニング」と呼んでいましたよね。演劇とか美術とか舞踊といったジャンルにとらわれず、何でもありの状態で、社会や政治に特攻を試みるようなハプニングが興隆していました。これは日本だけでなく、世界の資本主義社会の国々の大都市に共通して現れた現象で、室伏さんもその真っ只中にいた。それで、一九六九年には土方さんに弟子入りされるわけですが、どんなふうに申し込んだのですか？

**室伏**　『肉体の叛乱』のすぐ次の春でしたが、直接人物に触れたくてアスベスト館に土方さんを訪ねたわけです。ビショップ山田と一緒でした。そうしたら土方さん曰く、「君たち、今ちょうど乱交パーティ用の肉体を探しているんだ」と。「何でもやります」と二人で答えました。実は土方さんが東映の映画に出演していてその映画の話だったんです。

**石井**　映画のタイトルは？

**室伏**　『温泉ポン引き女中』（一九六九年）でした（笑）。荒井美三雄さんが監督で。新幹線代をもらって京都に行き、東映京都撮影所で合流した土方さんたちと、毎晩町に繰り出して、安い飲み屋で、芦川羊子さんや玉野黄市《こういち》さんとも一緒に飲んだのが最初の〝土方体験〟でした。

土方さんを見ていると、メランコリーといいますか、日常的にハプニングが起こる、起こすんです。次から次へと自己演技していくというのか、そういうスタイルをどうしてあんなに演技的にできるんだろうと、今でも不思議に思う部分があります。わたしが好きな土方さんの言葉に「野蛮な繊細」というのがありますが、日常的に暴発するわけですよ。一緒に楽しい酒を飲んでいたにも関わらず、突然、断裂をつくるというか、ガーンと。テンポを変えるためでしょうけど、突然泣き出してみたり。そうするとまわりは驚くわけですね。わたしにはそれ自体が彼のダンスに見えた。むしろ彼の作品の魅力を越えた土方の即興ダンスを見ているようでした。

**石井**　それで、土方との付き合いはどれくらい続いたのですか。『温泉ポン引き女中』だけの付き合いだった？

**室伏**　続けて東映映画に出ました。いまやカルトムービーになっている石井輝男監督の『恐怖畸形人間』（一九六九年）です。わたしは人間ボールの役で天井から吊り下げられ、土方さんはそれを揺すったり避けたりしながら踊った（笑）。土方さんのソロを撮影するための能登半島のロケではわたしが付き人でした。毎朝起きると寝床で土方さんに甘いコーヒーを入れて、彼が花嫁衣装を着たまんま海の中へ入って踊る……花嫁衣装が濡れると一生懸命乾かして……。とても思い出に残っている時間ですが、わたしが土方さんと近くで接した期間は実は短くて、一年ちょっとです。

## 大駱駝艦

**石井**　土方は舞踏の歴史に残る代表作『四季のための二十七晩』を一九七二年に発表します。その同じ年に室伏さんは麿赤兒さんとともに大駱駝艦を旗揚げします。大駱駝艦の創立メンバーは今から見るとすごい人たちが揃っていて、天児牛大《うしお》さんやビショップ山田さん、現在は活動を休止している白虎社を率いていた大須賀勇さんなども参加していましたね。大駱駝艦に参加したいきさつは？

**室伏**　わたしは大学に戻って卒論をまとめようと山伏の研究をしていました。出羽三山に即身仏のミイラを見に行ったりしていたのですが、一方で、土方さんのつながりでキャバレーの金粉ショーで稼いだりもしていた。ちょうどそのころ、麿さんが状況劇場を出て、新しいことを始めようとしていると聞いて、それなら磨さんの所に行ってみようと。結局卒論は放棄して大学は中退です。
**石井**　ちょっと話を戻しますが、今の室伏さんの踊りを見ていると、アメリカのポップカルチャーよりもむしろ山伏のほうが近いものがあるように思います。山伏というのは、日本古来のいわゆる山岳信仰に端を発していて、一種の自然崇拝というか。草鞋《わらじ》一足でおにぎりを持って山の中を歩き回るという修行をやったりする。今の室伏さんの舞踏に近いものがあります。たまに人類学や宗教学の研究者がそういうことに参加することはあるけれど、ふつうの若い学生が参加することはあまりないですよね。山伏の何に興味があったのですか。
**室伏**　死と再生ですね。イニシエーションとしての〈山〉、あるいはアニミズムと言ってもいいものですが、そうしたことに具体的な身体的関心がありました。
　もうひとつは、彼ら山伏が聖俗の間を行くその「いかがわしさ」とどこにも帰属しないその「放浪性」に関心がありました。山伏のような〈トリックスター〉のもつ両義性、多義性を「胡散臭さ、いかがわしさ」=〈異形性〉と言い換えてもいいと思いますが、一方でそれは、軽妙な移動性や流動性にもつながります。ひとつの権威へと生を帰属させない生き方がある。股旅やヤクザ、捨聖《すてひじり》（一遍上人）、すたすた坊（江戸時代、歌い踊りながら物乞いをしたこじき坊主）、そしてキャバレーの芸人……。自分の中にも、そうした一カ所に居つけないところがある。子どものころ、よく親とはぐれて迷子になりますよね。不安で心細いのに、迷っているほうが真実みたいな。それが、この年になってもまだスタスタボーでフラフラしている理由ですね（笑）。
**石井**　一九七四年に女性舞踏グループの「アリアドーネの会」が旗揚げします。磨さんや室伏さんも作品の振付をしています。そして一九七六年には、室伏さん自身が初めて男だけのカンパニー「背火」を旗揚げします。福井県の山奥が本拠地でしたが、そういう辺鄙な場所を選んだのも、山伏との関係が何かあるのですか。

**室伏** アリアドーネの会には最初プロデューサーとして関わりました。初期の『牝火山』（一九七五年）の三部作は麿赤兒演出です。当時、わたしは大駱駝艦の制作も同時に担当していて、『激しい季節』という新聞を編集して刊行したりしていました。そして、舞踏家は「一人一派」であるという麿さんの「天賦典式」論*のなかで踊躍した。北方舞踏派も山海塾もそういう感じで生まれて、わたしも「背火」を結成しました。

なぜ福井の山奥だったかに答えるなら、もちろん農耕地を耕しに行ったわけではありません。場所に非ざる場所、極端な過疎、〈外〉が必要だった。当時の、わたしたちのキャバレーの旅回りが日本中をヨコに横断してゆく感覚だとすれば、その境界的な感覚をタテに培養するという意味で、「北龍峡」というスタジオに非ざるスタジオを拓いたのです。稽古とは何か、公演の上演とは何かというわたし自身への設問を観客とともに共有したかった。一九七六年に、『虚無僧』で旗揚げしたときの「背火」はわたしひとり、作品は大駱駝艦グループの総出演で麿さんの演出で上演しました。わたしはそこで始めてミイラを踊りましたが、ちょっとしたイベントになった。北から南から千人以上の観客が山奥までやって来た。土方さんもお弟子さんといっしょに来て村人たちと一緒に盛り上がった。当時の『アサヒグラフ』に大変面白いドキュメントが残っています。

## フランスへ

**石井** 一九七八年に、背火とアリアドーネの会による合同のパリ公演が行なわれます。海外で「BUTOH」の名を知らしめる端緒となる、まさにエポックメイキングな公演でした。海外公演のきっかけは？

**室伏**　土方さんは招待されていたのに行かなかった。飛行機嫌いだったんです。大駱駝艦にも声がかかって、麿さんは四〇人くらいの大所帯で行きたいという。それはなかなか実現が難しい。わたしは制作も担当していましたから、調査の名目で一九七七年にパリに行くことにしました。行くならパリのキャバレーで踊れますかとリクエストしたら、シャンゼリゼに出来たばかりのジャルダン（Jardin）というキャバレーが引き受けるというので、カルロッタ池田とミゼール花岡に声を掛けた。ところが行ってみると、キャバレーのマヌカンたちが、日本のアングラなんかと一緒に踊るのは嫌だと言ったために契約が成立しなかった。こうなったら自分たちで本公演をやるしかないと、パリで場所を探したわけです。

翌年、ちょうどいい実験的なスペースの「Nouveau Carre Silvia Monfort」が見つかったので、「牝火山」やわたしの「ミイラ」で構成した新作『Dernier Eden—最期の楽園』を上演しました。この公演を『リベラシオン』紙や『ル・モンド』紙が大きく取り上げて、真冬の二月の深夜の上演にもかかわらず客が途絶えることなく、どんどん増えていきました。

**石井**　凄いですね。

**室伏**　『リベラシオン』はページ全面で扱いました。写真がバーンと。「暗黒舞踏のパリ・デビュー」として『日本読書新聞』に出口裕弘さんが書いてくださいましたが、このとき以来、「暗黒舞踏 = Danse de tenebre」もわたしたちが踊ったものも「Butoh」と呼称されるようになりました。

**石井**　日本では考えられないですね。全国紙でアングラシーンのことを大きく扱うなんて。日本の社会の中で舞踏というものが認識されるきっかけになったのは、逆輸入というか、海外で認められたからですよね。それは小津安二郎の映画も同じで、日本ではあまりにも日本的すぎるという理由のせいか、海外で上映することをあまり意識されていなかったけど、ひとたびヨーロッパで認められると逆輸入されるように日本での評価も高まりました。

一九七八年のその『Dernier Eden』パリ公演が、室伏さんの現在に至るヨーロッパでの長い活動のきっかけだったんですね。この公演をさかいにして、室伏さんは主に海外で活動するようになります。当時の代表的な作品として、一九八〇年代前半に初めて本格的に振り付けた『ツァラトゥストラ』(一九八一年)があります。

**室伏** タイトルはニーチェからとったもので、東京・青山の草月ホールで初演し、その後ヨーロッパの都市を回りました。

**石井** 一九八六年に土方巽が亡くなりますが、そのとき、室伏さんはどちらにいたのですか。

**室伏** パリに住んでいましたが、公演のために帰国していたのです。それで臨終にも葬儀にも間に合いました。亡くなったのが一月、スタジオ二〇〇の『漂泊する肉体』が三月で、中止にしようかと迷いましたが、急遽、追悼の惹句を入れて踊りました。パリでは、その直後にユネスコの四〇周年記念イベントを準備していましたので五〇人のヨーロッパ人のダンサーを招待して白塗りで踊る『PANTHA RHEI』を追悼公演として上演しました。男も女もみんな白塗りにして、階段式のステージを人=蛇が天井にはい上がっていくみたいに踊ってもらった。輪廻のような、ウィリアム・ブレイクの画のような(笑)。

## 境界の危うさ

**石井** 一九九〇年代の後半には、『Edge』(一九九八年)という作品を発表します。Edgeという言葉自体は多様なイメージがあると思いますが、観る側からいえば、室伏さんの「Edge」は、まさに最初から身体を危ない所=Edgeに置くと言いますか、縁の一番ギリギリの所に身体を置くというようなイメージがあります。

**室伏**　「Edge」は、「境界の危うさ」ということになるのかもしれません。つまり、自分の身体へ内向すれば内向するほど、むしろ自分の外部性に触れていく。『常闇形《ひながた》』というテキストを書きましたが、わたしは最初にミイラを踊ったときから、身体の縁とか際《きわ》、隅っこにあるものとか、そういうものに対するこだわりがずっとあって、Edgeという言葉はそこからきています

**石井**　室伏さんはウィーンの「インパルスタンツ」というフェスティバルやアンジェのフランス国立振付センターを始めとして、今までに多くのワークショップを海外でやってきました。そもそも室伏さんの作品は、それ自体が室伏さんの身体でしかあり得ない、他の身体に置き換え不可能なものだと思うのですが、その室伏さんが他の人たちに対してどういったワークショップを行なうのかとても興味深いです。

**室伏**　「息（呼吸）」と体の「軸（アクシス）」の交差・交錯がすべて。要するに、均衡＝不均衡なのですが、それは何かといえば、「エッジ」のバランスですよね。バランスから外れるということを自分の身体で十全に体現するためには、実際にバランスが成立した感覚を知るところから始めないといけない。しかしそれを持続するのは不可能ですね。軸に同一化するというのが「死」、つまり「死体」です。もちろん実際死体ではないから、軸に完全に一致してしまうことはあり得ないけど、身体の中にそういう瞬間があって、その瞬間がある意味の死の模擬、写された時間です。スレスレです、そのズレが「生命」。

つまり命というのは、その軸から絶えずズレることの反復でもある。生きて呼吸をしているという感覚は、常に軸からズレる移動の中にあって、その隙き間のプロセスの中に死の時間がたたみ込まれている。呼吸は絶えず循環しているけど、その刻々に死がたたみ込まれているという、命とは大変パラドクサル（逆説的）で同時的なんです。「1、2……」と数えられる時間と数えられない時間が平行していて、それが身体の中

で両方を生きている。

**石井**　そこは難しいところですね。数えられる時間と数えられない時間を両方生きていて、その双方を行ったり来たりしながらダンサーの身体性というものが立ち現れる。……と言われると、普通のダンサーはなかなかそういう感覚は理解できないかもしれません。なぜなら、一般的にダンスというのは、数えられるカウントに従って動きの展開を考えたり踊ったりということが圧倒的に多いですから。

**室伏**　だからむしろ、それを舞踏＝ダンスと言っていいのですが、（その感覚を言い換えるなら）流れ、生命の「危うさ」と「果敢さ」ということです。

**石井**　それが恐らく、土方が生み出した舞踏が、今に持続している一つのアスペクトであるのかもしれないですね。

ところで室伏さんの闊背筋《かっぱいきん》が極度に発達した猫背は、二〇年前と比べても今の方が遙かにたくましく見えます。室伏さんがジムに行ってバーベルを持ち上げたりしているなんて光景は想像できません。どんなふうに鍛えているのですか。

**室伏**　うーん……わたしはいい加減ですよ。毎朝トレーニングをしてから人に会いに行くという勤勉さからは外れております（笑）。「特異」と言えば、どの身体もすべて「特異」。だから、猫背を矯正する方向にはいかない。猫背のまんまやろうじゃないの。ケモノの品位というか、雑草の持つエレガンスというか、動物性に対するこだわりがあります。ある種本能的な速度と強度。人間は、動物でもあり植物でもあり、そして鉱物でもある。二足歩行だけではなく片足で四足で、盲目で、猫や犬とも花や石とも交通し混成する、むしろそうして錯乱する、そういう〈野蛮で繊細な〉時間に対するこだわりがある。

呼吸の話をしましたが、普通に息をしているだけではすまない危うい移動のときがあります。「ヒャッ」

とシャックリしたり、寝言を呟きながら不意に窒息する。実際に四足歩行をしてみることで、立ってカウントをとってリズムに乗って動いていくようなことではなく、そこから外れてしまった〈外〉の時間へと向かわせる。変成する生なのか回帰する生なのか、その感覚を体の資本として、鍛える必要はないけど、反復していく必要はあると思っています。

**石井**　そこを土方的に言えば、はぐれてしまった領域を〝採集〟していくということですよね。土方巽は晩年に「衰弱体の採集」ということを言っていましたけど、それがまさに舞踏の舞踏たる所以かもしれない。つまり、カウントされるリズムだけでつくられてきた身体と、そうでない部分を一生懸命すくい上げようとしてきた身体とでは、やっぱり筋肉の付き方から動きの付き方も違ってくるし、表現そのものも違ってきます。

**室伏**　そうですね。土方さんの頂点はやっぱり「衰弱体」かもしれない。ダンスは二足でやるというルールに縛られない、むしろそうではなくて、その不可能性から立ち上げるということでしょう。土方さんは間を外してしまうとか「間腐れ」という言葉も残しているけど、ある種の生産性から逸脱してしまった体、それは不能であったり不可能であったり、いわばインポテントですね。インポテントなものに何でそれほどこだわったのか、やはりそれは戦争が残したものではないか。だから、ある種〝不能力〟というか、不具性につながるような共同体を考えていた。

ハイ・レッド・センターの話でも出ましたけど、犯罪性や不良性、社会が一致団結して生産のほうに向かいましょうとなったときに、どうしてもそこから外れてしまう過剰なもの、余り、他所がありますよね。アマノジャクだって、みんながあっち向きならこっち向きと。そうならば、こっち向いたアマノジャクとは誰なのか。そういうものが必ず社会にはあるし、それがあってこそなんだ、と思う。それは単にポリティカルな問題ではないですよね。

**石井**　そうはいっても広い意味ではそれはポリティカルな問題でもありますよね。社会というのは百人が百人とも同じ方向を向いているということはありえなくて、その中には、こういうことができない身体もたくさんあるし、すべての人がポジティブに生産性を持っているわけではない。それに背くような身体もあるし、また、そういうことに参加できない身体もある。衰弱体というのは、そういう領域をすくいあげたうえで、それをアートの表現としてどのように再創造していけるのか、ということだと思います。

室伏さんは三〇年以上にわたり内外で踊り、作品を振り付け、ワークショップを行い、舞踏が国際的になるのに大きく貢献してきました。今後について、これだけはまだやり残していると思われていることはありますか。

**室伏**　初心忘るべからず、です。「舞踏」は、神様のためにも日本人のためにも踊るものでもない。伝統的な美や様式にも帰属しない・帰属できないところから始まった。わたしも、踊れない・踊りたくないから踊り始めたようなところがあります。昔自分が書いたものに、「僕は死のうと思って踊り始めた」というのがありました。それは、まんざら比喩だけで言ったのではないという思いがあります。なぜ「木乃伊《ミイラ》」から始めたか、その原点に立ち帰ろうと思います。子どもの頃に見た水死体が、わたしのある種の原点なのかもしれません。踊りの運動性というのは、単に動き回ることではない。不動の中に運動性がきちんと折りたたまれているわけで、そういうものの原点に帰っていくということでは、絶えず実験なのだと。それは、踊り続けることだけでなく、踊らないままあの世に行くことでもいいわけです。やり残したかどうかということで言えば、絶えずやり残しているとも言える。つまり、踊りには始まりも終わりもないんです。

（二〇一一年一〇月二八日）

＊天賦典式　「人々がこの世界に生まれ入った事件こそを先ず大いなる才能とする」という麿赤兒の考え方。そのため舞踏家は一人一派の存在であるとされた。

# 「土方巽《たつみ》誕生」前夜

ヨネヤマママコ vs 元藤燁子 vs 石井達朗

## アスベスト館

**石井** お話をうかがうのは、土方巽亡きあとアスベスト館を主宰している元藤燁子《あきこ》さん、そしてヨネヤマママコさん、日本におけるパントマイムのパイオニアです。ヨネヤマさんと元藤さんを結ぶのは、土方巽という人物しかいないわけで、ふだんあまり語られることのない若々しい土方が蘇ってくればいい、と思っています。

まず元藤さん、目黒のアスベスト館はどんなふうに生まれたのですか。

**元藤** わたしがアスベスト館を見つけたのは一九五〇年で、目黒川を渡って目黒通りの坂を上りきったところに面白い一角があったんです。硬い扉があって鍵がかかっていて、これは何だろうと。そこをくぐると「慰廃園」という木の札がかかっていました。明治時代の終わりの頃、私立のハンセン氏病院の跡地だったんです。当時、「フジワラ」っていうおじいさんがいらして、写真を見せてもらったんです。その写真を見ているあいだ、体が震えている状態でした。肉体と対話する。自分は体をどうつくっていくのかと、体の問題と取り組んでいましたので、わたしの考えと一致する場所だなと。

**石井** 施設はあったんですか。

**元藤**　いえ、建物は九州の島に移っていたので、空き地があるだけ。跡地として教会があったんです。わたしは三歳くらいからダンスをやっていましたから、肉体を追い続けておりましたので、体の学校を作ろうと思っていました。ここは適していると。

**石井**　おひとりでですか。当時は結婚もされていない。

**元藤**　そうです。わたしが一九歳。

**石井**　そのあと津田信敏さんと結婚されましたね。そのときの資金は、元藤さんのお父さんからですか。

**元藤**　はい、そうです。いきさつは本（『土方巽とともに』筑摩書房）に書きました。体の学校の前身である津田・元藤近代舞踊研究所をつくりました。それからわたしは津田と別れて、土方と一緒になったんです。わたしは生涯、二人の舞踏家と過ごしてきたわけですが、津田については、ひと言も語られないですよね。非常に革命的なモダンダンスを開拓した人なのに……。江口隆哉、邦正美と津田の三人は、そうとう新しい舞踊家だったんです。

**石井**　ヨネヤマさんは、津田さんやアスベスト館についてはご存じだった？

**ヨネヤマ**　はい。わたし、江口先生の弟子でした。

**石井**　ママコさんはマイムを始める以前、江口さんの弟子だったんですか。

**ヨネヤマ**　わたしは江口先生の弟子でありながら、舞踊コンクールで、『雪の夜に猫を捨てる』（一九五四年）というタイトルのマイムを取り入れた作品をつくってしまったんです。それで、審査員の方が、「これは踊りではないんじゃないか」ということになってしまいました。そのころ、マルセル・マルソーが来日しまして、アリャーッとわたしの道が決まってしまったんです。わたしは本能的にマイム的な踊りをつくっていました。『雪の夜に……』はわたしのデビュー作で、ダンスマイムって言われました。日本舞踊の先生からは、もしかしたら日本舞踊なんじゃないかって言われるくらい、日本人的な情緒があったみたいです。だから純粋なマイムかどうか。自分で言ってしまうと元も子もないんですが（笑）。

**石井**　舞踏の歴史の起点とされている土方巽の『禁色』が一九五九年。それ以前の土方が何を求めて上京し、どうしていたのかは、あまり聞きません。ママコさんはそのころの土方とじかに接していた方なのでうかがいたいんですが、ママコさんが最初に土方を見たのはいつですか。

**ヨネヤマ**　安藤三子《みつこ》（哲子）さんというジャズダンスの先生のところで、先生に「ボクちゃん」とか言われて、かなり大人しくしていました。米山九日生《くにお》という本名で踊っていました。安藤三子先生は作曲家の方（宅孝二）と一緒に活動していました。土方は安藤さんのお弟子さんで、土方ともう一人踊る人（図師明子）がいました。そのあと、今井重幸さんの阿佐ヶ谷駅前の小さなプレハブの貸スタジオ、スタジオ・アルスノーヴァで踊ってました。

**石井**　今井重幸さんは、ママコさんと一緒に住んでたんですか。

**ヨネヤマ**　スポンサーであり、スタジオを作って貸してくださり。パトロンっていうんですかね、一緒に暮らしていたんです。

**石井**　阿佐ヶ谷の駅前のスタジオですか。

**ヨネヤマ**　今でもまだあります、ボロいですけれど（～二〇〇七年）。スタジオ・アルスノーヴァ。彼は作曲家と制作者を兼ねてますから、わたしはそこで六歳から一二、三歳の子どもを集めて教えていたんです。スタジオを借りた分だけノルマで稼がなくてはならなかった。三五人くらい生徒がいまして、東京に出てきてまだ二年くらいだったし、二三歳くらいだったからかなり大変でした。

**石井**　それはいつ頃ですか。五〇年代後半ですか。

**ヨネヤマ**　後半ですね。へんな話、まだ水洗便所がありませんでした。阿佐ヶ谷も汲み取り式でした。そのスタジオの前に飲み屋さんがあります。そこがわたしの応接室だったんです。そこに土方が飛び込んできまして。

**石井**　なぜ？

**ヨネヤマ**　なぜなんでしょうね。例のしゃべり方ですよ。非常に緊張している。「ママコさんねえ……」って言って、そのあとしばらくないんですからね。で、また「ママコさんねえ……」って。何を言おうとしてるのか、オレがここに来たよって意味なんでしょうけど。そのあと彼はそこに居着いてしまったんですね。

**元藤**　そのまんま？

**ヨネヤマ**　そのまんま。今井重幸先生も土方がすごく面白いし、新しい公演をやりたかったから、土方に居候させて、何か新しい面白いことをやりたかったんだと思います。わたしに生徒を教えさせて経営を成り立たせて。アーティストであって先生であるという、両方であるのは大変ですね。先生っていうのは博愛主義でいなきゃならない。与え続けなきゃいけない。アーティストってのは、時に自分本位で考える自分主体。そのまったく矛盾したことを、田舎から出てきて二年のわたしがやらなければならなかった。当時はそれですごく悩んで。だから男が目の前に「ママコさんね……」って現れてもピンと来ないんですよ。今考えたらもったいないような（笑）。

## スタジオ・アルスノーヴァで

**石井**　ママコさんは、何歳のときに上京されたんですか。

**ヨネヤマ**　東京教育大学（現・筑波大学）に一九歳で入って、大学の三年目に今井さんに、「天才かもしれない」とか言われてスタジオを与えられたんですよ。今井重幸氏が三五歳のときでした。昔の言葉でいう「家つきカーつきババ抜き」っていうやつ。高度成長期の前ですね。日本が栄え始めて、汲み取りから水洗便所になるころ。考えると土方は、スタジオ持ちの男よりも、スタジオ持ちの独身女を探していたんだなと。元藤先生がスタジオ持ちなんですね。両方とも美人で、当時はですよ（笑）。……で、男もいない。わたしも今井さんはいるけど、いないと思えばいないと。

**石井**　そう言われてみると、ヨネヤマさんには今井重幸という男性が後ろで控えていて、元藤さんには津田信敏というレッキとした旦那がいたんですよね。男がいようがいまいが関係なく、土方はスタジオ持ちの女を狙っていたと……。

**ヨネヤマ**　そうです。彼は最短距離を行くんです。

**石井**　男がいても気にしない？

**ヨネヤマ**　見えてない、聞いてないんですよ。なにしろ、わたしは毎日どうやって教材作ろうか、考えてるんですよ。生徒から月謝も取ってるし。でも土方はひたすら風を見ているわけです。風になってるんです。風船男。歩く風船。元藤さんの前でこんな話をしていいのでしょうか？　わたしを飛び越して元藤さんへ。わたしは左折した、みたいな。なにしろ二階の応接室に夜中行ったら、裸でポーズしてるんですよね。今思うと非常に美しい体でした。わたしは上がっていってアッて驚いて、目を点にして、彼のおケツを見て、「この野郎！」と思いましたね。負けてなるものかと、誘惑に。そのまんますれ違ってしまったんですね。

**元藤**　若かったからよ！

**ヨネヤマ**　わたしが二三で、土方三〇くらいでしょ。こっちは生活のことで手一杯。余裕がないんですね。だから裸が見えないんですね。

**石井**　でも、土方の魅力的な体を見ると、ゾクゾクするようなことはなかったんですか。

**ヨネヤマ**　（爆笑）舞踊家ってバカなんです。現実が見えないんです。おわかりでしょう？　純粋であるから、真実を通り過ぎちゃうんですよ。わたしがその機会を失ったわけじゃなくて、舞踊家っていうのは、生から死まで一つひとつが大変なんです。チャンスを逃してしまうんです。

逃したとは言っても、土方は元藤さんのとこに行ったからよかったんです。元藤さんという決定した港があったから、わたしを通り過ぎたんです。土方さんは花開いていたんです。何しろ、デュエット踊ってて勃起しちゃうんですよ、硬くなってる。ニジンスキーが『牧神の午後』を踊ってて、マスターベーションしたっていう話を聞いたことありますけど。わたしとやりたくて土方はデュエットをつくった。踊りながらね、勃起するんですよ。この「野郎！」って無視して踊ったんですけどね。あれが『禁色』のベースになったんじゃないかな。

そして舞台では、スタジオのね、月謝をとってるわたしの子どもたちは使わない。男を使うんですよ。一列でツツツッと歩く、列から離れる。逃げた！って思って見てた。あとで言うことが、「ここにねえ、いっぱい精液が溜まった動き方をするんだ」って言うんです。そんな振付師ってありますかね。わたしは当時子どもだったから、ボーッとしていた。そして、うちから元藤さんのところに行ったんです。

**石井**　ママコさんのところには、何年いたんですか。

**ヨネヤマ**　二年いたんじゃないですかね。

**石井**　そんなに長く？　今井さんのお話だと一年。

**ヨネヤマ**　わたし、嘘つきましたね（笑）。

**石井**　一年っていう期間だって、微妙な関係でいるにしては長いですよ。今井重幸さんは明らかにママコさんに惚れ込んでスタジオを与えて、一緒に暮らしてたと思うんです。そこに土方という男が突然転がり込んで来て、今井さんの「嫉妬」というのはなかったんですか。

**ヨネヤマ**　いろいろなことがあるんじゃないでしょうかね。新しいものを作りたいと思ってるときに、嫉妬心を克服していたかもしれない。同時に、わたしという才能が作品をどうやって生み出すだろうという興味と、わたしという能力が子どもたちを教えてお金を稼ぐ期待と。制作者ってのはいろいろなことを考えますよね。三角関係ですよね、不思議なカオス。今考えると無茶苦茶ですよね。

**石井**　『禁色』（一九五九年）をつくる一、二年ぐらい前のことですね。『禁色』の前には今井重幸さんやママコさんの作品に、土方は出演して踊ってますね（『ハンチキキ』『埴輪の舞』一九五九年）。ママコさんが踊っていた当時の踊りは、西洋的なモダンダンスですか。

**ヨネヤマ**　きちんとモダンダンスでしたよ。でも土方さんって、モダンダンスやってても、こうバランス取れてないんですよ。不思議にバランスが崩れている、ズレてるんですね。ズレが彼の基本だった。彼がこうなる（縮こまる）ようなことをやる前のことです。彼には始めから、まともにモダンダンスをやろうって意識はなかった。

**元藤**　ママコさんの話を聞いていて、わたしは、彼はそういうやり方だったなって思ったんです。土方は戦争っていう体験、危機を乗り切ったんです。だから、欲しい物はすぐ手に入れなきゃいけない。

**石井**　土方がそう話したことありますか？

**元藤**　ええ。「たとえば隣の旦那さんを好きになったら、君どうする？」って。

**ヨネヤマ**　（笑）

**元藤**　わたしはこう言いましたよ。欲しいものは、わたしのやり方だったら必ず近づく。これが欲しいとなったら、後回しにできないんですよ、戦争を体験してるから。人のものでも奪う。

**ヨネヤマ**　わたしは田舎の娘で、あんまり戦争の被害を受けてないんです。

## 土方巽と津田信敏

**石井**　元藤さんは土方さんとほぼ同い年ですか？

**元藤**　同じ年代です。生と死の感覚がものすごく強かった。その幼児体験が作品で骨格化されていった。それ以外考えられない。ちょっと時代が違っていたら、別の感覚だったろうねって、土方と話しましたよ。

**石井**　土方さんが突然アスベスト館に現れて、居着いちゃったわけじゃないですよね。

**元藤**　うちの場合はね、わたしが言ったの。

**ヨネヤマ**　（笑）

**石井**　元藤さんは、日本でも有数の舞踊家の旦那さんと稽古場を持っていた。そこに突然やってきた海のものとも山のものともつかない男に、元藤さんのほうから……？　何かスパークするものがあったんですか。

**元藤**　あとで考えて、やっぱり運命なんだと。わたしの場合は、根っ子にあるものが自分の踊りをつくっているんです。直感。それとわたしは好奇心が強い。「今、土方を選ばなければ！」と思ったんです。すごく、しゃべることが一致したんですよ。土方とは同い年でしょ。話が合った。

**石井**　津田信敏と元藤さんは、夫婦としてどうだったんですか。別段、問題があったわけじゃないですよね。

**元藤**　夫婦としてはなんとなくムリがあるんです。革命的な偉大な前衛芸術家ですから、四年くらい経つとね、差がわかる。窮屈になってくる。

**石井**　津田さんのほうが先生で、元藤さんが生徒さんという関係ですね。

**元藤**　そういう夫婦。「そうじゃない」って言ってるけど、だんだん反発することもあったから、土方についてったんじゃないかな。

**石井**　二〇歳年上の津田信敏さんの立場にたってみると、どうだったんでしょうね。突然やってきた、強烈な個性を持った若い男のもとに奥さんが走り去り、二度と戻らないわけですよね。津田さんは、それに対してどんな態度を取りましたか。

**元藤**　怒りました。

**石井**　そりゃ怒りますよ！（爆笑）。津田さんに悪いと思わなかった？

**ヨネヤマ**　土方が突っ走っちゃうんですよね。ずっと、最短距離を行く男ですから。人生のことを一切考えなかった。創作のことだけ考えていた。

**石井**　ママコさんのところに転がりこんだ時点では、土方は無名だったんですよね。『禁色』をつくってから、六〇〜七〇年代になるとあちこちで活躍するようになる。それ以前の土方を知っている身としてはどうでしたか。

**ヨネヤマ**　一緒に共演した演出家の方が「土方、大物になったよ」って言いました。わたしがアメリカから帰ってきたときでした。最後に新宿のアートシアターで公演するとき、土方がお弟子さんとわたしの顔を見に来ました。「あれが僕の昔の友だちだよ」って言うんで、びっくりしましたよ。電車に座っていたら、今、土方の舞台に出演していた真っ白い男がわたしの顔をのぞきこんだんです。あれはバブルの前で、新宿駅を白塗りで高ゲタ履いていても大丈夫だったんですね。土方が教えてたり、わたしが教えてたころは、「新人類」なんて子はまだ出ていなかった。生徒さんを教えるのがラクでした。ほんとうに若くても教えられたたんです。

わたしは長い間やっていて、教えるのに疲れ果ててしまったんですけれど、土方は一番弟子、二番弟子に精魂込めて芸を教えたと思うんですね。それは非常に時間と情熱をかけて。ただ舞踊家の悲しさで、教わるほうは教わりながら、自分はどういうふうに飛び立とうかなって考えてる。蛹から蝶になったつもりで、次のことを考えてる。でも教えるほうは、その人を徹底的に信用して教えてる。情熱を注ぎ込んで、自分の体が割れて、一部を持って行かれるような感じなんですね。土方もそんなふうに教えてたんだ、と我が身を顧みて思うんですけど。あまりに深く長い時間と情熱をかけて教えたから、生徒たちが勝手なことやってると嫌いになっちゃうんです。彼らとしては自由にやってるんですけど。

## 「身体」という炎

**石井**　ママコさんは日本のマイムの先駆者で、ある時代は知らぬ人はいないくらい活躍してました。ママコさんにしろ土方にしろ、強烈にオリジナルな身体性を持っていました。ただ、それをお弟子さんに伝えることは、うまくいったと思われますか。それとも根本的にはムリ?

**ヨネヤマ**　土方はうまくいっていないんじゃないかな。というのは、身体性っていうのは、ひとつの炎だと思います。炎はお金でも時間でも計算できない。それはカリキュラムにならないんです。だから気がついたら三年も四年も教えてるんです。気がつくと向こうはうまくなってる。こっちは干涸らびている。土方もそういうふうに教えていた。形を作るのにハンコ、肉体を刻印するって言葉を使ってますから、教えるって気持ちとは別だったんではないかって思うんです。弟子が各地に散らばっているってことは、傷が何個あるか、そのぐらいの教え方を土方はしています。カリキュラムとかクラスとか、そういう計算はできない教え方を彼はしていた。土方に教わってカラダのあっちゃこっちゃが動いている人は、今、土方のカラダがないということを超越している。だから石井先生と元藤さんが、かつて踊った土方の血を、メソッドをもった弟子を一堂に集めて束ねてほしい。アーカイヴっていうんでしょうかね？

**石井** ママコさんがもっているものも、教えきれない？

**ヨネヤマ** メソッドになりきらない炎だったんですね。炎はいったん消えたら、それはもう終わってしまうんですね。

**石井** マイムといえば、以前はヨネヤマママコ。今なら新しいマイム集団「水と油」が、かなり評判になっています。先駆者のママコさんがご覧になると、どんな感じですか。

**ヨネヤマ** わたしはかなりの実験をクラスでやりました。わたしが関心を持っているのは、ああいう実験でなくて。最近のわたしの作品は、お寿司屋さんとか、自動販売機にブーブー文句言ってるおばあちゃんとか、日本のなかにある痛み。「水と油」のような実験的なことを、わたしも長い間クラスのなかでいろいろやってたんです。昔やったな、という思いで見ています。

**石井** ママコさんにはまだまだ新しいことを開拓して、ぜひ活躍を続けていただきたいと思います。ママコさんが開拓したマイムの領域って、それまでの日本人の身体に根付いていなかったものだと思います。流麗で微妙な表情のなかに、ひとつの世界が見えてくる。そういうユニークな仕事を、ぜひこれからも続けてください。元藤さんは、土方のそばで長年お弟子さんを見てこられて、若い人たちに伝えていくってことに関して何か考えていることありますか。

**元藤** だれかにわたしの考えを伝えたいとか、何してもらいたいとか、そういうのはわたしは駄目だから。手取り足取り教えるよりも、人の芸を盗んでとかを、身をもって体験してほしい。

**石井**　土方巽、笠井叡、大野一雄、第一世代の人たちは強い個性と方向性を持ってました。ただし今の状況を見てると、必ずしも、彼らの蒔いた種から芽がでて新たな実になっているとは、思えないところがあります。麿赤兒、天児牛大、室伏鴻、田中泯などは例外です。

　ところでアスベスト館が存在してきた目黒のあの場所が、不良債権問題で没収されてしまった場合、「アスベスト館」という名前は残して、違う場所に移って、舞踏活動を続けることはできますか。

**元藤**　土方巽というのは人の心に深く残っていると思います。心に土方がいればいい、場所ではないと思います。今の日本文化の状況が心配です。安心して死ねるかなというくらい心配です。次につないでいくことを、若い力で考えていただきたいと思いますし。何か形になっていけば、たいへんうれしい。

**石井**　土方巽という人間が我々に残した問題は、「近代」という時代を考えるうえでも、身体やダンスのことを考えるうえでも、永遠の問いかけであったと思います。それは「舞踏」というジャンルのことだけのことではなくて、一人ひとりが自分の身体とどう向き合うか、カラダで表現するというのはどういうことなのか、というもっと根源的な問いかけであるからです。その意味で、土方はわれわれに永遠に終わらない宿題を残しました。今日は、土方巽という強烈な個性の存在があって、ママコさんと元藤さんが再び出会い話をしてくださいました。お二人とも、本当にありがとうございました。

（二〇〇二年八月一七日）

# フラメンコの異端児か、革命児か？

イスラエル・ガルバンvs石井達朗

## 「静」のフラメンコへ

**石井**　ガルバンさんはフラメンコづくしの環境で育ったとか。

**ガルバン**　まさに家族みんながフラメンコという環境でした。というより、フラメンコがわたしの家族と言ってもいいくらいです。わたしの場合はバイレ（踊り）ですが、強制されて学んだのではない。そんな家族環境なので、育つ過程でひとりでに身についてしまった。体の一部なんです。

**石井**　舞踊団に所属して踊り始めるのは一九九四年ですね。ダンサーとしてカンパニーの一員として踊ることから、「作品」をつくるということを意識したのはいつごろですか？

**ガルバン**　自分の作品を初めて発表したのは一九九八年です。九八年からの四年間ぐらいは、フラメンコとダンスのあいだを往きつ戻りつしていたんです。当時の観客は、わたしの表現をあまり理解してくれなかったんですよ。そして、二〇〇〇年にからだが変容してゆくということをテーマに、『変身』という作品をつくりました。

**石井**　「フラメンコとダンスのあいだを往き来する」というのは、興味深い表現です。ガルバンさんはフラメンコの伝統のなかに深く入り込み、伝統を極めた者だけに許される先鋭性を獲得しているという印象をもっています。

**ガルバン**　わたし自身は自分のことを「フラメンコの踊り手」と捉えています。そして少しずつではあるけれど、今、自分のフラメンコの語彙をつくってゆく過程にいるんです。何がフラメンコかというと、すべての動きがフラメンコでありうる。フラメンコ的なエネルギーというものが存在していて、それがいちばん重要なんです。わたしにそのエネルギーがなくなったら、そのときこそわたしにとっての危機でしょうね。

**石井**　ガルバンさんの作品の『黄金時代』は、一九世紀末から一九三〇年代ぐらいまでを指すと聞きます。ガルバンさんは、この時代をどのようにイメージしていましたか。

**ガルバン**　わたしが幼少のころは「フィエスタ」、つまり祭りが盛んでした。いろいろな芸人たちが、街頭で多彩なパフォーマンスを騒々しく繰り広げていました。その前の時代に遡ると、「静かなフラメンコ」というものが存在していたと思うんです。それに対して、今わたしが生きている時代のフラメンコというのは、リズムとハーモニーのフラメンコです。ギターのパコ・デ・ルシア（一九四七～二〇一四年）とか、カンテ（歌）のエンリケ・モレンテ（一九四二～二〇一〇年）とか。

だから、「黄金時代」というのは「静のフラメンコ」の時代のことなんです。この時代はハーモニーとかリズムを引き立たせるよりも、静かな方向に向かいます。今のやり方でこの時代を作品にすると、逆に新鮮な感覚をもたらすのではないかと考えたんです。

**石井**　なるほど、時代を遡ると逆に、現在に対して新鮮な息吹を取り戻せるということですね。そこから静と動が際立つガルバンさんのテクニックの鋭さが、生まれてきたのではないかと思います。日本の居合道などを思い起こします。フュージョンというように、異種の要素を積極的に取り入れてフラメンコに幅をもたせる人もいますが、ガルバンさんはまず伝統に深く降りてゆきますね。そこに新風を吹き込む。すぐに新しいものに飛びつく人もいますが、ガルバンさんのやり方のほうが難しいでしょう。

**ガルバン**　伝統的なフラメンコそのものも、いつも変化してきたんです。二〇世紀初めごろの映像を見ると、たとえばヴィセンテ・エスクデーロ（一八八八～一九八〇年）はフラメンコに見えないかもしれません。すごく野生的で自由なフラメンコを踊っていました。またカルメン・アマヤ（一九一三～一九六三年）は女性が慣習的にもっていた表現を壊した人だった。そういった意味で、わたしも伝統的なフラメンコを変容しつつ踊っている。そんな意識をいつももっています。

**石井**　『黄金時代』の舞台をとおして、ガルバンさんがミュージシャンの二人に対して、リスペクトをもっているということが強く感じられ、そのことにも感動しました。

**ガルバン**　この作品では音楽と踊りの在り方を、通常のフラメンコとはちがうかたちでつくりました。音楽家が背後にいて踊り手が前に出て踊る、というのではない。ギターがいてカンテがあって踊りがある。その三つの要素が独立して同等に存在しているのです。

**石井**　二人のミュージシャンとは、カンテのダビ・ラゴスとギターのアルフレド・ラゴスですね。本当に素晴らしかったです。二人は兄弟ですね。どのようにして彼らに出会ったんですか？

**ガルバン**　もともと近い街に住んでいたんです。そのうえ、フラメンコのコミュニティはなにかしらつながっているということもある。彼らはヘレスに住んでいて、わたしはセビリアにいた。この兄弟は、わたしと同世代でもありました。もちろん、アーティストとして優れているということは大切なんだけれど、わたしとしては気持ちが通じるということがすごく大事なんです。

**石井**　『黄金時代』はすでに欧米で二六〇回以上公演されてきました。その過程で変化はありましたか。

**ガルバン**　わたしにとっては、『黄金時代』は今でも生きている。わたしに自由を与えてくれる作品なんです。たとえてみると、わたしのアパートがあるとすると、その部屋の中にソファとかテーブルがありますよね。そういう家具は自由に移動して位置を変えることができますね。それが『黄金時代』という作品なんです。アパートにたとえたのは、つまり慣れ親しんだ環境なんだけど、そのなかで少しずつ変化している。ただし本質的には、作品は変化していない。そこにある精神とかエネルギーは変わらないんです。作品の中には、ある種の人格のようなものが宿っている。家具の配置が変わっても同じアパートであるように、ギターのメロディーが変わることがあっても、作品の本質は変わらないままあるのです。

## 日本の観客とスペインの観客

**石井**　ガルバンさんは、かなり以前から、日本の小松原庸子さんや小島章司さんの舞踊団のゲストとして来日してます。もうずいぶん前ですが、同じスペインからやってきたゲストのなかでも、ガルバンさんのテクニックが際立っていて驚いた記憶があります。そのころは自分の作品をもって来日したいとは思いませんでしたか。

**ガルバン**　表現をする人に共通していることだと思うけれど、わたしも世界の隅々にまで自分の作品をもっていきたいとは、思っていました。日本という親しみをもっている国に対しては、なおさらです。でもそれが実現したのは数年前からです。これからもぜひ日本との関係を続けてゆきたいです。

**石井**　日本の観客はスペイン、あるいは欧米の一般的な観客層に比べると、舞台に対しての反応の表現が直接的ではないですよね。もっと積極的に反応してほしいと思ったことはないですか。

**ガルバン**　「日本の観客は感動を自分自身のためにとっておく」と感じることがあります。客席では少しおさえ気味。終演後、話をすると、初めて感動が、その人から湧き出てくるのです。劇場の外に出て話し始めると、舞台のことを熱狂的に表現してくれたりします。わたし自身は日本の観客のそのような反応に、物足りなさを感じたことはありません。静かな中で踊ることが好きだし……。日本では自分の踊りが静かに観察されているということをすごく感じます。スペインでは気に入られないと、「もうステージから降りろ！」というような声も客席から飛んでくることもありますよ（笑）。

**石井**　以前、ガルバンさんの公演をスペインで観ていた人から聞いたのですが、舞台があまりに挑戦的であったり実験的であるために、客席からブーイングが出たり、席を立つ人もいたとか。どんな舞台であっても、一般的に言って、自分の意思が観客に伝わらないということは珍しくない。そのことについてはどう思いますか。

**ガルバン**　わたしのキャリアは、先に話したように、まず子どものころ、家族と踊ることが始まり、次にマリオ・マヤ（一九三七～二〇〇八年）という人の舞踊団で踊りました。そのころは伝統的なフラメンコをたくさん踊りました。そのあと、フラメンコをとおして自分の「身体言語」というものを求めるようになったんです。

一般的に、フラメンコにはある種の伝統的な信仰のようなものがあるんです。だから、そこにそれまでなかった「変化」というものが入ってくると、なかなか受け入れてくれない人もいます。わたしの踊りはフラメンコでしかない。だから難しい状況もありました。でも今は理解してくれる人たちも増えています。新作を待っていてくれる人たちもいます。

## ラ・アルヘンチーナ、大野一雄、そして……

**石井**　昨年、愛知でガルバンさんとお話したとき、日本の舞踏に興味があるということ、聞きました。舞踏の舞台を観たことがありますか。

**ガルバン**　今世紀の初めごろだったか、大野一雄さんのスタジオを訪れたことがあります。大野さんは車椅子に座り、かなりの高齢でした。そのとき大野さんは車椅子のうえで踊ってくださった。まさに舞踏のルーツを観た感じになりました。またセビリアでは竹之内淳志さんのワークショップに参加して、自分のからだが変化したことを感じました。自分のからだの中の変化というものをいつも望んでいるんです。

**石井**　大野一雄さんは、若いときに観たスペインの舞姫、ラ・アルヘンチーナ（一八九〇～一九三六年）からとても大きなインパクトを受け、半世紀も経った七一歳のときに、彼女への想いがこもった『ラ・アルヘンチーナ頌』を踊りました。それを振り付けたのが舞踏の始祖土方巽です。

**ガルバン**　アートというのは、いつもそんなふうに巡ってゆくものなんですね。スペインから日本の舞踏へ、そして舞踏からフラメンコに戻ってきたのです。

**石井**　日本の観客にメッセージがありますか。

**ガルバン**　まずなにより、『黄金時代』のいい舞台をお見せしたい。そしてこの公演ばかりでなく、将来的にも日本との関係を持続していきたい。短期的な関係よりも、長い期間にわたっていろいろなことを築いてゆければ嬉しいです。

**石井**　先ほど、自分の体の中の変化を常に望んでいるとおっしゃった。日本にはフラメンコダンサーもフラメンコファンもたくさんいます。わたしもそんな一人として、ガルバンさんが変化するところと変化しないところを見続けていきたいです。『黄金時代』、ますます楽しみです。

通訳　岡田理絵　（二〇一八年一月二七日）

# ヤン・リーピンの神話的世界

ヤン・リーピン vs 石井達朗

## 村人から踊り手に変身する

**石井**　以前のヤンさんの記事を読んでいたら、ピナ・バウシュがお好きだとか。わたしも彼女の作品が大好きでした。二〇〇九年に亡くなったのが本当に残念です。今日はピナでなく、ヤンさんの話をしたいと思います。二度の『シャングリラ』来日公演ほか、『藏謎』『孔雀』と、オーチャードホールでのヤンさんの作品はすべて観てきました。いつも驚かされたことがあります。民族的な儀礼や祭祀は、本来は野外で行なわれることが多いですね。それが立派な劇場の舞台で豪華な照明を当てられると、そこにあったはずの根源的なエネルギーがなくなるか、かなり薄まってしまいます。ヤンさんの作品で感心してきたのは、劇場公演でも、新たなスペクタクルとしての魅力を伴って生まれ変わっている。それが不思議でした。もともと持っている土の匂いとか、そこの土地の人たちの湧き出るエネルギーとかを、舞台の上でも失くさないためにどういう工夫をしていますか。

**ヤン**　まず、わたしが彼らの生活の背景をよく理解しているということです。わたしも村でお年寄りから踊りを習って育ちました。わたしがプロのダンサーになったというのは、偶然なことなんです。なりたいと思ってそうなったわけじゃない。小さいころ、村で踊っているときに、地面を舞台として、家のカーテンを幕として、長く踊ってきたのです。

もうひとつは、わたしは、踊りは決して「表現」だけではないと思っています。踊りは生命が求めるものなんです。収穫を祝うときは、豊作に感謝するために踊る。誰かに見せるためではない。もちろんチケットを売ったりなどはしない。自分のために踊るんです。雨乞いをするときも同じで、雨が降ってほしいから踊るのであって、見せるために踊るわけではないのですね。そこにエネルギーがすごくあるんです。恋人探しの歌も、ほんとに恋人が欲しくて心の芯から歌っている。それはもう動物と同じで、雄の孔雀が雌を誘うのに綺麗な羽を見せているようなものです。自分の精神が欲しているから踊るんだ、だから歌うんだっていうのが根底にある。舞台をこういう状態にもってゆくことが、エネルギーを失わないということだと思うのです。

シャカという団員がいます。太鼓のソロをやっている男性なんですけれど、わたしが彼をスカウトした当時は、村で牛飼いをやっていたんです。牛がたまたま逃げてしまって、もうひとつ向こうの山まで行ってしまったんです。彼にとっては牛一頭というのはすごく大事なもので、どうしても心の底からそれを取り返さなきゃいけない。それを歌で表現していたんです。「牛、帰ってこい」みたいな。でも彼は、どうしても舞台の上ではできないって、最初のころは、すごく悩んでいました。それで、「あなたが大事な牛を逃がしてしまったときに、心の底から牛に戻ってきてほしいって、歌を歌ったでしょう。そのときの気持ちをもう一回舞台で思い出して歌ってみて」と話しました。彼はそのような道理をしっかりと理解してくれて、うまくできるようになりました。

そんなふうにして彼らがもともと持っている、生命そして生活としての歌や踊りを、舞台に乗せても失わないようにしているのです。それが舞台でのエネルギーになるんだと思います。

**石井**　祭儀に参加しているときはひとりの村人ですが、舞台の上ではひとりのパフォーマーになるわけですね。その場合、やはり、人に見せるためのある種の訓練が必要になると思います。村人から舞台のパフォーマーに変身するときの、心と身体の訓練では、ヤンさんは特にどういうことを要求していますか。

**ヤン**　すごく厳しい訓練はしていません。いろいろな村々に行ってスカウトするときに、ある程度、舞台でできる素質のある人たちを選びます。村では四方にお客さんがいるから、四面に対して演技するわけですね。でも、舞台はお客さんが一面だけなので、それを教えます。後ろ向きでやっていたのを、「こっちにお尻を向けちゃだめ」とか（笑）。もともと彼らはお祝い事のときにしか踊っていなかったので、舞台では気持ちがお祝い事になりにくいということがあって……。でも舞台は毎日あるのだから、「毎日がお祝い事のつもりでやって！」と教えました。また毎日お客さんは違うのだから、「あなたはいつも新しい気持ちでベストなものをやりなさい」とも伝えます。わたしは毎日客席で見て、あるダンサーが昨日はよかったのに今日はよくないということになると、必ず呼んで、「どうして今日はよくなかったのか考えましょう」と、いつもベストを尽くすように話します。

でも、失敗はたくさんあって、自分の出番が終わったら舞台の袖幕にちゃんと引っ込まないと、お客さんに見えてしまうのに、こうやって袖から舞台を覗いちゃうんですよ（笑）。村ではそうなんです。だからわたしは線を引いて、「この線から前に出たら、お客さんから見えちゃうから駄目よ」と。それから、上手から下手、下手から上手に移動するのに、ふつうだったら言わなくても裏の楽屋を通るか、最低ホリゾント（背景の幕）の裏とかを通るのに、お客さんが見ているのに舞台の一番後ろを横切ってしまう人もいたりとか（笑）。本当に最初の頃はいっぱい客に笑われました。

## 祭祀を舞台用に構成するには

**石井**　ヤンさんは、実際には『シャングリラ』の演目の何十倍もの少数民族の祭礼を見ていると思います。その中から舞台で上演するものは、どういう基準で選びますか。内容とかビジュアルに面白いとか、神聖であるとか、スペクタクルがいいとか。ヤンさんなりの基準があるのかどうか。

**ヤン**　たとえば最初に大地創造、そしてロマンスがあり、日常生活があり、月の踊りがあり……というふうに全体のバランスを考えて選びます。速いものがあったり遅いものがあったり、活発なものがあったり静かなものがあったり。最後にチベットのラマ教を置きましたが、そういった全体の構成を意識しました。ひとつの作品の中でも同じです。例えば、ファヤオイ族（「花腰歌舞」の場面）で踊られている曲は、実際は一〇〇曲くらいあるんです。でも舞台ではそれを六分くらいにしたかった。そこでテンポの速い部分・遅い部分、それから静かなシーン・活発なシーンというのを、一〇〇曲の中から選んで組み合わせ、六分にするわけです。全体の構成でも同じことが言えて、似たようなものではなく、いろいろなものを組み合わせて『シャングリラ』という大型の作品にしました。たとえば頭に太陽が出てきたら、途中で月も出てくる――そういった対比も大切と考えます。そういう角度から選んで構成します。

**石井**　このファヤオイ族の踊りですが、作品全体の中でも、とても印象的な群舞に圧倒されました。陣形が線や円に変容するスペクタクルが素晴らしいです。そしてファヤオタイ族の「女性の国」は心に残りました。日本でも東北の西馬音内《にしもない》というところに美しい盆踊りがあります。女たちが深編み笠や頭巾をかぶり、ファヤオタイ族と同じように顔を全然見せずに、かつては朝まで踊り続けました。

**ヤン**　「女性の国」は、ひまわりを模倣して作っているんです。ファヤオタイ族の住んでいるところは、年間を通してとてもすごく暑いところなのでで、顔を隠さないと日に焼けてしまうんです。真っ黒になってしまうので。

**石井**　現実的な理由があったんですね（笑）。

**ヤン**　タイ族の踊りというのはとても面白くて、種まきとか、苗を植えるとかいうところから来ています。なぜ、野良仕事をするのに銀の装身具をいっぱい着けるのかは、中国でもまだ研究されていないのです。手を太陽のように丸く広げるのですが、それがどうしてなのか、わたしにもわからない。わたしはそれを作品にしただけなんです。笠と衣裳はまったく変更せずに、そのまま使っています。野良仕事をする時には本当にこのままの姿なんです。ただ、当初、わたしが踊っていた自分の衣裳だけ（一番前で踊る女性）、赤い笠にしました。

**石井**　一般的に男性が労働する姿はよく語られ描かれますが、女性の労働する姿はその影に隠れがちです。その意味でもこういう形で表現されることは素晴らしいです。女性の労働が美しく、強く、優しく表現されている。

**ヤン**　あの場面で、字幕で歌詞が出ますが、その歌詞がすごくいいんです。これは本当にタイ族に伝わる歌詞なんです。わたしが一番好きなのは、「扉の隙間からの冷たい風が老人の頭を痛めつけるなら、女は我が身をもって風を遮る」というところ。女性の素晴らしい役割がそこに……（笑）。あと、道にたくさん石ころがあって、子どもの足に刺さるようだったら、女性は自分の心臓と肝をそこに敷いて、傷つかないように通してあげたい、というのもあります。本当に民間に伝承されてきた歌詞なんです。どんなに有名な作詞家でもこんなにいい歌詞は作れないでしょう。

**石井**　優しさとか思いやりが、いわゆる世間的なフェミニンというのとは違う形で表されているのが好きでした。

**ヤン**　そうですね。とても尊いものです。あの歌をわたし、自分で歌っているんですよ。

## エロスをまっすぐに表現する

**石井**　「煙草入れの舞」には、すごく驚きました。

**ヤン**　これは、わたしはどこも変えていません。順番を変えただけです。

**石井**　少数民族の人たちが、あんなにエロティックな場面をスタイリッシュに踊る。これはほとんどコンテンポラリーダンスと言ってもいいくらいです。

**ヤン**　男女の愛、結合を描いているんですけれども、この民族（イ族）はいろいろな動物の交尾をまねして、それをひとつの踊りにしてしまったのです。もともと動物の交尾だったものを模倣してイ族が踊ることによって、お互いの恋の駆け引きのようなものになった。わたしはまったく手を加えていません。たぶん彼らは村で、昆虫や動物が交尾しているところなどを観察して、男女の踊りになったんだと思います。鳩の求愛、カエルが交尾しながらぐるぐる回る。トンボがお尻のところを水辺にテンテンテンとしていったり。アリもあります。

**石井**　昆虫や動物からインスピレーションを得たダンス。作品としてもとても素晴らしいです。

**ヤン**　わたしも大好きです。

**石井**　わたしは以前書いた自分の本のなかに、現代のダンスの舞台の重要な使命のひとつは、失われてしまった動物的なものをいかに取り戻すのかということだ、と述べたことがあります。これはまさにそういうダンスなので驚きました。ヤンさんがひとつも手を加えていないと今聞いて、驚きを新たにしています。『シャングリラ』は以前に二度公演していますが、これまでの公演と違うところはありますか？　プロローグが変わっていると聞きましたけれども。

**ヤン**　プロローグのところの「天地創造」をちょっと短くして、そこにワ族の髪の毛を使った踊り、長髪を振り回す踊りを入れました。それは、ワ族は男性もみんな、長い髪をしていて、それを振り回すことによって、炎のようなものを表しているんです。

**石井**　日本の歌舞伎にも「連獅子」という長髪を回すのがあります。

**ヤン**　ワ族というのは原始宗教を今でも信仰していて、火を崇拝する民族なんです。髪の毛が炎のように見えるという踊りがあります。それを今回、冒頭のプロローグに入れました。なぜこれを入れたかというと、二〇〇三年の『シャングリラ』は最初、三時間の作品だったんです。長すぎると言われて、ワ族のこの場面をカットしてしまいました。ずっと惜しいなと思っていたので、今回復活できてよかったです。ほかにも加えたいものがたくさんある。二時間ではお伝えしきれないんです。今後、第一週、第二週のように分けて連続ドラマのようにしようかと（笑）。

**石井**　『シャングリラ』ノーカット版、いつかぜひやってほしいです（笑）。『シャングリラ』を最初に公演したときからすでに何年も経ていて、そのころとヤンさんが今仕事をしている状況というのは、かなり違ってきているのではないかと思います。現在、ヤンさんの仕事は中国の内でも外でもしっかり認められている。だから今は、探さなくても踊りたい人がたくさん来るのでは、と想像しているんですが、そのへんはどうでしょうか？

**ヤン**　意外と入れ替わりがあります。初期のメンバーは結婚するために村に帰ってしまい、新しい人を呼んでこなければならないことは今でもあるんです。『シャングリラ』で長く踊った人が村に帰るというときには、「あなたが覚えた踊りを村の若い人たちに教えてね」と必ず託します。『シャングリラ』に参加すると、他の民族の踊りも勉強できるわけです。そういう勉強したものを村に帰ったら広めてもらいたい。また、自分が辞めるときに、村の踊りの上手な人を推薦してくる団員もいます。雲南で踊りの養成所みたいなこともやっています。そこは学費が免除なんです。一二歳からです。昼間は舞台がない団員がそこで先生をやり、夜は舞台をやり……。

**石井**　それはヤンさんが経営しているっていうことですか。

**ヤン**　そうです。そこで育てて、いい人がいたら将来は使うという方針です。踊りが好きで民族舞踊を踊りたい、覚えたい人なら誰でも学費免除で入れるシステムです。それを五、六年前からやっています。

## 神話の世界

**石井**　ヤンさんは、若くて身体のよく動く人たちを集めています。しかし、祭礼の背景にある精神世界というのは神話と切っても切れない。そして神話を語り伝えているのは、若者たちではなくてお年寄りの人たちです。そういう年配の人たちのお話の世界に基づいて、作品を作ろうと思ったことがありますか。今のヤンさんのクリエーションは、若い人たちのエネルギーを束ねて舞台で昇華していくわけですけれども、村々の老いた語り部たちが伝える古いお話など……。

**ヤン**　過去にそういう作品もつくりました。若い頃に作った『二本の木』（一九九三年）という作品はある村の老人が語った昔話、神話から作った小作品なんです。

愛し合っていた若い男女、双方の両親が反対するために結婚できず、男性が亡くなり女性も亡くなり、それぞれがお墓に埋められてしまうんです。でも、お墓から木の芽が出てきて、木がどんどんどんどん大きくなってきたら、木がだんだん寄ってきて、最後には寄り添って生えていった。そういう神話をお年寄りが語ったのを聞いて、『二本の木』というのを作りました。若い頃に作った作品なんですけれども、その作品は、とても人気があり、素晴らしいと言われました。踊りというのはセリフがまったくないので、具体的にストーリー的なことを表現するときに、踊りで表現しなければなりません。それはパントマイムになってしまってはいけないんです。その『二本の木』というのは、男女のパ・ド・ドゥの作品なんですね。ですからわりとわかりやすく、みんなに受け入れられて、全体が踊りでも理解しやすいと言われました。

**石井**　すごく感動的なお話です。そういう小さな作品も、小さなホールで見たいです。

**ヤン**　今のような大型作品をやる前は、ほとんどソロ作品をつくっていたんです。それで八〇年代、まだ二〇代の頃に、「ソロダンスの夕べ」みたいなこともやりました。ソロ作品はすごくたくさんあるので、ぜひ見ていただきたいです。当時のビデオ映像がないのが残念です。中国では当時そういう設備がなかったんです。

## 現在の世界と向きあう新作『十面埋伏』

**石井**　『二本の木』もそうですが、語り継がれてきた神話というのは、小さなお話であっても、民族とか文化を越えて何かより大きな普遍的な要素を秘めています。いつか復元したものを観ることができたら嬉しいです。最近は現代作品を作っているということですが、『シャングリラ』に代表されるエスニックな要素の強いものを維持されながら、他方で現代作品にも挑戦したのですね。

**ヤン**　まずこの『十面埋伏』（邦題『覇王別姫』）という作品を作ったのは去年の十月なんです。みんなにびっくりされました。「ヤンさんって伝統舞踊の人じゃなかったの？」と言われたりして……。「なぜ現代舞踊なのか」って言われて、最初は興行会社も買ってくれなかったんです。中国でも五、六カ所でしか上演ができなかった。でもその五、六カ所での公演がすごく好評で、その後、公演する機会が増えていきました。今までのヤン・リーピンというのは、美しいもの、花鳥風月のような美しいものばかり作ってきたんです。今ここにきて、時代が突き当たっている危険な状態を見て、もう美しいものではなくて、現実を描いてみたいと思ったのが、現代作品を作ったきっかけです。「美」ではないものを初めて描いてみたかった。できたものは好評で、みんなが最終的に認めてくれました。

『十面埋伏』で描いているのは、二〇〇〇年前の項羽と劉邦の覇王別姫の情景なんです。覇王別姫というのは映画にもなりました。そこで描かれているのは、疑心暗鬼、お互いに信頼することができなくなって、みんな敵じゃないかと思って、四面楚歌、すべての人が自分の敵なんじゃないか、そう思うことによって戦争がどんどん激しくなってしまう、ということが描かれています。わたしが言いたかったのは、今の社会も精神的なものが失われて、物質社会になってしまって、人と人との信頼感が急速に失われている。中国でも利益のために、ニセの粉ミルクがつくられたり、儲けのためには平気で悪いことをする人が増えていたり。自然は乱開発されますし、森林はなくなるし、伐採され、破壊されている、そういうすごく危険な状態に今はなっていると思うんです。

人間が精神的なものを失って、物質だけを追求したときに、お互いが信頼するということができなくなる。本当はこの人は敵じゃないのに、敵なんじゃないかと思うと、そこに戦争が起こります。そういう状態というのは、二千年前の項羽と劉邦の時代と今もまったく変わってないと思うんです。人間は、内なる心に自分で敵を作ってしまう。心の敵を作ることによって、この敵が自分を傷つけるから、自分も相手を傷つけるのが、まるで正統のように考えてしまう。今、世界のいろんなところで起きている戦争というのも、根本的にはそういうものじゃないかなと思うんです。中国では、昔は道徳とか、人への信頼とか、もっとそういったものがあったんじゃないか。そういったことをもう一回振り返ってほしかった。それでこの作品を作ったわけです。で、この作品のなかの主人公の一人に韓信という人物がいるんですけれども、黒と白で表されています。黒は腹黒いところ、それなのに白いところもある。この人は二重人格なんですね。そういう人も登場人物の中に含めています。

それとこの作品は、コンテンポラリーダンスとして作ってますが、伝統の要素がたくさん盛り込んでありますす。中国の京劇や、中国武術、それから太極拳など。それから舞台美術はものすごい数のハサミが、天井一面からぶら下がっているんです。落ちてきたら頭に刺さりそうなハサミがいっぱいぶら下がっている。そして、一〇〇キロの赤い羽毛を血に見立てて使っています。また、舞台で切り紙をしている人がいて、自分がしている切り紙に最後は埋まってしまうという人物の設定もあります。音楽は中国の伝統的な、六〇〇年前の琵琶の『十面埋伏』という曲を使っています。ですから、現代作品とはいっても、たくさん伝統的な要素を含んでいます。

**石井**　二〇世紀は戦争の世紀で、二一世紀は二〇世紀よりもさらに悪い状況になっていると思います。そういったなかで、舞台人はどういったメッセージを送るのかが求められていると思います。ヤンさんの大きな変化と展開にはとても興味があり、その作品もいつかぜひ見てみたいです。

**ヤン**　今、アクラム・カーンのマネージャーがロンドン公演をする準備を進めています。今年の一〇月からヨーロッパ一五〇公演の話を今進めているところです。サドラーズウェルズ（ロンドン）を皮切りにという話が進んでいます。この作品は、人類が今相対している危機、それは大きい意味では戦争なんです。戦争というのは一人ひとりの心の中に、自分の内面に敵を作ってしまう。つまり自分の内面にまず殺されている、そういう小さな意味での戦争もあります。一人ひとりの内面がすごく危機に瀕していると思うんです。そのへんのことを描いています。そういう思想は、どの国の人が見ても、共通に感じられるものがあるはずです。そのへんのことをわかっていただいて、ヨーロッパ公演の話が来たんだと思います。

**石井**　その作品をいつか日本で見られるようにお願いします。素晴らしいお話をありがとうございました。

**ヤン**　わたしも専門の先生とお話ができてとても嬉しかったです。

**石井**　『シャングリラ』はこれが最後になるかもしれませんけれど、次の新しい展開があると思うと楽しみです。

通訳　延江アキコ　（二〇一六年二月一九日）

# 常識やルールをダンスで壊していく

東京ゲゲゲイ　MIKEY（牧 宗孝）vs石井達朗

## ストリートダンスへ

**石井**　どういうきっかけでダンスを始めたのですか。子どものころ、今のダンスにつながるような体験が何かありますか。

**MIKEY**　もともとすごい目立ちたがり屋だったんです。とにかく人前で何かをするのが好きで、歌ったり踊ったりしていました。お正月、親戚が集まっている時に子どもが何かやると、お捻り《ひね》（チップ）をもらえるでしょ。五、六歳の頃だと思うけど、お母さんのワンピースを着て、中森明菜や中山美穂の曲で歌って踊ったのが、最初につくったショーです。それがわたしにとって大切な年一回のイベントになりました。

その後、日本舞踊を少しだけやりました。すごく小さい頃、母親に「踊りやりたい！」と言ったらしく、たまたま近所で教えている方がいて、習いに行っていました。それよりすごくのめり込んだのがお囃子《はやし》で、一〇年ぐらいやっていました。わたしが住んでいた立川のお祭りは、山車《だし》の上に乗ってお囃子、ひょっとこや狐のお面をかぶった踊りをやるんですが、すごく気持ちよかった。見てもらって、お捻りもらって、たぶんショーガールになりたかったんだと思います（笑）。

**石井**　いろいろなダンスのジャンルがありますが、そのなかでストリートダンスに惹かれたのはなぜですか。

**MIKEY**　ストリートダンスを意識するようになったのは、中学生の頃だったと思います。立川には米軍基地があったので、その頃には黒人が経営するヒップホップのお店ができはじめました。ただそういうお店に通ってそこでダンスをするのは、いわゆるヤンキーと呼ばれる不良のお遊びみたいな風潮があって。かっこいいなと憧れてはいたけど、踏み入れることができなかった。

海外の音楽を聴き始めたのもその頃だったから、マイケル・ジャクソンやジャネット・ジャクソンの真似をして、家でこっそりヒップホップを踊ったりしていました。お母さんのスカーフを巻いて、メイクして（笑）。今思えば、その頃から憧れているアーティストは女性だったんですよね。四、五歳のときにはスカーフを巻いて踊っても別にどうってことないけど、思春期になると、やっぱりこれって変態的なことかもしれないという気持ちが芽生えて。ラジカセとヘッドフォンを持って屋上に行って、星空を見ながら人知れず踊ったりしてましたねぇ（笑）。

こうやって振り返っていると、いろんなことを思い出して恥ずかしくなってくるけど。子どもの頃、本当に些細な身近なことだけど、わたしが言い返せなかったことや反論できなかったことを、東京ゲゲゲイのダンスに込めて表現・発散するというのはあるかもしれません。

**石井**　家族からはどのように受け止められていたのでしょう。

**MIKEY**　両親は「ウチの息子ちょっと変わってるよなぁ」みたいな感じでしたね。唯一、フラダンスをやっていたお祖母ちゃんだけは、「あんたはこういうの好きだからねぇ」って感じで、わたしのやりたいことに対してすごくサポートしてくれました。だから、お祖母ちゃん子ですよね。

**石井**　ストリートダンスを誰かに学んだことはありますか。

**MIKEY**　実は一度歌手を目指して、一九歳のときに、あるレコード会社に所属していたことがあります。

それまでは歌も踊りも我流だったので、ボイストレーニングとダンスレッスンを受けさせられました。でも、スタジオで基礎からレッスンするというのは何て退屈なんだと。ああしろこうしろって言われるのが嫌だったし、半年で辞めちゃいました（笑）。

それで二〇歳になり、ひとりでクラブに行ける歳になって、ただただダンスミュージックを聞きたくて、ダンサーのショーを見たくて、クラブに通うようになりました。そこでヒップホップを踊るようになり、ストリートでも踊り始めました。

その頃は、まだ自分がゲイだとカミングアウトしてなかったので、友だちと練習しているときにも、ダボダボの服を着て男っぽい振付で。でも本当はこういうのをやりたいんじゃない！って、四年ぐらい悶々としていました。

## 東京☆キッズから東京ゲゲゲイ

**石井**　それで二〇〇五年に「東京☆キッズ」を立ち上げます。

**MIKEY**　MAIKOと出会ったのがきっかけです。彼女はゲイカルチャーやボンテージファッションがすごく好きで、そのエキセントリックなセンスに心を打たれて、一緒にやりたいと思いました。そうすれば自分をもっと解放できるんじゃないかって。実際、彼女といろいろ作品づくりをするなかで、どんどん感性が開放されていったんです。それで自分がゲイだとカミングアウトしたら、もうやりたいことが何でもできるような感じになって（笑）、ショーが段々奇抜になっていった。初期のメンバーは五人だったけど、「ついていけないよ」って抜ける子がでて、彼らが「s**t kingz」をつくったんです。

東京☆キッズは七年ぐらいやって、最後はMAIKOと二人になりましたが、最終的に全部自分でつくりたくなった。子どもの頃からダンススタジオで教えていた子たちのスキルも上がって、結構いいダンサーになってきたので、一緒に「東京ゲゲゲイ」を結成しました。彼らはわたしの好き勝手、わがままを聞いてくれる道連れ。できませんと一回も言われたことがない（笑）。今、MAIKOはきゃりーぱみゅぱみゅの振付などで活躍しています。

**石井**　ダンスではいわゆる師匠はいなくて、自分自身のさまざまな経験から独自の世界観をつくっていったということですが、音楽とか他のジャンルのアーティストで憧れた人はいなかったのですか。

**MIKEY**　それはいますね。うまく言えないですが、マイケル・ジャクソンとはシンクロしてるなと思います。ネバーランド（彼の大豪邸）とか、彼のあのファンタジーへの思いとか、「わかるぞ！マイケル」って感じで（笑）。勝手にシンクロしちゃうんです。

**石井**　東京ゲゲゲイについてお聞きします。衣装、設定、振付とMIKEYの美意識、遊戯的な感覚が満載です。たとえば記念すべき第一作の「東京ゲゲゲイ女学院の誓い」は、セーラー服を着て、清く正しく美しくという女学院をパロディにしたようなラディカルなダンスを繰り広げます。女学院シリーズは東京ゲゲゲイの定番になっていますね。もっぱらテクニックを競うストリートダンスに演劇性を持ち込み、ある種の物語的なイメージがあるのが、MIKEYの振付の特徴のひとつになっています。

**MIKEY**　わたしの振付はそれぞれのジャンルを極めている純度の高いダンサーからすると、めちゃめちゃ邪道。それぞれの常識をことごとく壊し、色々なエッセンスを取り入れて混ぜちゃってるから。ゲゲゲイ女学院では、最初のナレーションで、「常に汚れ、ふしだらに、醜く、果てしなき芸の道を歩むことを誓います」と宣言していて、わたしを縛っていた常識やルールをダンスで壊していく快感があります。まあ、芸はカタカナの「ゲイ」かもしれないけど（笑）。

石井　特に上半身の動きがすごくて、表現力が尋常じゃない。手や首、顔の表情が豊かで、他のストリート系にはないスタイルです。

MIKEY　ストリート系はどちらかというと足ですけど、ゲゲゲイはやっぱり手なんだと思います。ストリートダンスを始めた頃、レッスンに行ったときに、ある先生から、「身体のエネルギーは循環していて足を踏んだことで連動して手が動く。君の場合は下半身が全部死んでる」って言われて、じゃあそのまま殺そうって決めた（笑）。山車に乗ってお囃子で踊るとき、移動中ガタガタするから、足のステップなんてできないでしょ。だから、基本仁王立ちで立っていないと踊れない。そういう意味では、下半身が上半身を支えているのかもしれないですけど。

## ストリート系のトップダンサーが集結

石井　二〇一五年五月、日本のトップ・ストリートダンサーが一堂に会した舞台作品「*ASTERISK」を総合演出しました。『女神の光』というタイトルで、ストーリーラインとビジュアルがうまく融合した素晴らしい作品でした。これはどういう発想から生まれたのですか。

MIKEY　映画『フラッシュ・ダンス』や『ショーガール』のように、ダンスがベースになっているストーリーをつくろうと思いました。それと、キッズダンサーがすごく増えている今の時代だったら、やっぱりいろいろあるステージママの存在ははずせないから、登場させようと（笑）。実はタイトルの女神は、宇多田ヒカルがお母さんの藤圭子への複雑な思いを込めてつくった『嵐の女神』（二〇一〇年）からもらいました。母親を女神に例えるのはありかなと思って。二人へのオマージュでもあります。

石井　大勢のトップダンサーがキャスティングされていたので、さぞかし創作プロセスは大変だったのではないでしょうか。

**MIKEY**　このプロジェクトが決まった時点で、キャスティングにはこだわりたいと思いました。それで、わたしとつながりのある先輩や友だちに声をかけてもらったので、出演者五四名のほとんどが知り合いです。最初に何となく軸になるストーリーをみんなで共有して、シーンのプロットがある程度できたところで、プロの作曲家をパートナーにして、先に音楽をガンガンつくっていきました。音楽を志していたときには作詞作曲もしていたので、そのシーンでは誰が踊るのか、そのダンサーが好きな音楽はどんなものかを動画でリサーチして、そのダンサーがより輝くようにするにはどういう音楽がいいかをプログラムしていきました。

振付は何十ものシーンを二〇ユニットに分けてつくり、各ユニットにごとに稽古をする。それで、わたしは各ユニットがパーツをつくっているスタジオを移動しながら振り付けするから、めちゃくちゃ大変でした。最後にそれらのシーンをパズルのようにはめていきました。一カ月前から全体リハーサルを始めましたが、なかなか全員揃わなくて。だから出演者たちは通しになってはじめて全体像がわかったんじゃないでしょうか。この企画だけに、七カ月間没頭しました。

**石井**　作品を見たら、それぐらいの時間と労力をかけたことがよくわかります。MIKEY の舞台は、空間のビジュアル感覚と時間感覚のつかみ方がすごくうまいと感じます。

**MIKEY**　作品をつくるうえで〝絵〟は大切にしています。最初にこういう衣裳で、ここにダンサーがいて、この音がきっかけで絵がこう展開するなど、ダンスの構成やフォーメーションをビジュアルとして捉えています。自分の世界観をトータルに舞台で表現していきたいと、最初から思っていました。『女神の光』は、ある意味夢が叶ったというか、これまでやってきたことの集大成だと思います。

**石井**　個人的には、出演していた女性二人の高校生ユニット「LUCIFER」がすごく気に入りました。ああいう人たちが日本にいるなんてビックリしました。

**MIKEY**　すごく嬉しいです。彼女たちは一七歳くらいで、スキルを競うバトルやコンテストでずっと踊っていた。わたしは初めて彼女たちのダンスを見たときに、あの若さでここまで踊れる子がいるんだったら、自分は別にダンスしなくていいや、と思ったくらい衝撃でした。若いフレッシュな才能を入れたくてLUCIFERに出演してもらいました。

**石井**　この企画はパルコの中西幸子さんがプロデューサーですが、中西さんとの出会いは？

**MIKEY**　わたしが台湾にいるときに、中西さんが訪ねてきてオファーされました。中西さんはわたしが二〇一二年まで主宰していたダンスカンパニー「Vanilla Grotesque」の『護美屋敷《ごみやしき》』（二〇一一年）を見てくださっていて。その時の衣裳は全部廃品で、何千個もの空き缶のプルタブをヘアピンでつないだり、ティッシュでつくったお花を全身に飾って「マイ・フェアレディ」みたいなドレスにしたり（笑）。予算がなかったから想像力を駆使した結果ですが、これはドラァグクイーンの世界で言う〝チープゴージャス〟だとゲイの先輩に教えてもらいました。

中西さんはその頃から一緒にやりませんかと誘ってくださっていたそうですが、記憶にないんですよね。二〇一四年の「＊ASTERISK」公演にVanilla Grotesqueとして出演したとき、稽古場で中西さんが居残ってゴミを片付けていた姿が亡くなったお祖母ちゃんのイメージと重なって。お祖母ちゃんが言うんだったら、ということでお受けしました（笑）。

## ストリートダンスでアジアを結ぶ

**石井**　二〇一五年は国際交流基金アジアセンターの新しい事業「DANCE DANCE ASIA（DDA）」が本格

的にスタートしました。ストリートダンスをキーワードに活動するダンスグループ／ダンサーの東南アジア地域との交流と共同制作を支援するプロジェクトで、今年、日本から一二団体が東南アジア五カ国に派遣されました。MIKEYはどこに行きましたか。

**MIKEY**　マニラとバンコクです。どちらも初めてでしたが、裸足で食べ物をちょうだいと言ってくる子どもたちがいて。この貧富の差はカルチャーショックでした。わたしはとにかく子どもが好きで、マニラでは路地裏みたいなところにみんなで行って、子どもたちと遊びました。ダンスの振付を教えたら、みんなノリノリでやってくれてすごく歓迎された気がしました。

**石井**　マニラやバンコクでの反応はいかがでしたか。

**MIKEY**　先入観抜きで、ショーに対して本当に素直にわいてくれて、ストレートに伝わっている感じがやっていて面白かった。東京だと、出てきただけで「ヤバーイ」とか。「まだ何もやってないのに、板付きだけで何がヤバイんだ」って思うんですけど（笑）。

マニラではできなかったのですが、バンコクでは子どもたちと一緒にステージに立ちたいと思って、中西さんにお願いしました。クロントイというタイで一番大きいスラム街の子どもたち三〇人ぐらいと練習して。交流基金の方に、「もしかすると途中で帰っちゃうとか、次の練習に来ないこともありえますよ」と言われたけど、みんな毎日来てくれました。むしろ早く集まって自主練習したり、何人かは将来ダンサーになるのが夢になったと言う子もいて、よかったなと思っています。ちなみにDDA東京公演では、フィリピン生まれのハーフの子がダンサーとして参加します。身体能力がすごいですよ。

**石井**　近年、ストリートダンスのいろいろな協会ができたり、ストリートダンス（現代的なリズムダンス）を含むダンスが小中学校で義務教育化されるなど、環境が大きく変わっています。こうした環境の変化をどのように感じていますか。

**MIKEY**　ダンススタジオの数が増えて、ダンスを習いたいという子どもたちも増えています。わたしもスタジオレッスンをしていた時期がありますが、生徒に自分の振付を簡単にできるように変換して伝える作業をしていると、自分がだんだん単純化していく感覚があり、最終的に自分が考えていた振付とは別物になっている。それがすごく嫌で、やらなくなりました。単発でワークショップをやることはありますが、それもみんなで振付をシェアしましょうという感じで、わたしの振付を変えてもいいし、みんなでパーティみたいに盛り上がればいいという感じでやっています。おにぎり屋さんでバイトしながらショーに出ていた時期もありますが、今ではインターネットで映像を見て、海外からオファーが来ますし、環境は変わったと思います。

この前、中高生のダンス部の全国大会にゲスト参加したのですが、ダンスをやっている子がみんないい子なんです。爽やかに、フレッシュに、「イェー！」って感じで。なかには違うタイプの子もいるんでしょうけど。子どもたちの世界は学校か家庭か、みたいな感じですごく狭い。でもダンスをすることで、コミュニティが広がって、大人になったら色んな人がいるよという、彼らにとってそういう存在になれたらいいなと思います。ダンスが学校教育の必修になったことについては懐疑的ですが、でも、好きになる子は追求するだろうし、本当のことを知りたいと思うはずだから、その窓口がちょっと広がったとすればよかったんじゃないかと思っています。

**石井**　最後に、今後の活動で考えていることはありますか。

**MIKEY**　来年はゲゲゲイとして何か面白いことがやりたいと思っています。ひとつのお化け屋敷みたいな、アトラクション的な舞台ができたらいいなと……。

石井　いや、ゲゲゲイだけで既にお化け屋敷的なものが十分ありますけど（笑）。

MIKEY　ですよね（笑）。できれば廃校とか使って、いろいろな部屋でショータイムがあって、お客さんが移動するツアーパフォーマンスのようなものができればと。音楽室からスタートする人もいれば、美術室からスタートする人もいて、最終的に体育館に集まってショーを見る。小学六年生の夏休みに、わたしがリーダーになって児童館にお化け屋敷をつくり、地域の子どもたちが遊びに来るという企画をプロデュースしたことがあります。館内のスペースを段ボールで区切って、ここで口裂け女が出るとか。子どもたちが入って来て、キャーキャー言っているときの快感たるや。それがわたしの原点だと思っていて、お化け屋敷プラスダンスショーを絶対やりたいと思っています。

（二〇一八年一二月三日）

# 東京にあるダンスの可能性

s**t kingz shoji vs石井達朗

## ストリートダンスの現在

**石井**　わたしは劇場中心のダンスの世界にいて、なかなかストリートダンスの実態を知る機会がなかったんですが、今回『DANCE DANCE ASIA -Crossing the Movements』『Shibuya Street Dance Week』の『A Frame』を集中して見て、驚きの連続でした。コンテンポラリーダンスが遠ざけてきたエンターテインメント性や、近年ないがしろにされがちだったテクニックにも焦点が当てられ、新しい大きなダンスの流れを作ろうとしている。ストリートダンスは、個人のテクニックを競うバトルの印象が強かったんですが、たとえばs**t kingzのパフォーマンスは、緻密なチームワークで動きのハーモニーを作り出し、構成にも緩急をつけていて、これまでと違うストリートダンスの魅力を感じました。

**shoji**　ありがとうございます。たしかにストリートダンスにはバトルの文化が基本にあって、動き自体もリズム重視のものが多く、全体の世界観を表現する作品はあまりありませんでした。ただ昔に比べると、テクニックの競い合いから表現の模索へと流れは大きく変化しています。アメリカのダンスコンテンストでも、「反戦」「あるカフェの一日」といったテーマやメッセージ性を持った作品が非常に多いです。

**石井**　ストリートダンスが、ヒップホップの音楽でテクニックを競うだけでなく、さまざまなサウンドを使い、より明確な作品としての方向性を意識しはじめたことは新鮮です。アメリカのストリートから生まれたヒップホップカルチャーには、もともと政治や社会への不満や告発を表現するという、メッセージ性もあったわけですよね。じつは日本のコンテンポラリーダンスも、海外のシーンから見るとコンセプトの弱さを指摘されることが多いんです。作り手を見ていても、自分の作品を作るチャンスを与えられたのはいいけれど、ポップカルチャーの表層で遊んでいるだけにとどまるものも多く、その表層にオリジナルな創造性が加味されないと、限界を感じることがあります。

**shoji**　ぼくが最初に「ストリートダンスでも人に伝わる作品を作れるんだ」と知って衝撃を受けたのは一〇年前、大学四年のころなんですが、ストリートカルチャーは深い歴史がなくて成熟しきっていないぶん、若手がシーンを引っぱっていくことが多いんです。新しい流行が生まれ、どんどんスタイルや価値観が変化していくことにも魅力がある。たった一人のダンサーの登場で一気にゴロッとシーンが変わって、それが世界的なうねりにつながっていくのを感じられるのが楽しいんです。

**石井**　ストリートダンサーは、ふだんの稽古やバトルなどを通して、それぞれ自分のスタイルやテクニックを作り上げていて、いわば一国一城の主でもあると思うのですが、チームで一つの作品を作る場合、意見は一致するものなんですか?

**shoji**　ここ数年、ストリートダンス界でも、チームで作った作品を見せる傾向が強くなってきて、コラボレーションもわりと気軽にあちこちで行なわれているんです。s**t kingz も、数あるコラボレーションを通して、一緒にやっていく仲間としてお互いに感じるものがあり、この四人でなにか新しいことをしたいと思ってスタートしました。

**石井**　ソロよりチームワークを見せるダンスといえば、土方巽の『禁色』（一九五九年）に端を発する「舞踏

(butoh)」は、一九八〇年代に、複数のダンサーによる独特の動きの連係を展開して、世界に衝撃を与えました。当初のおどろおどろしく屈折した作風から、三十数年かけて類のない方法論を確立させてきたんですね。その代表に山海塾と大駱駝艦があります。他方、大野一雄や笠井叡のようにソロで即興性を見せる舞踏家もたくさん出てきています。

**shoji** ぼくらがアメリカの大会で入賞（ダンスコンテスト『BODY ROCK』で二年連続優勝）したときも、特に高く評価されたのは、少人数で表現する作品全体の構成でした。アメリカのダンサーの感性や曲の解釈とは違う、日本人らしい感覚や、緻密さ、丁寧さが評価されたみたいです。言葉の壁を逆手にとって、独自の作品を見せようとしたことが、新鮮だったのではないでしょうか。

## 外国人が学びに来る！

**石井** ニューヨークのブロンクスの路上で生まれ、世界へ広まったストリートダンスですが、歴史を振返ってみても、ダンスは元来、外で踊るもので、劇場で行なわれるようになったのは近代以降なんです。古代・中世に儀式や祭祀としてはじまり、やがてクラシックバレエに象徴されるように、近代社会のヒエラルキーのなかで「劇場というシステム」に取り込まれたわけですが、いま再びそこから解放されようとしている。ストリートダンスも、権威や財力を必要としない、身体ひとつで表現できる若者文化として、エネルギーを爆発させてきたんですね。

**shoji** 高校生のころ、海外のミュージックビデオに出てくるかっこいいダンサーたちに憧れを抱きました。大学でダンスサークルに入ってダンスをはじめ、夜中に公園やビルの前で練習しましたが、当時は不良がたむろしていると思われて警察に通報されたり、肩身の狭い思いをしていましたね（苦笑）。安室奈美恵さんやEXILEの登場で、社会的にも一気に認知が広がり、いまでは親が子どもにダンスを覚えさせて、芸能界デビューの夢を託すことすら珍しくない時代になっているんですよ（笑）。

**石井**　ダンスを「時間」と「空間」の表現と考えるなら、プレゼンテーションの場は無限で、東京のような過密都市でこそ開拓の余地がありそうですね。廃屋や廃校もいたるところにありますし。『DANCE DANCE ASIA -Crossing the Movements』でびっくりしたのがフィリピンのチーム「PHILIPPINE ALLSTARS」。フィジカルな能力がすごいだけでなく、民族性や風土に根付いた、自分たちの足もとから生まれる作品を作っていました。まさにストリートの闇、ガード下の情景を反映したダンスですね。

**shoji**　歴史の関係からか、フィリピン人はラテン気質というか、情熱的で開放的なのにアジア的な人間の温かみがある表現は、日本人が持っていないものですよね。マニラで行なった『DANCE DANCE ASIA』のワークショップもすごく盛り上がり、これからもっとおもしろくなると思いました。彼らのダンスは「心」で踊っていることが伝わってきます。アメリカでもいまシーンを引っぱっているダンサーには、じつはフィリピン系が多いんですよ。アジアのダンス文化には、日本では生まれてこない独自のものがある。日本勢はうかうかしていられません。

**石井**　フィールドワークの経験からいえば、韓国、インドネシア、インドには土地に根付いた独自の伝統的な舞踊文化があり、それぞれがあまりに豊かで、時に刺激的で圧倒されます。それは祭儀としての枠組みを踏襲しながらも、体の芯からパワーを放出する「魂」のある身体文化なんです。日本の舞踊文化は、型や技芸の鍛錬には長けていて、それを美として完成させるのだけれど、その奥にあるべき「魂」が欠落してしまうのを見ることがあります。現代のパフォーマンスは、既存のものからどれだけオリジナリティを生み出せるかが問われる時代。自分自身を育んだ文化とは異質な身体言語に積極的に触れることで、違う次元の作品が生まれてくる。観客もダンサーも領域を超えて交流し、自分をひらいていくべきですね。

**shoji**　多くのダンサーは、新しいスタイルにチャレンジすることに抵抗感はないように思いますが、シーンがいまのように大きくなかったころから、日本でストリートダンス文化を手塩にかけて育ててきたオリジネイターの方たちには、当然誇りもありますし、「それはちがう」「ヒップホップじゃない」というこだわりを持つダンサーももちろんいます。石井さんのおっしゃるとおり、日本人が伝統や様式美を大切にするのはストリートダンスでも同じで、欧米では人口が減ってしまった歴史のあるスタイルが、日本では進化を続けていて、それを学びにくる外国人ダンサーもたくさんいるんです。

一つのスタイルを追究し続けるダンサーもかっこいいと思いますし、一方、コンテンポラリーダンサーと一緒にクラブでパフォーマンスをしたり、ジャズやバレエを取り入れたワークショップやレッスンを行なうストリートダンサーもいて、そちらも非常に魅力的に感じます。ぼく自身もハイブリッドに抵抗感はありません。音楽も多くは既存の曲を使いますが、最近はジャンルも色々ですし、ここ数年は自分もヒップホップで踊っていないんです（笑）。だから、単に「ダンス」って呼んでもいいと思うんですよね。おおざっぱなジャンル分けのほうがラクでいい。先輩たちへの敬意をこめるなら、ぼくらのダンスを安易にストリートダンスとは呼べませんから。

**石井**　ダンスにとってサウンドは重要で、時にはダンサーの身体以上に物語ることがあります。既成の音楽に限界を感じて独自に編集した音源や、音を使わず無音の空間で身体性を際立たせるような作品もある。アメリカのポストモダンダンスやコンテンポラリーダンスは「既成概念」を乗り越えることで発展してきたので、特にどんな音や音楽を使うのか、使わないのかということに、ダンサーはセンシティブでなければならない。たとえばフランスで出版されたコンテンポラリーダンスの本で、「ノンダンス」という言葉がタイトルの一部になっているものがあります。まさに「踊らない」ダンス。作品として時間と空間を満たす必然性がそこにあれば、ダンサーがそこにいること自体がアートになりえます。

**shoji**　ノンダンスは偶然、映像で見たことがあります。パフォーマンスがはじまっても全然動かないから、コーヒーを入れて戻ってきたら、まだ同じ位置に立っていた（笑）。途中で出て行く観客もいたり、ついつい早送りしてしまいましたが、ダンス文化を挑戦的に切り拓いてきた歴史の一部だったんですね。

**石井**　もちろんテクニックの魅力はあらゆる種類のダンスにあって、訓練された身体性もとても重要です。ただ、バレエでもピルエット（回転）が得意だからといって、回転ばかりしているダンサーがいないようにいうことや、ダンスという表現はテクニックを競うのがすべてではなく、自分がいまいる空間をどう扱うのか？ということや、踊っている根底にどんなコンセプトがあるのか？ということなど、トータルの表現の可能性がひらかれています。それらをどういうバランスで観客に訴えるのかということですね。

## 身体表現の無限の可能性

**shoji**　いま活躍しているストリートダンサーの多くはオールラウンダーを目指していて、あるジャンルのスキルを一定のレベルまで高めた後は、その次のチャレンジに向かっています。ぼくたちもハリウッドのミュージカル映画から、ジーン・ケリーなどに影響を受けて、ダンスと物語の融合を目指しています。

**石井**　ダンスは時間芸術ですから、三〇分なら三〇分の作品のなかに物語の構造があって、その展開を見せていくというやり方があります。その一方で、まったく意味もストーリーもなく、純粋に踊る喜びだけが持続する、あるいは「踊る喜び」とは別種の、クールに「ムーヴメント（動き）」そのものを積み重ねる、極めてコンテンポラリーなスタンスもあるわけです。インドの伝統舞踊でも、「ヌリティア」という物語の流れの一端を演じて見せるダンスと、「ヌリッタ」という複雑なテクニックの歓びを見せる抽象的なダンスを分けて考えます。バレエの世界では二〇世紀前半にジョージ・バランシンという振付家が、身体の動きの構成そのものを魅力的に開示する「抽象バレエ」の美学を確立しました。ストリートダンスでも『A Frame』は、三人の演出家（oguri from s**t kingz、Jillian Meyers、スズキ拓朗）が、一六名のダンサーのシークエンスをうまく構成して、物語性と抽象性をコントロールしていましたよね。

**shoji** 『A Frame』の合同リハーサルは二週間と短かったそうですが、テクニックと演出が融合していておもしろかったですね。次の展開の可能性を感じました。一九九〇年代生まれの若いダンサーたちにとって、優れたテクニックを見せたい部分も当然あったと思いますが、物語を紡いだり、他者と共感しあう経験は、ダンス表現の可能性にも意識を向けるきっかけになったと思います。

**石井** 「作品」としてのダンスに最終的に求められるのは、トータルな演出力だと思うんです。単に得意技と即興を見せているだけでは二〇分持たせるのが難しい。不特定多数の観客に身をさらすことは、そのスケールが大きくなればなるほど演出力を問われます。たとえば、伝統的なサーカスは、技を披露する芸人とその間をつなぐクラウン（道化、ピエロ）というスタイルが飽きられ、都市化により集団移動のシステムが困難になり、あわせて映画・テレビなどほかの娯楽メディアの興隆により、二〇世紀後半に衰退しました。しかし、一九八〇年代になると、演劇、舞踊、美術、ミュージカル、ロックなど他ジャンルの要素を積極的に取り入れ、現代的な演出と構成によるパフォーマンス性を重視することにより、ヌーヴォーシルク（新しいサーカス）として甦りました。コンテンポラリーダンスの世界でも、ダンスのことだけ考えていても埒があかないことがあります。どう生きて、食べて、人と接し、世界を見ているかが、作品性と密接につながっていくわけなんですね。

**shoji**　いつも思うのですが、ぼくのようなダンサーがいくら「ダンスはおもしろいよ」「観にきてよ」って言ったとしても、そこには「ダンスが好き」というエゴが含まれていると思うんです。お客さんにダンスという身体言語の魅力を伝えるためには、ダンスそのものを見せるだけでなく、演出力でそのクォリティをさらに高める必要がありますよね。

**石井**　一方で、いまのダンサーやアーティストには「歴史観」も問われていると思います。多くの先人たちによって紡がれてきた歴史の最先端に立って仕事をするためには、そこに至る流れをどう捉えるのかという眼差しも必要です。そこにその人のスタンスが表れます。「自分たちが生きているこの時代をどう見るか」、自分の立ち位置をどう思うのかということですね。

**shoji**　最近アフリカのダンスにも興味があるのですが、彼らの身体のリズムがアメリカに渡ってストリートダンスの原点になり、新しい表現スタイルが生まれていくきっかけとなったとともに、近年のアフリカ社会の成熟により、また新しいダンスの波が起きようとしていると感じます。一方、イスラム社会の一部の国では外で踊ることも許されず、屋内の閉じたコミュニティのなかで隠れてダンスレッスンが行なわれているところもあります。ぼくたちが生きているのは、やりたいことができる環境に恵まれている国・時代なのだと思いますが、その現状に満足せず、次の世代のためにもよりレベルを上げて、よりよい環境を作っていく必要があるのを感じています。

**石井**　ダンスで時代に異を唱えることもアリなんです。一九八〇年代以来、イギリスのマイケル・クラークという振付家は、バレエ界のエリートダンサーでありながら、一部の人たちが眉をひそめるのをよそに、実験的な作品を作り続けています。舞台上にヌードや異性装、自分の母親を乗せたり、ロックやパンク、同性愛のイメージを前面に出しました。土方巽の「舞踏」も西洋のダンスの歴史に真正面から抗うように、「踊れない身体」「立ち上がれない身体」を再発見しました。現実の世界は一見自由でありながら、制約に満ちています。コントロールしつくされた社会では、身体の行動様式のディテールにまで制約が行きわたる。そんな現実を作品でコピーしていても意味がありません。芸術であるからこそ、なにものにもとらわれない発想で自由に表現できるはず。一〇代と五〇代、六〇代のダンサーが同じ舞台に立つのを観てみたいし、訓練された特別な人だけでなく、病に倒れた人も老いた人も障害を持っている人も、体を動かして表現する自由をもっている。ストリートダンスには、それがどんな難しいテクニックでも、街を歩いている誰かの身体から湧いて出てくるような、学びを超えた自由があります。世代論で片付けられない身体表現の無限の可能性を開拓して、言葉、世代、人種、性別などあらゆる違いを超えて新しいものを作ってほしいですね。表現者の特権はまさにそこにあるからです。

（二〇一五年一二月四日）

# あとがき

一九七〇年代、州立ハワイ大学で日本語を教えて生計をたてつつ、「演劇理論」と題された授業に出ていた。教師は若手で有能なデニス・キャロル教授。学期が終わりに近づいたころ、教授がリチャード・シェクナーの『Public Domain（公共の領域）』（一九六九年）という本のなかの"Six Axioms for Environmental Theatre"という章を全文コピーして配った。シェクナーが提唱し実践する「環境演劇」というものに対する考え方が六項目にわたって述べられている。戯曲・俳優・演出・劇場など「演劇」という従来の枠組みをすっかりご破算にした自由な考え方が新鮮だった。

帰国してから『Public Domain』を取り寄せた。中身を見ると、フォードやロックフェラーなどの財団の演劇に対する助成、ハプニング、ポルノグラフィー、実験演劇などについての章がある。舞台の活動を出来不出来の「美学」に押し込めることなく、広く社会・文化・政治などのつながりのなかで捉えようとする視野の広さに魅せられた。いつしかニューヨーク大学のシェクナーのもとで学びたいという欲求がつのった。

強く想うと実現することもある。八〇年代になって、二度にわたり計三年半のあいだ、ニューヨークのシェクナーのもとでじっくり研究できる僥倖に恵まれた。全米でも初めて「Performance Studies」と銘打った大学院の研究科は、祭祀、神話、シャーマニズム、フェミニズム、ポピュラーカルチャーなどを領域横断的にとりあげた。シェクナーの授業は刺激的だった。いつも手ぶらで教室に来て教壇にあぐらをかいて坐ると、口角泡を飛ばして学生を挑発した。授業には多数の講師が招聘されていた。サンフランシスコで政治的風刺劇を無料公演（カンパ制）で続ける「San Francisco Mime Troup」の創設者R・G・デイヴィス、ポストモダンダンスのトリシャ・ブラウン、ハプニングの創始者アラン・カプロー、日本からは文化人類学の山口昌男、その他アメリカ先住民文化研究者、アラビア半島遊牧民の女性文化研究者、インド演劇学者やイラン演劇の専門家など。アメリカのアヴァンギャルド研究をやるつもりでニューヨークに行ったのに、丸々一学期をかけて古代インドの膨大な演劇・舞踊の理論書『ナーティア・シャーストラ』を全員で討論するシェクナーの授業には、面食うこともあった。

そんな洗礼を受けたせいか、ニューヨークから帰国後、最前線の舞踊やパフォーマンス作品を見るかたわら、チャンスがあれば文化人類学、民俗学、宗教学などを専門にする研究者のフィールドワークに同行させてもらい、アジア地域の祭祀や伝統芸能を体験するようになる。多民族都市ニューヨークにいるあいだ、「何をやるにしろまず自分の足元を知らなければ……」「もっとアジアを回ろう」という気持ちになっていたからだ。とくに韓国の巫堂《ムーダン》によるクッや、沖縄や東北の民俗、ジャワのワヤンの伝統、スマトラのミナンカバウの文化、バリ島のトランスを伴う激しい祝祭、南インドの呪術芸能などから受けた強いインパクトは、いまだにからだに浸み込んだままだ。著名な演出家が創作したわけでもないのに、優れた舞台作品に勝るとも劣らぬ時間と空間が息づいている。

そんなふうにしていつしか、わたしの興味は都市の劇場で見る先端的な活動と、辺鄙な村落で見るいにしえの祭祀や呪術的な行為という、両極になった。それは現在まで続いている。数十人しか入れない極小のスペースや豪華なロビーのある大劇場で作品を見るばかりでなく、スマトラやバリ島や南インドの人家まばらな寒村で夜が白白とあけるまで村人たちと時間を共有する経験は、何ものにも代えがたい。そのような場への旅を共有した内外の友人・知人・研究者たちのさまざまな顔が思い浮かぶ。ここに名前を挙げる余裕がないが、心からの感謝あるのみである。海外の過疎の地域を訪れるのは、一人ではなかなか適わないことだ。

バレエ、舞踏、コンテンポラリーダンスなどの表現活動においても同様で、たくさんの舞踊家や振付家を始めとしてライターや評論家や制作に携わる人たち、劇場関係者、各種団体の職員、フェスティバル・ディレクターあるいは通訳などの人たちがいる。名を挙げたらキリがないので挙げないが、そういう人たちとのさまざまな交流を本書は反映している。心からの謝意を表したい。

本書では現在進行形のコンテンポラリーダンスを軸にして、舞踏やバレエ、そのほかの先鋭的なパフォーマンスをとりあげた。いつもの気持ちとして、いかに小さな表現行為であってもできるだけ広い社会文化的な文脈の中でとらえたいという想いがある。ページのなかにその一端を感じていただければうれしい。

本書は編集者の志賀信夫さんが声をかけてくれて実現した。じつは志賀さんもいろいろな劇場で顔をあわせる一人で、彼自身、舞踏、美術からコンテンポラリーダンスに至るまで幅広く評論活動をしている。そういうこともあり、原稿が集まってからは的確な目配りをしつつ、全体をまとめ、編集作業に携わってくれた。ありがとうございました。

【初出一覧】

第一章　現在舞踊論――コンテンポラリーダンスへ

「時代の共犯者としてのコンテンポラリーダンス」セゾン文化財団『viewpoint』No.61、セゾン文化財団、二〇一二年一一月三〇日

「身体の現前性」『Who Dance?　振付のアクチュアリティ』早稲田大学演劇博物館、二〇一五年一二月

「ダンスと夢」『文学』「特集=夢の領分」九、十月号、岩波書店、二〇〇五年九月

「「インクルーシヴダンス」をめぐって」『viewpoint』No.78、セゾン文化財団、二〇一七年三月一五日

「ダンス、アクション、ポリティクス」書き下ろし（一部『SPT』03 特集レパートリー記憶の継承と更新―」世田谷パブリックシアター、二〇〇六年九月、『ダンスマガジン』、『朝日新聞』ほか）

「踊るコスプレ」『三田評論』慶應義塾大学、二〇一八年二月に加筆

「アジア的時空／コンテンポラリーな身体」「恋よりどきどき　コンテンポラリーダンスの感覚」展カタログ、東京都写真美術館、二〇〇五年一〇月に加筆

「よみがえるサーカス」書き下ろし（一部『ダンスマガジン』、石井達朗『サーカスのフィルモロジー』新宿書房ほか）

第二章　舞踊批評の現在――〝いま〟を見つめて

「受苦と救済のはざまで揺れるスペクタクル――アラン・プラテル」書き下ろし（一部『朝日新聞』）

「出発点、そして三〇年後の到達点――ケースマイケルとローザス」Rosas『ファーズ―Fase』『時の渦―

Vortex Temporum』東京芸術劇場公演プログラム、二〇一七年五月
「ダンスから遠ざかるほど、ダンスが先鋭化する――ピーピング・トム」書き下ろし（一部『朝日新聞』、『ダンスマガジン』）
「官能と戦慄が錯綜する――ジゼル・ヴィエンヌ」書き下ろし（一部『劇場文化』静岡芸術劇場、二〇一七年五月、『ダンスマガジン』）
「死者でございます――大野一雄」『現代詩手帖』特集「大野一雄――詩魂、空に舞う。」二〇一〇年九月号
「不条理な常闇がくすぶる――勅使川原三郎」『DANCEART（ダンサート）』No.39、二〇一三年一二月に加筆
「多様な表象が揺らめく水晶宮――山口小夜子」「山口小夜子――未来を着る人」展カタログ、東京都現代美術館、二〇一五年四月

## 第三章　舞踊対話――コトバも踊る

「モダン、ポストモダン、コンテンポラリー、舞踏」vs山野博大『Danceart（ダンサート）』No.26、二〇〇六年一月、No.27、二〇〇七年六月
「舞踏をはじめて五〇年」vs笠井叡「国際交流基金 Performing Arts Network Japan（PANJ）」Artist Interview（サイト）二〇一三年二月八日
「肉体の Edge に立つ孤高の舞踏家、室伏鴻」「国際交流基金 Performing Arts Network Japan（PANJ）」Artist Interview（サイト）二〇一一年一〇月二八日
「「土方巽誕生」前夜」vsヨネヤマママコ＋元藤燁子、JADE2002 舞踏セミナー「舞踏の考現学」二〇〇二年八月一七日

「フラメンコの異端児か、革命児か?」vsイスラエル・ガルバン『埼玉アーツシアター通信』vol.77、彩の国さいたま芸術劇場、二〇一八年八月)、『AAC』vol.97、愛知芸術文化センター、二〇一八年九月に加筆

「ヤン・リーピンの神話的世界」vsヤン・リーピン『ヤン・リーピンのシャングリラ』公演プログラム、Bunkamuraオーチャードホール、二〇一六年四月に加筆

「常識やルールをダンスで壊していく」vs東京ゲゲゲイMIKEY(牧宗孝)『Mite Mite』No.59、富山市オーバード・ホール、二〇一九年二月に加筆

「東京にあるダンスの可能性」vs s**t kingz shoji「アジアのアート&カルチャー入門Vol.5 東京にあるダンスの可能性」『cinra.net』(テキスト住吉智恵)二〇一五年一二月二四日

「舞踏をはじめて五〇年」「肉体のEdgeに立つ孤高の舞踏家、室伏鴻」は©The Japan Foundation,Performing Arts Network Japan website (http://performingarts.jp/indexj.html)

**石井達朗**（いしい・たつろう）
慶應大学卒。舞踊評論家。州立ハワイ大学講師、私立ニューヨーク大学(NYU）演劇科・パフォーマンス研究科研究員、慶應大学教授、愛知県立芸術大学客員教授、お茶の水女子大学・早稲田大学などの非常勤講師を経て慶應大学名誉教授。舞踊評論のほかに韓国、中国、インド、インドネシアなどの祭祀、伝統舞踊、現代舞踊をフィールドワーク。ジェンダー・セクシュアリティからみる身体文化、サーカス、脱領域のパフォーマンスアートなどについても執筆。2001年より2004年まで朝日舞台芸術賞選考委員。2003年第14回カイロ国際実験演劇祭審査員。2005年韓国ソウルの国立劇場における舞踏フェスティバル実行委員長。2006年、2008年トヨタコレオグラフィーアワード、2014年〜2016年東京都ヘブンアーティスト、2017年〜「踊る。秋田」土方巽記念賞、2018年WifiBody（マニラ）などの審査員。韓国・ソウル、東草（ソクチョ）、北京、上海、マニラ、ニューヨーク、メキシコシティ、イタリア・ヴェネチア、レッチェ、ハンガリー・ブダペスト、ペーチュ、インド・デリー、ブバネシュワルなどで日本のコンテンポラリーダンスや舞踏について講演。舞踊学会、国際演劇評論家協会（AICT）会員、慶應大学アートセンター訪問所員、東京芸術劇場運営委員、セゾン文化財団評議員。主な著書『アウラを放つ闇—身体行為のスピリット・ジャーニー』（パルコ出版）『男装論』『ポリセクシュアル・ラヴ』『アジア、旅と身体のコスモス』『アクロバットとダンス』『身体の臨界点』（以上、青弓社）『サーカスのフィルモロジー』『異装のセクシュアリティ』（以上、新宿書房）など。趣味は未知の街や村の散策、音楽（クラシック、現代音楽、ジャズ、ロック、ピアノソロ）、メダカ・小エビの飼育、野生ランの栽培、希少植物、アジアの古布、映画、珍しい食材。

**ダンスは冒険である——身体の現在形**

2020年2月10日　初版第1刷印刷
2020年2月20日　初版第1刷発行

著　者　石井達朗
発行人　森下紀夫
発行所　論 創 社
〒101-0051 東京都千代田区神田神保町 2-23　北井ビル 2F
TEL : 03-3264-5254　FAX : 03-3264-5232　振替口座　00160-1-155266
装幀／宗利淳一
印刷・製本／中央精版印刷
組版／フレックスアート
ISBN978-4-8460-1849-8　© Tatsuro Ishii 2020, printed in Japan
落丁・乱丁本はお取り替えいたします。

論 創 社

## 西部邁 発言①「文学」対論

戦後保守思想を牽引した思想家、西部邁は文学の愛と造詣も人並み外れていた。古井由吉、加賀乙彦、辻原登、秋山駿らと忌憚のない対話・対論が、西部思想の文学的側面を明らかにする！ 司会・解説：富岡幸一郎。 本体 2000 円

## 西部邁 発言②「映画」斗論

西部邁と佐高信、寺脇研による対談、鼎談、さらに映画監督荒井晴彦が加わった討論。『東京物語』、『父親たちの星条旗』、『この国の空』など、戦後保守思想を牽引した思想家、西部邁が映画と社会を大胆に斬る！ 本体 2000 円

## 佐藤洋二郎小説選集一「待ち針」

数々の賞に輝く作家による珠玉の中短編。闇をむしって生きる人々を端整な文章で描く、人と風土の物語。単行本未収録作品を集め二巻の選集を編む。その第一巻。「湿地」「待ち針」「ホオジロ」など十編。 本体 2000 円

## 佐藤洋二郎小説選集二「カプセル男」

数々の賞に輝く作家による珠玉の中短編。男と女、再会、愛人、毎日を生きる人々。光芒を放つ文章でおくる静謐な愛と生の物語。単行本未収録選集の第二巻。「遠音」「菩薩」「箱根心中」など十四編。 本体 2000 円

## 死の貌 三島由紀夫の真実◉西法太郎

果たされなかった三島の遺言：自身がモデルのブロンズ裸像の建立、自宅を三島記念館に。森田必勝を同格の葬儀に、など。そして「花ざかりの森」の自筆原稿発見。楯の会突入メンバーの想い。川端康成との確執、代作疑惑。本体 2800 円

## 蓮田善明 戦争と文学◉井口時男

三島由紀夫自決の師！「花ざかりの森」により三島を世に出した精神的な「父」。敗戦時隊長を撃ち拳銃自決した「ますらをぶり」の文人。三島は蓮田の「死ぬことが文化」に共鳴。蓮田善明を論じる初の本格論考。 本体 2800 円

## 虚妄の「戦後」◉富岡幸一郎

本当に「平和国家」なのか？ 真正保守を代表する批評家が「戦後」という現在を撃つ！ 雑誌『表現者』に連載された 2005 年から 2016 年までの論考をまとめた。巻末には西部邁との対談「ニヒリズムを超えて」(1989 年) を掲載。 本体 3600 円

好評発売中

論　創　社

**平成椿説文学論◉富岡幸一郎**

「否定的に扱われてきた戦前の日本。そこに生きた懸命な死者たちと手を結び、戦後という虚構に反逆する」中島岳志。昭和59年にデビューし、平成生き活躍する批評家が、「平成という廃墟」から文学を問う！　**本体1800円**

**芸術表層論◉谷川渥**

日本の現代美術を怜悧な美学者が「表層」という視点で抉り新たな谷川美学を展開。加納光於、中西夏之、瀧口修造、草間彌生などの美術家と作品について具象と抽象、前衛、肉体と表現、「表層」を論じる。　**本体4200円**

**日影眩 仰視のエロティシズム◉谷川渥**

横尾忠則と活動後、70年代にローアングルのイラストで一世風靡。画家として90年代から20年間ニューヨークで活動。夕刊紙掲載のエロティックな絵を日本を代表する美学者谷川渥が編集した「欲望」の一冊を世に問う。　**本体2000円**

**洞窟壁画を旅して◉布施英利**

〜ヒトの絵画の四万年。ヒトはなぜ、絵を描くのか？ラスコー洞窟壁画など人類最古の絵画を、解剖学者・美術批評家の布施英利が息子と訪ねた二人旅。旅の中で思索して、その先に見えた答えとは？　**本体2400円**

**池田龍雄の発言◉池田龍雄**

特攻隊員として敗戦を迎え、美術の前衛、社会の前衛を追求し、絵画を中心にパフォーマンス、執筆活動を活発に続けてきた画家。社会的発言を中心とした文章と絵を一冊にまとめ、閉塞感のある現代に一石を投じる。**本体2200円**

**絵画へ 1990-2018 美術論集◉母袋俊也**

冷戦時のドイツに学び作品を発表、美術研究を続ける美術家の30年に及ぶ美術・絵画研究の集大成。水沢勉、林道郎、本江邦夫、梅津元などとの対話では、美術と母袋の作品がスリリングに語られる。　**本体3800円**

**躍動する東南アジア映画**

〜多文化・越境・連帯〜 石坂健治・夏目深雪編著／国際交流基金アジアセンター編集協力。「東南アジア映画の巨匠たち」公式カタログ。アピチャッポン『フィーバールーム』など東南アジア映画を知る必読書。**本体2000円**

好評発売中

論　創　社

**映画で旅するイスラーム◉藤本高之・金子遊**

〈イスラーム映画祭公式ガイドブック〉全世界17億人。アジアからアフリカまで国境、民族、言語を超えて広がるイスラームの世界。30カ国以上からよりすぐりの70本で、映画を楽しみ、多様性を知る。　**本体1600円**

**ドキュメンタリー映画術◉金子遊**

羽仁進、羽田澄子、大津幸四郎、大林宣彦や足立正生、鎌仲ひとみ、綿井健陽などのインタビューと著者の論考によって、ドキュメンタリー映画の「撮り方」「社会との関わり方」「その歴史」を徹底的に描き出す。　**本体2700円**

**悦楽のクリティシズム◉金子遊**

2010年代批評集成。サントリー学芸賞受賞の気鋭の批評家が、文学、映像、美術、民俗学を侵犯し、表現の快楽を問う87論考。悦楽・欲望・タナトス・エロス・誘惑・老い・背徳のキーワードで2010年代を斬る。　**本体2400円**

**劇団態変の世界**

身障者のみの劇団態変の34年の軌跡と思想。主宰・金満里と高橋源一郎、松本雄吉、大野一雄、竹内敏晴、マルセ太郎、内田樹、上野千鶴子、鵜飼哲らとの対話で現代人の心と身体、社会に切り込む。　**本体2000円**

**世界を踊るトゥシューズ◉針山愛美**

〜私とバレエ〜 ウラジーミル・マラーホフ推薦！　ベルリンの壁崩壊、ソ連解体、9.11、3.11！　ドイツ、フランス、アメリカ、ロシアそして日本。「白鳥」だけで300公演。激動の世界で踊り続けるバレリーナ。　**本体2000円**

**フランス舞踏日記1977-2017◉古関すまこ**

大野一雄、土方巽、アルトー、グロトフスキー、メルロー＝ポンティ、コメディ・フランセーズ、新体道。40年間、フランス、チェコ、ギリシャで教え、踊り、思索する舞踏家が、身体と舞踏について徹底的に語る。　**本体2200円**

**舞踏言語◉吉増剛造**

現代詩の草分け吉増剛造はパフォーマンス、コラボレーションでも有名だ。大野一雄、土方巽、笠井叡など多くの舞踏家と交わり、書き、対談で言葉を紡ぐ。吉増が舞踏を通して身体と向き合った言葉の軌跡。　**本体3200円**

好評発売中